ESG 머니전략

친환경 테마주부터 ETF까지
한 권으로 끝내는 그린 투자 가이드

ESG 머니전략

황유식·유권일·김성우 지음

미래의창

눈만 뜨면 달라지는 세상에서
성공적인 투자를 꿈꾼다면

인터넷이 무엇인지도 몰랐던 어린 시절, 주말마다 TV로 봤던 공상 만화 속 세상은 그야말로 별천지였다. 운전할 필요도 없이 원격으로 조종하는 자동차들, 하늘을 날아다니는 개인용 우주선들과 태양에너지를 이용해 도시의 전력을 공급하는 거대한 터빈 엔진까지. 너무 '라떼'스러운 이야기지만 그때는 만화 속 세상이 현실이 될 수 있을 거라고는 생각조차 하지 못했다. 그런데 인터넷 시대가 열리고 자율주행 자동차가 시장에 소개되면서 어릴 적 상상만으로 꿈꿨던 세상이 조금씩 실제로 이뤄지고 있다.

눈만 뜨면 달라지는 세상에서 가장 급변하고 있는 분야가 있다면 그건 바로 주식시장이 아닐까. 어제까지 뜨거운 관심을 받았던 테마주들의 주가가 다음날이면 언제 그랬냐는 듯 하루아침에 곤두박질하는 경우가 다반사다. 또 글로벌 경기에 민감하게 반응하는 반도체, 선박, 자동차, 화학 분야에서 호황과 불황이 반복되기도 하고, 새로운 기술 혁신이 일어날 경우 기존 산업이 도태돼 주식 가격이 급락하는 등 짧은 기간에도 희비가 여러 번 교차한다.

만약 어떤 투자자가 2009년 이후 10년 넘게 이어진 미국의 최장기 호황세를 미리 예견하고 공격적으로 투자했다고 가정해보자. 그는 투자의 대가로 막대한 수익을 얻을 수 있었을 것이다. 하지만 실제로는 그동안 미국과 중국 등 글로벌 시장에 정치·경제적 불확실성이 크게 대두되면서 대다수의 투자자는 불안감으로 인해 소심한 투자를 할 수밖에 없었다. 산업별로 경기 사이클이 시시각각 변하는 상황에서 기업의 수익성을 정확히 예측하는 것은 전문가들에게도 쉽지 않은 일이다. 불확실성이 만연한 시기에 개인이 이러한 리스크를 가지고 투자하는 것은 사실 무모한 모험에 가깝다.

워런 버핏까지 언급할 필요도 없이, 리스크를 최소한으로 줄이면서 안정적인 수익을 기대할 수 있는 것은 '장기적인 관점에서의 가치투자'라는 진리를 모르는 사람은 없다. 장기투자를 위한 기본 전제 조건은 기업이 오랜 기간 동안 안정적으로 성장하면서 지속해서 수익을 창출할 수 있어야 한다는 점이다. 저자들은 그린Green 산업이야말로 이 전제 조건에 부합하는 새로운 블루오션 시장이라 확신하고 있다.

왜 지금 '그린'에 주목해야 하는가

● ● ●

2020년, 세계는 아무도 예상하지 못했던 코로나19 팬데믹을 맞아 새로운 질서가 형성되는 뉴노멀의 시대로 갑작스레 전환됐다. 현재도 인류의 삶에 어마어마한 영향을 끼치고 있는 코로나19가 우리에게 준 빛과 그림자는 극명하다. 재택학습과 재택근무가 늘어나면서 언택트 디지털 산업이 급성장할 수 있었던 반면, 천문학적으로 늘어난 일회용 플라스틱 쓰레기 더미를 바라보며 환경 문제에 대해 우려하는 목소리도 나날이 높아졌다. 환경 문제는 인류의 삶의 질에 큰 영향을 미칠 뿐만 아니라 다음 세대의 생존과 직결된 문제이므로 반드시 해결해내야 하는 숙제다. 중국에서 코로나19 환자가 폭증하던 2020년 봄, 아이러니하게도 미세먼지가 없는 맑은 하늘이 그나마 위안으로 다가왔는데, 이는 탄소를 쏟아내던 중국의 공장이 일제히 가동을 멈춘 덕분이었다.

미래 세대를 위해서라도 이미 한계치에 다다른 환경오염을 더는 방치할 수 없다는 공감대가 형성되면서 전 지구적 차원에서 환경 문제에 공동으로 대응하려는 움직임들이 시작됐다. 지구온난화에 의한 기후변화 문제가 글로벌 의제로 떠오른 가운데 이를 실제로 해결하기 위한 구체적인 계획들이 실행되고 있는 것이다. 먼저 우리나라와 유럽, 미국 등은 2050년까지 탄소중립 달성을 선언했고, 세계 최대의 탄소배출국 중국은 2060년 이전 탄소중립을 선언했다. 지금부터 30년간 전 세계가 탄소중립을 달성하기 위해 국력을 총동원해야 하는 시대가 열리는 것이다.

탄소중립을 실현하기 위해서는 19세기 산업혁명 이래 지금까지 유지돼 온 고탄소 배출형 산업 시스템 전반을 밑바닥부터 뜯어고치는 혁신이 필요하다. 이를 위해 화석연료 사용을 제한하고 친환경적인 재생에너지로 바꾸는 등 산업의 구조적 변화가 반드시 동반돼야 함은 물론이다.

석유 산업을 예로 들어보자. 2020년 4월 발간된 세계적인 정유기업 BP British Petroleum의 에너지 보고서에 의하면 글로벌 석유 수요는 2019년 최대치를 기록했고, 이후로는 감소할 것으로 예측됐다. 앞으로 코로나19가 종식된 이후로도 2019년 수준의 수요로는 회복되지 않으며, 석유 수요는 향후 30년 동안 줄곧 감소해 2050년이면 최대치의 절반으로 감소한다는 것이다. 에너지 공급원으로서 석유가 빠져나간 자리는 재생에너지가 채우게 될 전망이다. 이는 기존의 석유 기업이 장기간 하락세를 걷게 되는 반면 신재생에너지 기업은 성장할 수밖에 없다는 얘기다.

　　기업의 시가총액 또한 비슷한 방향으로 변하게 될 것이다. 전 세계 석유 공급의 약 12.4%를 책임지는 사우디 아람코 Aramco의 시가총액은 2021년 3월 기준 2,119조 원이다. 이를 글로벌 전체 석유 공급 가치로 환산하면 1경 7,089조 원으로 추정할 수 있는데 30년 후에는 절반의 가치인 8,545조 원이 사라질 전망이다. 다시 말해 8,545조 원의 산업 가치가 재생에너지 분야로 이동하게 되는 셈이다. 아직 재생에너지 관련 글로벌 기업들의 가치는 여기에 한참 못 미치고 있으니 앞으로 기업 가치 상승이 더 크게 나타날 수밖에 없다. 급변하는 사회 속에서 불확실성을 제거하고 장기적인 관점에서 지속적인 수익을 담보할 수 있는 투자시장의 블루오션이 열린 것이다.

그린 시대의 머니전략

• • •

그린 산업에는 다양한 카테고리가 있지만, 이 책에서는 기후변화 문제와 관련해 탄소중립에 기여할 수 있는 저탄소 관련 산업, 즉 수소 및 전기자동차, 친환경 발전(풍력, 태양광)을 중점적으로 살펴볼 것이다. 또한 저자들이 현장에서 활동하는 금융 전문가인 만큼 단순히 환경 산업을 사회적 관점에서만 바라보지 않고 투자와 직결되는 실제적인 가이드를 제공하고자 한다. 탄소중립 관련 금융시장의 각종 이슈와 앞으로 유망한 투자 종목을 소개하고, 안정성이 강점인 국내외 ETF 종목까지 자세히 다뤄 초보 투자자들도 쉽게 접근할 수 있는 투자 가이드를 선보일 예정이다.

먼저 1부에서는 거시적 관점에서 환경 문제에 대응하는 세계 각국의 움직임들을 조망한다. 또한, 기후변화 이슈에 대한 사회적 인식이 지금까지 어떻게 변화해 왔는지 살펴보고, 현재 이 문제에 선제적으로 대응하고 있는 기업들의 저탄소 전략이 무엇인지를 알아볼 것이다. 금융 측면으로는 최근 ESG 기업 경영이 화두가 되면서 글로벌 자금들이 환경 관련 ESG ETF로 몰리고 있는 현상에 대해 분석해본다.

2부에서는 저탄소 관련 분야인 전기자동차와 2차전지, 그중에서도 핵심 산업인 수소자동차에 대해 자세히 알아볼 것이다. 수소시장은 범세계적인 탄소중립 정책과 맞물려 급성장이 예상되는 분야다. 미국 투자은행 골드만삭스Goldman Sachs는 2050년 글로벌 수소시장 규모가 12조 달러(약 1경 4,000조 원)에 달할 것으로 예상했다. 현 시장과 비교하면 무려 96배 규모다.

그 밖에 친환경 발전인 풍력과 태양광발전 산업의 현재와 미래에 대해 고찰해볼 예정이다. 단순히 관련 기술과 기업에 대한 일률적인 소개에 그치지 않고 실제 투자자들에게 도움이 되도록 해당 산업에 속해 있는 유망 기업들을 자세히 살펴본다. 그뿐만 아니라 앞서 소개한 친환경 산업과 관련한 ETF를 알아보고 바로 적용할 수 있는 투자 가이드를 제시할 것이다. ETF는 미국을 중심으로 급성장하고 있는 금융시장으로, 최근 국내에서도 많은 투자자에게 주목받고 있는 분야다.

최근의 저금리 기조로 인해 주식시장으로 모이는 돈이 넘쳐나고 있다. 중산층 월급만으론 10년을 안 쓰고 모아도 수도권에 집 한 채 사기 어려운 현실이다. 첫발을 내딛자마자 벼락거지가 될까 봐 소위 빚투로 주식시장에 입문한 20~30대 주린이들, 십만전자의 부푼 꿈을 안고 쌈짓돈을 주식에 털어 넣는 수많은 동학개미들, 그리고 갓 초등학교에 입학한 어린 자녀에게 미국 증권 계좌를 만들어 주고 외국 기업의 주식을 사서 넣어주는 평범한 이웃을 우리는 이제 주위에서 흔히 볼 수 있다.

당신은 어떤 선택을 할 것인가. 인류의 생존을 위협하는 기후위기를 해소해야 한다는 데 공감하는 사람들, 장기적인 투자 안목과 철학을 가지고 안정적인 기대수익을 올리고 싶은 이들에게 이 책을 권한다.

황유식·유권일·김성우

목차

1부
그린 시대의 시작

1장   지구를 지키는 전 세계의 그린 선언 물결

2장   그린 투자의 중심은 기후위기 극복

그린 시대의 시작

코로나19 이후 현재 주식시장은 최고의 활황으로 코스피 지수는 2020년 12월 기준 역사적 고점을 경신했다. 주식투자가 전 국민의 재테크 분야로 주목받고 있는 가운데 최근의 투자 흐름은 단연 환경이다. 2021년 1월 20일, 친환경 정책을 최우선 과제로 택한 조 바이든이 미국 대통령에 취임하면서 유럽연합과 중국 등 글로벌 각국은 '2050 탄소중립 선언'을 비롯한 각종 친환경 정책을 경쟁적으로 발표하고 있다.

1부에서는 전 세계로 확대되는 그린 선언 물결과 그 배경이 되는 기후위기 극복에 대해 살펴본다. 이에 대한 주요 기업들의 대응 현황과 전통 산업에서 그린 산업으로 이동 중인 글로벌 자금의 흐름을 이해하고 나면 매 순간 요동치는 주식시장에서 굳건히 버틸 힘을 기를 수 있을 것이다. 그저 남들을 따라가고 이리저리 흔들리는 것이 아니라 나만의 투자 전략을 세울 수 있는 혜안이 생김은 물론이다. 이제는 환경을 알아야 금융 투자의 성공 가능성도 높아지는 시대다. 환경을 아는 것은 선택이 아닌 필수다.

1장

지구를 지키는
전 세계의
그린 선언 물결

ESG 비니지스

01

조 바이든 미국 대통령의
그린 대전환

그린에 4년간 2조 달러 쏟아붓기
● ● ●

2021년 1월 20일 취임한 조 바이든Joe Biden 미국 대통령은 17개 행정명령에 서명하는 것으로 그의 첫 업무를 시작했다. 그가 서명한 행정명령 중 5개가 환경 분야에 관련된 것들로, 앞으로 환경 산업이 바이든 정부가 가장 중점적으로 관리하고 투자할 분야가 될 것임을 만천하에 공표한 것이다. 바이든 대통령은 첫 번째로 서명한 행정명령인 '파리기후변화협약 재가입'을 필두로 이날 서명한 환경 관련 5개 행정명령을 통해 앞으로 미국이 지구온난화 방지 및 탄소중립을 위한 정책들을 본격적으로 실행에 옮길 것을 알렸다.

　미국이 트럼프 정부 시절 탈퇴한 파리기후변화협약에 재가입한다는 것은 탄소중립을 위해 기존의 산업 구조를 대대적으로 바꾸겠다는 강한 의지로 보인다. 파리기후변화협약이란 19세기 산업화 이전 수준과 대비해 지구 평균 온도가 2℃ 이상 상승하지 않도록 세계 각국이 협력해 온실가스 배출량을 줄이자는 전 지구적 약속으로, 바이든 정부의 파리기후변화협약 재가입은 앞으로 미국을 비롯한 전 세계 모든 나라가 지구온난화 방지라는 시대적 사명에 동참해야 한다는 메시지를 전달한 것이다.

　이를 위해 바이든 정부는 앞으로 4년간 2조 달러라는 엄청난 금액을 환경 산업에 투자하기로 발표했다. 이른바 '그린 뉴딜' 정책이다. 투자액 2조 달러는 한화로 환산했을 때 약 2,200조 원에 달한다. 2021년 계획된 대한민국 정부 예산안이 약 556조 원인데 바이든 대통령은 임기 동안 우리나라 1년 예산의 4배에 가까운 천문학적인 금액을 환경 산업에만 쏟아붓겠다는 것이다. 2021년 1월 기준 코스피KOSPI 상장기업 시가총액이 약 2,150조 원으로 코스피에 상장돼 있는 종목을 전부 사고도 남는 금액이다. 달리 비유하자면 삼성전자의 시가총액이 528조 원(2021년 1월 기준)이니 4년 동안 매년 삼성전자의 주식 전체를 살 수 있는 돈이다. 이처럼 막대한 규모의 달러가 환경 산업으로 흘러 들어간다니 투자자라면 주목하지 않을 수 없는 소식이다.

　바이든 미국 대통령이 추진하는 그린 뉴딜은 2010년 뉴욕 주지사 녹색당 후보였던 하위 호킨스Howie Hawkins가 처음으로 제안한 내용이다. 이후 2016년 대선 캠페인에서 녹색당 질 스타인Jill Stein 후보가 그린 뉴딜 공약을 발표했다. 공약에 따르면 2030년까지 미국 내 화석에너지를

100% 재생에너지로 전환하고, 관련 산업을 적극적으로 육성함으로써 약 2,000만 개의 신규 일자리를 창출하겠다는 것이다. 그 후 2019년 민주당 의원들이 향후 10년간 국가 재정 및 경제적 번영 보장, 지속가능성을 위한 인프라와 산업 투자 등을 담은 그린 뉴딜 결의안을 제출했다. 공교롭게도 2020년 코로나19로 감소한 일자리를 새로 만드는 것이 절실한 상황에서 돈을 풀어 경기를 살리면서 또 한계치에 도달한 지구 환경도 지킬 수 있는 일석이조의 정책으로 환영받았다. 바이든 대통령 역시 코로나19로 극심한 고통을 받고 있는 미국 경제의 구원투수 격으로 그린 뉴딜을 강력한 공약으로 제시했고 46대 미국 대통령에 당선될 수 있었다.

환경 문제를 수면 위로 끌어올린 오바마 행정부

• • •

잠시 시간을 거슬러 2015년 4월 22일로 돌아가보자. 지구의 날을 맞아 미국은 전 세계 170개 국가와 함께 탄소배출 감축을 위한 파리기후변화협약에 가입했다. 당시 버락 오바마 대통령은 인류의 생존을 위협하는 기후변화 위기에 맞서기 위해 미국이 주도적인 리더십을 가지고 대응할 것을 전 세계에 약속했다. 그는 파리기후변화협약 가입은 후손들에게 깨끗하고 안전한 지구를 물려주기 위한 노력의 일환이며 오바마 행정부 임기 중 가장 중요한 정책 중 하나임을 수차례 강조했다. 당시 국무장관인 존 케리John Kerry가 파리기후변화협약 설계와 가입을 주도했으며, 미래 세대에 대한 약속이란 의미에서 뉴욕 UN본부에서 열린 파리기후변화협약 서명식 때 외손녀를 안고 협약에 서명하는 이벤트를 선보이기도 했다.

파리기후변화협약은 2020년 만료 예정인 교토의정서를 대체해 2021년부터 적용되는 기후변화 대응 관련 협약이다. 2015년 12월 오바마 전 미국 대통령의 주도로 195개 당사국이 채택했으며, 산업화 이전 수준 대비 지구 평균 온도 상승을 2℃보다 상당히 낮은 수준으로 유지하고, 1.5℃ 선을 넘지 않도록 온실가스 배출량을 단계적으로 감축한다는 것이 협약의 주요 내용이다.

케리는 당시 현직 대통령이었던 조지 부시에 맞서 대통령 선거에서 각축전을 벌였던 거물 정치인이자 환경운동가다. 그는 매사추세츠주 상원의원 시절 석유 사용 감축과 고효율 차량 생산 지원 등 여러 환경 법안을 입안했다. 기후변화의 심각성을 알리기 위해 2016년에 남극을 방문하는가 하면, 2019년에는 세계 각국의 탄소배출을 2050년까지 제로화하기 위해 '월드 워 제로World War Zero'라는 다국적기구를 출범하기도 했다. 케리는 2021년에 바이든 행정부의 '기후변화 특사'로 임명되면서 다시 한번 미국의 환경 정책을 총괄하는 사령탑으로서의 역할을 할 것으로 보인다.

트럼프 행정부의 거꾸로 가는 환경 정책

• • •

반면 도널드 트럼프는 2017년 미국 45대 대통령 취임 이후 줄기차게 반환경 정책을 추구했다. 그는 지구온난화 현상을 부정하고, 오바마 정부의 환경 정책이 경제 둔화의 원흉이라며 맹비난했다. 트럼프는 2009년부터 2016년 사이 106차례의 트윗을 통해 지구온난화를 일종의 사기극이라 주장했으며 기후변화 방지를 위한 오바마 정부의 정책들을 공개적으로 비판했다. 트럼프는 취임 후 오바마 정부 시절 제정된 친환경 정책 66개를 폐지했으며, 화석연료 생산 규제는 완화했다. 또한 캐나다와 미국을 잇는 키스톤 파이프라인Keystone Pipeline 프로젝트˚를 허가하고, 연안 지역과 알래스카 북극권 국립양생보호구역을 개방해 고탄소 에너지 자원 생산을 우선시했다. 석탄 산업 육성 역시 적극 장려했는데 그 일환으로 탄광 주변 지역 거주민의 건강 리스크 관련 연구를 강제로 중단시켰으며, 정부 홈페이지에서 환경과 관련된 정보를 삭제하도록 명령했다.

　　미국은 트럼프 정부 시절이었던 2020년 11월에 파리기후변화협약을 공식적으로 탈퇴했다. 트럼프가 신재생에너지 정책에 반대해 지원금을 축소하거나 중단하는 사례도 많았다. 해상풍력 터빈의 경우 전자파복사에 따른 발암 가능성을 이유로 인센티브를 취소했고, 2018년에는 태양광 패널에 대해 수입 관세를 부과했으며, 2030년까지 발전 부문에서 탄소 의무

˚ 캐나다 앨버타주에서 미국 텍사스주까지 대규모 송유관을 연결해 하루 80만 배럴의 원유를 수송하는 사업이다. 송유관의 총 길이가 1,800km에 달하는 약 9억 달러(약 10조 원) 규모의 대형 프로젝트로 오바마 정부 때 불허했던 것을 트럼프 정부가 사업 허가를 명령했다. 바이든 미국 대통령은 취임 첫날 사업 허가를 다시 취소하는 행정명령에 서명했다.

감축량을 32%로 정했던 오바마 행정부의 '클린 파워 플랜Clean Power Plan'을 백지화했다. 수질오염방지법을 철폐하고 해수면 상승 대비 프로젝트 지원금 지급을 중단했으며 멸종위기종 서식지에 대한 탐사·개발 행위 금지 법안을 폐기했다. 심지어 탄소배출에 대한 보조금 의견을 제시하기도 해 사실상 탄소 감축을 위한 탄소세와 충돌하는 입장을 고수했다. 트럼프 행정부의 환경 정책은 원점으로 돌아간 정도가 아니라 환경 파괴적 정책을 장려하는 것이었다.

2021년, 바이든 행정부는 기후 전문가로 구성

• • •

바이든 행정부에서 '기후변화 특사'로 임명된 케리는 백악관 국가안보위원회National Security Council 일원이 돼 회의에 참석할 예정이다. 국가안보위원회에 기후변화 인사가 참여하는 것은 처음 있는 일로, 앞으로 바이든 정부가 기후변화 위기를 국가 안보 문제와 직결되는 사안으로 인식하겠다는 의미로 해석할 수 있다.

국가안보위원회를 이끄는 좌장인 국가안보보좌관으로는 제이크 설리번Jake Sullivan을 지명했다. 설리번은 1976년생으로 역대 최연소 보좌관이지만 이란 핵무기 폐기 협상을 지휘하는 등 외교 안보 분야에서 최고의 전문가로 손꼽힌다. 바이든 정부의 외교 방향이 중국의 부상을 경계하며 미국의 글로벌 패권을 유지하겠다는 점에서는 트럼프 행정부와 입장이 동일하지만, 설리번은 중국을 견제하기 위한 수단으로 기후변화 위기를 적극 활용할 것으로 보인다. 석탄은 기후변화 위기의 주범인데 중국은 에너지

바이든 행정부 환경 공약 분야별 세부 방안

핵심 분야	세부 방안
인프라	• 미국 철도 시스템 전기화. 디젤 연료로 인한 탄소배출 감축 • 노후 전력발전소·매립지·폐광 등 유휴 산업시설을 새로운 경제 허브로 개조
자동차	• 미국산 저공해 차량 수요 확충. 연방정부 차원에서 저공해 차량 300만 대 이상 구매 • 소비자에 미국산 저공해 차량 전환 유도 보조금 부여 • 자동차 생산자에 저공해 차량 생산 공장 설립, 친환경 부품 사용 인센티브 부여 • 전기차 산업 인프라 확충. 전기차 충전소 50만 개 신설 • 전기차용 배터리 연구개발 지원 및 미국산 배터리 생산 촉진 • 2030년까지 모든 미국산 버스를 무공해 차량으로 전환
발전	• 2035년까지 발전 분야의 완전 무공해화 추진
재생에너지	• 2035년까지 태양광 패널 5억 개, 풍력 터빈 6만 기 설치 • 에너지 연구개발에 4년간 3,000억 달러 투자 • 임기 동안 4,000억 달러를 배터리, 전기차 등에 투자하며, 아래 목표를 지원 　- 리튬이온 전지 단가 1/10 가격의 그리드급 저장장치 개발 　- 현재 원자로의 건축 비용 1/2 가격의 소형 모듈형 원자로 건설 　- 신재생에너지를 이용해 셰일가스 생산단가와 동일한 그린수소 생산 　- 철강·시멘트 제조·화학 등 제조업에 사용되는 에너지 탈탄소화
건축	• 4년간 400만 개 건물 리모델링. 이 과정에서 100만 개 일자리 창출 • 고효율 에너지화를 위해 고효율 주택 150만 가구 건설
농업	• '민간기후단Civilian Climate Corps'을 조직해 차세대 지속가능한 농업 실현
환경정의	• 환경 정책 실행에 따른 혜택의 40%가 소외계층으로 돌아갈 수 있도록 보장

자료: JoeBiden.com

발전의 약 67%를 석탄에 의존하고 있다. 앞으로 미국은 석탄을 비롯한 온실가스 배출원 규제를 통해 세계 최대 온실가스 배출국인 중국을 압박할 전망이다.

　재무장관으로는 재닛 옐런Janet Yellen을 지명했는데 오바마 행정부 당시 연방준비제도 의장을 역임했던 그녀는 기후변화 방지를 위해 '탄소배출세' 도입을 주장하는 등 기후변화 이슈에도 관심이 많다. 2019년 1월 옐런과 폴 볼커Paul Volcker, 앨런 그린스펀Alan Greenspan, 벤 버냉키Ben Bernanke 등 4명의 미국 연방준비제도 전 의장과 저명한 경제학 교수들은 트럼프 행정부에 탄소세 도입을 촉구하는 성명을 발표했다. 성명에 참여한 노벨 경제학상 수상자만 27명에 달했고, 1970년 이후 미국 대통령 경제자문위원회의 위원장을 맡았던 경제학자 대다수가 성명에 동참했다.《맨큐의 경제학》의 저자이자 조지 부시 대통령 시절 경제자문위원회 위원장을 지낸 그레고리 맨큐Gregory Mankiw 하버드대 교수는 "정치와 국제 관계는 복잡하지만 경제는 간단하다. 경제학자들 사이에서 기후변화는 논란거리조차 될 수 없는, 반드시 극복해야 할 대상"이라며 기후변화의 심각성을 촉구하고 즉각적인 국가적 행동을 요구했다.

이처럼 미국의 새로운 행정부는 돈줄을 좌우하는 경제팀과 국제 관계와 안보를 좌우하는 외교팀의 주요 인사를 기후론자들로 임명했다. 이를 통해 미국이 얼마나 기후변화를 시급히 해결해야 할 당위적인 문제로 인식하고 있는지 알 수 있다. 바이든 대통령은 '2050년 탄소 넷 제로Net Zero (탄소중립)'를 공약했으며, 이를 위해 과감한 기후변화 개혁을 추진하고 천문학적인 재원을 투자해 당면한 기후문제를 극복하겠다는 의지를 보이고 있다.

02

중국은 2060년 이전
탄소중립을 목표로

탄소중립을 위해 필요한 자금은 무려 5조 달러

• • •

세계 최대 온실가스 배출국인 중국마저도 2060년을 목표로 탄소중립*을
선언했다. 시진핑習近平 국가주석은 2020년 9월 22일 UN 총회 기조연설에
서 2060년 이전까지 탄소 순배출량 제로를 실현하겠다고 전 세계에 약속
했다. 중국의 탄소중립 계획은 총 2단계로 진행된다. 1단계는 2030년까지

• 탄소중립Carbon Neutral은 이산화탄소를 배출한 만큼 이산화탄소를 흡수하는 대책을 세워 이산화
 탄소의 실질적인 배출량을 제로로 만든다는 개념이다.

탄소배출량 최대치인 '카본 피크Carbon Peak'를 달성하는 것이다. 2단계는 2031년부터 탄소배출량을 감소세로 전환해 2060년까지 탄소중립을 달성하는 것이 목표다.

중국의 이산화탄소 배출량은 명실상부 세계 1위로 2019년에만 94억 톤을 배출해 전 세계 배출량의 29%를 차지했다. 세계 2위인 미국의 이산화탄소 배출량(51억 톤)과 비교해봐도 1.8배에 달한다. 중국이 2060년까지 탄소중립을 달성하기 위해서는 석탄 위주의 에너지 발전을 태양광과 풍력, 수력 등의 재생에너지로 전면 전환해야 하고, 전반적인 산업 구조를 저탄소 경제형으로 바꿔야 한다. 중국의 국가기후변화전문가위원회에서는 에너지 발전 및 저탄소 전환을 위해서 10조 위안(약 1,700조 원)이 필요할 것으로 전망했다. 2060년까지 앞으로 40년 동안 매년 우리돈 43조 원

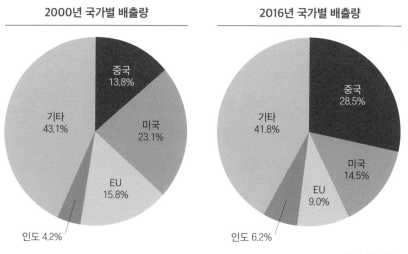

국가별 온실가스 배출량

2000년 국가별 배출량

중국 13.8%
미국 23.1%
EU 15.8%
인도 4.2%
기타 43.1%

2016년 국가별 배출량

중국 28.5%
미국 14.5%
EU 9.0%
인도 6.2%
기타 41.8%

출처: 월드뱅크

이상을 투자해야 한다는 것이다.

　　한편 에너지컨설팅 전문업체 우드 매켄지Wood Mackenzi는 중국에서 사용하는 전체 에너지의 67%가 석탄에서 나오는데 탄소중립을 위해서는 이 중 절반을 태양광과 풍력 등 재생에너지로 전환해야 하기 때문에 에너지믹스Energy Mix* 변화를 위해서 약 5조 달러(약 5,500조 원)가 필요하다고 전망했다. 이는 중국 국가기후변화전문가위원회의 예상보다 무려 3배 이상 더 많은 수치다. 올해 시작되는 14차 5개년 계획(2021~2025년)부터 탄소 저감 정책이 집중적으로 시행될 전망이다. 에너지믹스 변화를 위한 투자와 전기차 확대 정책 등 친환경 산업을 위한 투자에 연평균 100조 원 이상 투입될 것으로 보인다. 투자자 입장에서는 중국 시장에 새로운 블루오션이 열리는 것과 같다고 볼 수 있다.

온실가스 배출의 주범, 중국의 석탄 사랑은 언제까지?

· · ·

중국은 석탄을 세계에서 가장 많이 소비하는 나라다. 전체 에너지 발전의 67%를 석탄에 의존하고 있으며, 2020년 하반기 기준 12.8GWhgigawatt-hour**의 석탄발전소를 건설하고 있다. 건설 중인 석탄발전소의 절반은 한반도 바로 옆에 위치한 중국 동부 지역에 짓고 있다. 그러니까 적어도 앞

●　전체 전력을 어떤 방법(원천)으로 생산하는지를 나타내는 비율이다.

●●　전력량 와트시Wh는 1와트1W의 일률로 1시간 동안 하는 일의 양을 말한다. 1킬로와트시1kWh는 1,000와트시, 1메가와트시1MWh는 1백만 와트시, 1기가와트시1GWh는 10억 와트시, 1테라와트시1TWh는 1조 와트시의 에너지에 해당한다.

으로 10년 동안 중국발 미세먼지가 줄어들기를 기대하는 것은 거의 희망 고문에 가깝다는 얘기다.

중국은 2021년 1월 기준 1,043GW_{gigawatt} 규모의 석탄발전소를 운영하고 있다. 2위인 미국이 234GW의 석탄발전소를 운영하고 있으니 4.5배나 많은 규모이며, 전 세계 석탄발전소 용량의 51%에 이르는 규모를 보유하고 있다. 우리나라 전체 에너지 발전소 규모는 129GW으로 중국에서는 이보다 8.1배 많은 에너지를 온실가스의 주범인 석탄에서 생산하고 있는 것이다. 전 세계 온실가스의 27.5%가 석탄발전에서 배출되며, 이 중 절반이 중국의 석탄발전에 의해 배출되고 있어 2060 탄소중립을 위해서는 에너지 발전 분야의 대전환이 필수적이다.

전 세계 온실가스 배출량 가운데 가장 많은 비중을 차지하는 원료는 석탄이며 그 다음이 석유와 천연가스 순이다. 참고로 석탄, 석유, 천연가스 등 화석연료에서 발생하는 온실가스는 전체 온실가스 배출량의 약 80%로 대다수를 차지하고 있다. 영국 BP의 자료에 따르면 중국에 매장돼 있는 석탄은 1,416억 톤으로 전 세계 매장량의 13.2% 수준이다. 미국(23.3%)과 러시아(15.2%), 캐나다(13.9%)에 이어 4위에 해당한다. 그러나 중국의 연간 석탄 생산량은 38.5억 톤으로 전 세계 생산량의 47.3% 수준이며, 다른 국가에 비해 압도적으로 많다. 실질적으로 온실가스를 배출하게 되는 석탄의 소비 단계에 있어서는 더욱 심각하다. 전 세계의 석탄 소비량은 2019년 기준으로 157.9EJ_{exajoule} ˙인데 중국은 이 중 절반이 넘는 81.7EJ(51.7%)을 소비했다. 자국 내 석탄을 엄청나게 생산하고 있는 것도 모자라 다른 국가로

˙   엑사줄_{EJ}은 에너지 단위로 1엑사줄_{1EJ}은 100경 줄의 에너지에 해당한다.

부터 석탄을 블랙홀처럼 빨아들여 태우고 있는 것이다.

　　2060 탄소중립을 위해서는 현재 가동하고 있는 석탄발전소를 규제해야 하지만 중국에서는 새롭게 건설하거나 이미 건설 허가를 받은 석탄발전소 규모가 159GW나 된다. 중국에 현재 설치돼 있는 석탄발전소의 15%가 새로 건설된다고 하니 2060 탄소중립 달성이 실제로 가능할지 의문이 들기도 한다. 그러나 중국이다! 어느 순간에 모든 것을 뒤바꿀 수 있는 저력이 있는 국가다. 중국의 2060 탄소중립은 2020년 9월 뉴욕 UN총회 기조연설에서 전 세계를 향해 약속한 것으로, 이전까지는 탄소중립과는 반대되는 움직임이었다면 2021년부터는 탄소중립을 경제 발전의 중심에 놓고 추진해나갈 것임을 공표했다. 탄소중립을 위한 기저가 다른 나라에 비해 너무나도 낮기 때문에 더욱 적극적인 산업 변화가 이뤄져야 하고, 막대한 자금이 투입돼야 할 것이다. 고탄소 사회에서 저탄소 사회로 전환하기 위해 급격한 변화를 추진한다는 것은 산업 투자 관점에서 볼 때 거액의 자금이 집중된다는 뜻이며, 투자 대상이 되는 분야에서는 그만큼 막대한 수익 창출이 가능하다는 의미가 된다.

머니는 석탄을 싫어해

• • •

앞서 언급했듯 전 세계 온실가스의 대부분은 석탄이나 석유, 천연가스 등 화석연료에서 발생한다. 2000년 초까지는 석유를 사용하는 발전소가 많았기에 석유의 온실가스 배출 기여도가 가장 높았다. 그러나 2000년대 중반부터는 중국과 인도를 중심으로 값싼 석탄을 이용하는 발전소가 늘어나

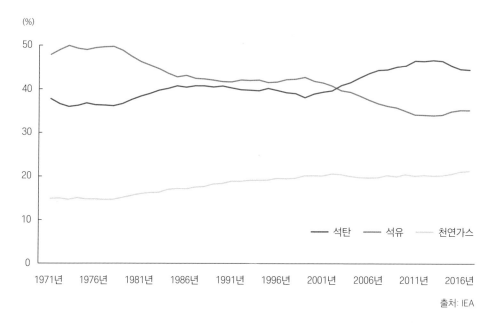

화석연료의 글로벌 온실가스 배출 비중

(%)

출처: IEA

면서 줄곧 석탄의 온실가스 배출 비중이 높게 나타난다. 천연가스발전 또한 석유발전을 대체하면서 온실가스 배출 비중이 꾸준히 증가하는 추세에 있다. UN 산하의 기후변화에 관한 정부 간 협의체인 IPCCIntergovernmental Panel on Climate Change에 따르면 발전원별로 전력 1kWhkilowatt-hour를 생산하는 데 배출하는 온실가스의 양은 석탄 1,001g, 석유 840g, 천연가스 469g 이다. 동일한 전력을 생산하는 데 석탄이 가장 많은 온실가스를 배출하며, 미세먼지 또한 석탄이 천연가스보다 8배나 많은 양을 발생시킨다. 천연가스는 상대적으로 적은 양의 온실가스를 배출하지만 무공해 발전은 아니다. 석탄이나 석유발전을 잠시 대체하는 중간 다리로서의 역할이며 궁극적으로는 재생에너지 발전으로 대체돼야 한다.

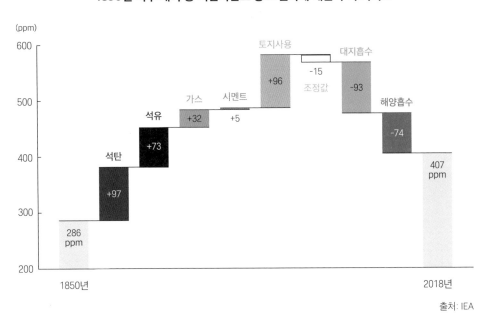

1850년 이후 대기 중 이산화탄소 농도 변화에 대한 누적 기여도

(ppm)

토지사용 +96
대지흡수 -15 조정값
가스 +32
시멘트 +5
석유 +73
석탄 +97
286 ppm
-93
해양흡수 -74
407 ppm

1850년

2018년

출처: IEA

  우측 그래프를 보면 대기 중의 이산화탄소 농도는 산업화 이전 1850년에는 286ppm*이었지만 2018년에는 407ppm으로 121ppm 증가했다. 이산화탄소 농도 증가 기여도를 살펴보면 3대 화석연료인 석탄과 석유, 천연가스가 큰 비중을 차지하며, 산업화 이후 3대 화석연료가 차지한 대기 중 이산화탄소 농도 증가는 202ppm이나 됐다. 토지 사용을 위한 산림 훼손은 이산화탄소 농도를 96ppm 증가시킨 것으로 조사됐다. 앞으로 온실가스를 저감하기 위해서는 석탄을 비롯한 화석연료의 사용을 규제해야 하고, 산림 복원 등 저탄소 토지 이용이 이뤄져야 할 것이다.

―――――――

●   ppm은 '파트 퍼 밀리언Part Per Million'의 약자로 '100만분의 1'을 의미한다.

지금 전 세계는 온실가스의 주범인 석탄을 규제하고자 다양한 노력을 전개하고 있다. 산업혁명 기간인 1882년 세계 최초로 석탄발전을 시작한 영국은 2025년까지 모든 석탄발전을 중단할 계획이다. 영국에는 현재 3기의 석탄발전만이 남았는데 2025년까지 단계적으로 폐쇄할 전망이다. 영국은 2018년부터 산업혁명 이후 처음으로 석탄발전 없이 전력을 공급하기도 했다. 2019년에는 7일 동안 석탄발전 전력 공급을 멈췄으며, 2020년 5월에는 한 달 동안 석탄발전이 생산한 전기를 전혀 사용하지 않았다. 영국의 석탄발전 비중은 2012년 40%에서 2018년에는 5%으로 감소했고, 현재는 지극히 소량에 불과하다. 이미 영국에서 석탄발전은 사실상 전력 수요가 급증하는 시기에만 보조 전력을 공급하는 역할에 불과하다.

2017년 11월에는 석탄발전소를 단계적으로 폐쇄하기 위해 영국과 캐나다 주도로 20개 정부가 참여한 탈석탄동맹Powering Past Coal Alliance, PPCA이 출범했다. 파리기후변화협약의 목표를 달성하기 위해서는 경제협력개발기구OECD와 탈석탄동맹에 참여한 국가는 2030년까지, 나머지 국가들은 2050년까지 석탄발전소를 모두 폐쇄해야 한다.

금융기관도 이에 동조해 석탄발전 등 화석연료에 투자하지 않겠다는 '화석연료 투자 금지 캠페인Fossil Free Campaign'을 시작했다. 2019년 10월 기준 글로벌 1,135개 투자기관이 참여했는데 이 기관들의 자산운용 규모는 11조 5,000억 달러에 달한다. 석탄개발이나 석탄발전에 대한 금융 투자와 지원에 참여하지 않고, 석탄 활용을 위한 특수목적회사Special Purpose Company에서 발행하는 채권도 인수하지 않기로 한 것이다. 기존에 투자했던 자금도 회수하는 등 석탄에 의한 온실가스 배출량을 줄이기 위한 글로벌 금융기관들의 공조가 늘어나고 있다.

2019년 하반기 유럽투자은행은 2021년 이후로는 더 이상 화석 연료에 대한 투자를 하지 않기로 결정했다. 스웨덴 개발금융기관과 프랑스 개발청 역시 석유와 가스, 석탄 관련 투자 활동을 모두 중단하기로 했다.

한국에서는 2018년 10월 송도에서 열린 IPCC 총회에서 공무원연금과 사학연금이 공동으로 탈석탄 투자를 선언했다. '공무원, 사학연금공단 탈석탄 투자 선언문'은 다음과 같다. ①우리는 지구 평균 온도 상승폭을 1.5°C 이하로 제한하는 인류의 공동 노력을 기관 투자자로서 적극 지지하고 동참한다. ②우리는 석탄발전이 기후변화와 미세먼지의 주요 원인임을 인식하고, 향후 국내외의 석탄발전소 건설을 위한 프로젝트 파이낸싱 Project Financing과 관련 회사채 등을 통한 금융 투자 및 지원에 참여하지 않는다. ③우리는 재생에너지 신규 투자와 기존 투자를 확대하는 등 저탄소 경제로의 전환을 위한 지속가능 투자에 노력한다.

이 밖에도 국내 대기업의 '탈석탄 금융' 동참이 잇따르고 있다. 삼성그룹의 금융 계열사(삼성생명, 삼성화재, 삼성증권, 삼성자산운용)의 경우 2020년 12월 탈석탄 정책 강화를 선언했다. 석탄발전에 대한 신규 투자를 하지 않으며, 회사채 인수도 하지 않기로 했고, 석탄 화력발전소와 관련된 보험사업은 참여하지 않기로 한 것이다. 반면, 재생에너지와 전기차 등 친환경 자산에 대한 투자는 지속해서 확대하기로 방침을 정했다.

2021년 1월에는 한화그룹 금융 계열사 6곳(한화생명, 한화손해보험, 한화투자증권, 한화자산운용, 한화저축은행, 캐롯손해보험)이 탈석탄 금융을 선언했다. 마찬가지로 향후 신규로 건설되는 석탄발전소와 관련된 투자와 채권 인수, 리파이낸싱Refinancing, 보험계약 등에 참여하지 않음으로써 사회적 책임을 다하겠다는 입장이다. 자산운용사에서는 기후금융 투자펀드를 출시해 일반인들도 재생에너지와 전기차 등 기후위기를 극복할 수 있는 산업 투자에 동참할 수 있도록 했다. KB금융그룹의 KB국민은행과 KB증권 등 13개 금융 계열사와 우리금융그룹의 우리은행과 우리카드 등 12개 금융 계열사도 탈석탄 금융을 선언해 기후위기 극복에 적극적으로 동참하기 시작했다.

이처럼 국내외 금융기관들의 탈석탄 선언이 이어지고 있어 기존의 석탄 관련 자금이 썰물처럼 빠져나가는 것이 불가피해 보인다. 석탄발전소 신규 건설을 위한 투자금 유치가 어렵게 됐고, 기존 설비를 운영할 자금과 보험도 여의치 않아진 탓에 석탄발전의 입지는 더욱 좁아질 수밖에 없을 것이다.

03

그린의 시작이자 주요 무대 유럽

유럽에서 시작된 그린딜 혁명

• • •

2019년 12월 12일 유럽연합EU 27개국 회원국 정상들이 모여 '2050 탄소 중립'을 달성하기로 합의했다. 바로 전날 유럽연합 집행위원회가 기후변화와 환경 분야 청사진인 '유럽 그린딜Eupean Green Deal'을 발표했고, 그린딜을 중심으로 탄소중립을 달성하기로 의견을 모은 이후였다.

유럽 그린딜 발표의 에너지 부문을 살펴보면 기후법을 제정하고, 온실가스 감축 목표를 상향하며, 유럽연합 배출권 거래제도Emission Trading System, ETS 강화와 건물 부문 에너지 효율의 향상, 수송 부문 탄소배출을 줄이는 것 등을 주요 골자로 한다. 이를 추진하기 위해 유럽연합은 10년간 1조 유로(약 1,340조 원)의 자금을 투입할 계획이다. 자금은 기후 관련 사업에 사용되고, 청정에너지 프로젝트 및 자연과 생물 다양성 프로젝트에 투자되며, 녹색 일자리 창출을 위해 집행될 예정이다.

유럽연합이 2050 탄소중립을 선언하기까지는 복잡한 이해관계를 가진 각국 사이의 절충이 필요했다. 폴란드는 2050 탄소중립에 동참하지 않았고, 목표 달성을 2070년으로 늦춰줄 것을 요청했다. 자국의 석탄발전 의존도가 80%에 달하기 때문에 에너지 전환에 더 많은 시간이 소요되며, 유럽연합의 자금 지원이 필요하다는 것이다. 탄소중립 논의가 처음으로 시작된 2019년 6월 유럽연합 정상회의에서 폴란드를 비롯해 체코와 에스토니아, 헝가리 역시 반대 입장이었다. 다만 6개월의 협상 과정에서 원자력발전을 에너지 전환 방법의 하나로 인정한다는 조건으로 체코와 에스토니아, 헝가리가 2050 탄소중립에 합의했다. 원자력발전은 에너지 발전 시 온실가스 배출은 없지만 방사성 폐기물 문제로 환경파괴 논란이 지속되고 있는 분야다. 유럽연합 정상회의의 합의문에 일부 회원국에 한해 국가 에너지믹스에 원자력을 이용한다는 점을 적시한다는 문구가 추가되며 절충점을 찾게 됐다.

사실 대부분의 유럽연합 국가들은 2000년 이전에 온실가스 배출 정점에 도달했다. 특히, 북유럽 국가들은 탄소배출 저감을 위해 1990년대 초부터 탄소세 도입을 적극적으로 추진했으며, 재생에너지 확대를 위해 노력해왔다. 이들은 유럽연합 집행위원회가 선언한 2050년 이전에 탄소중립을 달성하기로 목표를 앞당기고 있다. 2017년 핀란드 농업환경부 장관 키모 틸리카이넨Kimmo Tiilikainen은 유럽연합의 탄소중립 목표보다 5년 빠른

2045년에 탄소중립을 달성하겠다고 발표했다. 구체적 방안으로는 풍력과 태양광 등 재생에너지 개발에 적극적으로 투자하고, 전기차를 확대해 전체 탄소배출 규모를 현재의 3분의 1로 줄이겠다는 것이다. 노르웨이의 경우 2030년 탄소중립 달성이라는 세계에서 가장 빠른 목표를 제시했다. 세계 최대 연기금인 노르웨이 국부펀드Government Pension Fund Global, GPFG는 석탄을 비롯한 화석연료와 관련된 기업에서 투자금을 회수하는 반면 재생에너지 부문의 투자는 늘리고 있다. 원유 수출이 국내총생산GDP의 20%를 차지해 온실가스 배출원 수출에 대한 공격을 많이 받고 있는 노르웨이는 이를 상쇄하기 위해 저탄소 에너지 투자 확대에 힘쓰고 있는 모습이다.

재생에너지 산업의 선두 주자 오르스테드의 선전

• • •

유럽연합 회원국 가운데 석유, 천연가스 최대 생산국인 덴마크는 2050년까지 북해에서 석유와 가스의 탐사, 시추, 생산을 점진적으로 중단할 예정이다. 탄소중립을 위해 자국의 주요 경제 기반이 되는 화석연료를 과감히 포기한다는 것이다. 덴마크를 비롯해 유럽연합 각국이 화석연료를 포기하고, 탄소중립 시기를 앞당긴다고 선언하는 것은 재생에너지를 공격적으로 확대하겠다는 의미로 해석할 수 있다. 유럽연합에서 재생에너지를 빠르게 확대할 수 있는 이유는 세계적인 재생에너지 기업을 다수 보유하고 있으며, 기존 화석연료 기업 또한 재생에너지 사업으로 전환하겠다는 높은 의지를 보여주고 있기 때문이다.

덴마크 최대 발전회사 오르스테드Orsted와 이탈리아 에넬Enel, 스페인 이베르드롤라Iberdrola 등은 글로벌 각지에서 태양광과 풍력발전 프로젝트를 주도하면서 에너지 분야의 강자로 부상하고 있다.《월스트리트저널》은 오르스테드와 에넬, 이베르드롤라가 10년 전만 해도 지역사회의 조그만 발전회사에 불과했지만 일찍이 태양과 풍력 사업에 뛰어든 덕에 지금은 엑손모빌ExxonMobil과 BP 등 글로벌 석유 공룡들과 어깨를 견줄 만한 에너지 거인으로 성장했다고 평가했다. 이들을 '환경 공룡Green Giants'이라고 표현할 수 있는데 환경 공룡의 매출액은 아직 크지 않지만 시가총액은 석유 공룡과 견줄 만한 수준이다. 투자자들은 앞으로 재생에너지 분야에 대규모 투자가 진행되면서 저탄소 사회로의 전환을 주도하는 기업의 성장성을 높게 평가하게 된 것이다.

오르스테드는 2019년 지속가능 보고서를 통해 2025년 이전에 탄소중립을 달성하겠다고 발표했다. 오르스테드는 1972년 석유와 천연가스 유통 기업으로 출범한 이후 2000년 초반부터 발전 사업에 진출했다. 2000년 중반부터는 화석연료에서 재생에너지 중심의 발전으로 전환 전략을 실행해 현재는 세계 최대 해상풍력 기업이 됐다. 이 회사는 2025년 탄소중립 선언에 더해 2040년에는 탄소발자국Carbon Footprint까지 중립으로 만들겠다고 선언했다. 지난 5년간 오르스테드의 순이익은 약 2배 늘었지만(2016년 1조 4,600억 원, 2020년 2조 8,400억 원 예상) 탄소중립 속도는 더욱 빨라졌다. 기업의 주가는 2016년 말 243.7크로네에서 2021년 3월 현재 973.0크로네로 4배 올라 시가총액으로는 74조 원으로 덴마크 최대 기업

● 탄소발자국은 개인 또는 기업, 단체가 직·간접적으로 발생시키는 온실가스의 총량을 의미한다. 개인의 탄소발자국은 개인이 일상생활을 하면서 발생시키는 온실가스 배출의 총량이며, 기업의 탄소발자국은 기업의 경영 활동에 따라 발생하는 직·간접적 온실가스 배출량을 의미한다.

덴마크 오르스테드 주가 현황

(단위: DKK(덴마크 크로네))

출처: NH투자증권

오르스테드 실적 및 기업 가치 평가 추이

	2016년	2017년	2018년	2019년	2020년(추정)
매출액(백만 달러)	8,532	9,037	12,194	10,939	9,855
영업이익(백만 달러)	1,279	838	1,627	1,661	1,672
순이익(백만 달러)	1,071	751	1,286	936	2,442
시가총액(백만 달러)	15,957	22,994	28,063	43,471	86,347
PER(배)	11.1	11.3	10.3	44.2	52.5
PBR(배)	2.1	2.6	2.7	4.0	5.8
EV/EBITDA(배)	7.8	14.5	12.2	18.1	30.2

출처: Bloomberg

이 됐다. 이제 기업의 탄소중립 노력이 기업의 순이익보다 더욱 큰 가치로 반영되는 시대가 시작되고 있다.

탄소배출에 세금을 매기는 시대가 도래하다

• • •

이제 유럽연합에서 탄소중립은 거스를 수 없는 시대적 흐름이다. 이에 따라 유럽 각국 정부는 자동차 배출 규제를 상향하고, 플라스틱세*를 신설하는 등 환경 관련 규제를 대폭 강화했다. 또한 유럽연합이 유례없이 강한 탄소중립 정책을 펴나감에 따라 기업이 온실가스 배출 규제가 없는 지역으로 이전하는 등 혹시라도 생길 수 있는 탄소 누출Carbon Leakage을 막고, 동일한 기준으로 전 세계가 온실가스 감축에 동참하도록 유도하기 위해 탄소국경세Carbon Border Adjustment Mechanism, CBAM를 시행하려고 하고 있다.**
유럽연합은 2005년 배출권 거래제도를 시작할 때도 탄소 누출 가능성을 우려했는데, 이를 보완하기 위한 정책이 바로 탄소국경세라고 할 수 있다.

탄소국경세란 탄소규제가 약한 국가가 유럽연합으로 상품이나 서비스를 수출할 때 적용하는 무역관세로, 쉽게 말해 탄소의 이동에 관세를

---

* 재활용이 불가능한 플라스틱 폐기물에 1kg당 0.8유로(80ct)의 세금을 부과하는 EU 차원의 규제로, 유럽연합은 플라스틱 사용을 줄이고 코로나19로 인한 경기부양책 자금을 확보하기 위해 2021년 1월 1일부터 플라스틱세를 부과하고 있다.
** 유럽연합 배출권 거래제도인 EU-ETS가 시행됨에 따라 EU 기업들은 시장에서 자사의 제품이 온실가스 배출규제가 느슨한 국가에서 생산된 제품들과 비교해 동등한 가격 경쟁력을 갖도록 EU-ETS에 준하는 탄소세 형식으로 무역관세를 부과해달라는 요청을 해왔다. 이에 2009년 도입을 검토했던 탄소국경세를 변형해 CBAM을 만들게 되었다.

부과하는 정책이다. 유럽연합에서 탄소국경세를 실제로 시행한다면, 그 영향은 국내외에 걸쳐 다양한 방식으로 나타날 수 있고, 우리나라의 대對 유럽연합 수출 기업에게는 상당한 비용 부담이 될 수 있다.

　유럽연합의 탄소국경세는 일부 산업의 몇 가지 품목에 대해 우선적으로 적용되고 향후 그 범위를 점차 확대해 갈 것으로 예상된다. 세계무역기구WTO 규정 등 국제 무역 기준에 맞춰 설계될 예정인데, 현재 세계무역기구의 규정은 기후변화 관련 내용을 포함하고 있지 않아 많은 논쟁이 예상된다. 유럽연합 집행위원회는 탄소국경세가 기후변화 위기에 대응하기 위한 예외 조항이기 때문에 반드시 시행돼야 하며, 탄소국경세를 통해 전 세계가 동일한 수준의 비용을 지불하며 온실가스를 저감할 것을 주장하고 있다. 세계무역기구 규정 위반 여부는 2021년 2분기에 발표될 법안이 나와야 알 수 있을 것으로 보인다. 만약 세계무역기구 규정에 위반되지 않는 범위에서 탄소국경세가 제정될 경우 우리 기업들은 이에 대응하는 탄소 경쟁력을 반드시 확보해야만 한다. 특히 우선적으로 적용될 강판·합성수지·정밀 화학원료·편직물·고무·알루미늄 등 철강·화학·섬유·비철 금속 부문은 선제적인 준비가 필요하며, 이 제품들을 원료로 사용해 첨단 소재를 생산하는 기업들도 2차적인 영향에 대해 발빠르게 대처할 준비를 해야 한다.

　우리나라는 유럽연합과 달리 전력 공급이 한전으로 일원화돼 있기 때문에 재생에너지를 통한 친환경적인 전력 생산이 더 강하게 요구될 수 있다. 우리나라의 경우 전력 1MWhmegawatt-hour를 생산하기 위해서 0.46톤의 온실가스가 배출되는데 이는 유럽연합 평균(0.29톤)보다 55%나 많은 양이다. 제품을 생산할 때 동일한 에너지를 사용하고, 동일한 전력을 사용해도 전력의 온실가스 배출계수[*]가 높은 우리나라 제품은 유럽연합에서 생산되는 제품보다 더 많은 온실가스를 배출하게 된다. 따라서 우리나라 발전 기업들은 재생에너지를 통한 전력 생산을 늘리려는 노력이 필요하며, 이는 결과적으로 전력요금의 상승을 가져올 수 있다.

탄소국경세는 제품별로 온실가스 비용 부담 차이만큼 탄소관세를 차등 부과하는 방법과 제품의 생산과정에서 온실가스 배출량을 계산해 탄소세 형태로 부과하는 방법, 그리고 유럽연합이 시행 중인 배출권 거래제도와 연계해서 탄소세를 부과하는 방법 등으로 적용을 고려하고 있다. 이 3가지 방법 모두 온실가스에 가격을 부여한다는 공통점이 있다. 지금도 탄소세, 배출권 거래제도와 같이 탄소에 가격을 책정하고 있는 제도가 전 세계적으로 약 60여 종이 시행되고 있다. 온실가스의 가격이 가장 높은 곳은 스웨덴으로 이산화탄소 1톤당 무려 133.26달러에 달한다. 탄소세를 납부해야 하는 사업체들의 온실가스 배출량은 스웨덴 전체 온실가스 배출량의 40%를 차지한다. 스웨덴 정부는 2019년 이 제도의 시행을 통해 23억 1,400만 달러의 세수가 별도 발생했다. 2021년 3월 기준 현재 이산화탄소 1톤당 배출권 거래 가격은 우리나라의 경우 1만 8,900원이며, 유럽연합은 37.4유로(약 5만 1,000원)다. 이산화탄소 가격은 각 국가들에서 정한 규정에 따라 상이하다.

파리기후변화협약 체결 이래 세계 각국은 국가 차원의 감축 목표 Nationally Determined Contributions, NDC를 제출하고, 조건부Conditional NDC 시나리

---

[*] 온실가스 배출 시설의 단위 활동 자료당 발생하는 온실가스 배출량을 나타내는 계수다. 활동 자료에는 연료 사용량, 제품 생산량, 원료 사용량, 폐기물 소각량과 처리량 등이 포함된다.

오와 독립적Unconditional NDC 시나리오를 설정하는 등 그 목표를 달성하기 위해 노력하고 있다. 조건부 NDC 시나리오란 다른 나라의 온실가스 감축 사업이 자국에서 시행됨으로써 온실가스 감축에 도움을 받는 시나리오를 뜻한다. 반면 독립적 NDC 시나리오는 다른 나라의 도움 없이 자체적으로 자국의 목표를 달성하는 시나리오다. 산업화 이전 대비 지구 평균 온도 1.5℃ 이하 상승이라는 목표를 달성하기 위해 각 국가들이 조건부 NDC 시나리오로 온실가스 감축을 할 경우 약 290억 톤을 추가적으로 줄여야 하며, 독립적 NDC 시나리오의 경우는 온실가스 320억 톤을 추가 감축해야 한다. 조건부 NDC 시나리오 대신 독립적 NDC시나리오를 적용한다면 우리나라의 경우 2019년 온실가스 배출량이 약 7억 톤이니 이보다 4배 이상의 배출량을 추가적으로 감축해야 하는 셈이다. 따라서 조건부 NDC 시나리오를 적용하기 위해서는 먼저 배출권 가격을 책정해야 하며, 그 가격을 기준으로 각 국가의 온실가스 감축 활동이 진행될 것이다. 2021년 3월 1일 미국 바이든 정부는 탄소의 사회적 비용을 이산화탄소 1톤당 51달러로 설정하고 기후변화에 대응하기 위한 정책을 수립할 것을 발표했다.

국제배출권거래협회International Emission Trading Association, IETA는 2100년까지 독립적 NDC 시나리오하에서는 이산화탄소 배출권의 가격이 약 209달러까지 올라갈 수 있으며, 조건부 NCD 시나리오에서는 107달러까지 올라갈 수 있다고 전망했다. 2030년까지 지구 평균 온도 상승을 1.5℃ 이하로 억제하기 위한 시나리오를 시행하기 위해서는 매년 약 1조 1,020억 달러에서 3조 2,320억 달러의 비용이 필요한 것으로 예상된다.

따라서, 유럽연합을 선두로 미국까지 탄소국경세가 도입이 될 경우 온실가스 감축을 위한 시장 규모는 매우 커질 것이며, 탄소경쟁력에서 뒤

처지는 기업은 시장의 외면을 각오해야 할 것이다.

그린 혁명은 한국과 일본으로 확산

• • •

미국과 중국, 유럽 등 세계 각국에서 속속들이 탄소중립을 선언하는 가운데 한국과 일본도 탄소중립 선언으로 글로벌 트렌드에 동참했다. 문재인 대통령은 2020년 10월 28일 국회 기조연설에서 2050년까지 탄소중립 달성을 목표로 제시했다. 온실가스 배출을 최대한 억제하고 배출되는 온실가스는 다른 방법으로 흡수하는 넷 제로를 달성하겠다는 것이다. 같은 해 12월 10일에는 지상파 방송을 통해 미래 세대를 위한 준비로 반드시 탄소중립을 이뤄야 하며, 정부는 적극적으로 이를 추진할 것을 약속했다. 이에 앞서 2020년 7월 발표한 한국판 뉴딜정책은 디지털 뉴딜과 그린 뉴딜의 두 축을 중심으로 진행되는데 이 그린 뉴딜이 탄소중립을 위한 핵심 정책이다.* 정부는 한국판 뉴딜정책에 2025년까지 총 160조 원을 투자할 계획이며, 이 중 73조 원이 그린 뉴딜에 투자된다. 5년간 매년 약 15조 원을 풍력과 태양광·수소·전기차·친환경 건축 등 국내 그린 뉴딜에 쏟아부을 전망이다.

일본의 스가 총리는 2020년 10월 26일 진행된 임시국회 연설에서 2050년까지 탄소중립을 이루겠다는 목표를 표명했다. 2019년 기준 일본

---

* 한국판 뉴딜정책은 문재인 정부가 2020년 7월 14일에 확정 및 발표한 정책으로 코로나19 사태 이후 경기 회복을 위해 마련한 국가 프로젝트다.

의 에너지 발전 중 석유, 석탄, 천연가스 등 화석연료의 비중은 전체의 73%에 이른다. 이는 한국의 65%, 미국의 55%, 영국의 45%보다 높은 수준이다. 더욱이 일본은 다른 국가보다 탄소배출이 많은 석탄발전 비중이 전체의 32%나 차지하는 데다가 탄소배출이 없는 원자력발전의 비중을 늘리기 어려워 에너지믹스 변화에 어려움이 많다. 이런 가운데 일본 최대 화력발전업체인 제라JERA(도쿄전력과 추부전력이 50:50으로 투자한 합작 발전회사)가 암모니아NH₃를 이용해 탄소를 배출하지 않는 화력발전 계획을 발표했다. 기존의 화석연료 기반의 에너지 발전을 암모니아를 활용한 탄소제로 발전으로 전환한다는 내용이 스가 총리가 탄소중립 선언을 하게 된 배경이다. 이를 위해 오랜 기간 유지해왔던 석탄발전 정책을 근본적으로 전환하며, 적극적인 에너지 효율 강화 정책, 재생에너지 도입을 통해 현실적인 탄소중립을 이루겠다고 공언했다. 한편 암모니아 생산을 위해서는 또 다른 에너지가 필요하기 때문에 암모니아를 이용한 탄소중립에 회의적인 시각도 일부 존재한다. 일본의 구체적인 에너지 계획 로드맵은 2021년 상반기에 발표될 예정으로 탄소중립의 실현 가능성과 투자 규모는 그때 다시 면밀히 살펴봐야 할 것이다.

04

환경 산업의
경제적 규모는?

환경 산업 투자 규모를 구체적으로 명시한 미국과 유럽, 한국에서 계획한 투자 규모는 천문학적인 수치에 달한다. 미국은 4년간 2조 달러(약 2,200조 원)를 투자한다고 밝혔고, 유럽은 10년간 1조 유로(약 1,350조 원), 한국은 5년간 73조 원을 투자하겠다고 선언했다. 이를 종합하면 매년 700조 원의 자금이 환경 산업으로 흘러 들어간다는 얘기다. 미국과 유럽, 한국 세 국가의 정부 지출 규모가 이 정도니 민간기업의 자발적 참여와 중국과 일본 등 다른 국가의 투자까지 더한다면 몇 배는 많은 규모가 될 것이다.

환경 산업 투자 규모를 인텔과 삼성전자, SK하이닉스, 타이완 반도체 매뉴팩처링TSMC, 퀄컴 등 글로벌 기업이 주도하는 세계 반도체 시장 규모와 비교해보자. 세계반도체시장통계기구에 따르면 2019년 전 세계 반도체 시장 규모는 4,120억 달러로 한화로는 약 453조 원이었다. 삼성전자

글로벌 반도체 기업 매출 현황

단위: 백만 달러		삼성전자	SK하이닉스	인텔	TSMC	퀄컴	합계
시가총액		482,469	85,565	242,807	655,779	181,921	1,648,541
매출액	2019년	197,777	23,169	71,965	34,635	24,273	351,818
	2020년	200,598	28,771	75,358	45,487	23,531	373,745
	2021년(E)	239,578	33,956	70,663	53,880	30,486	428,563
영업이익	2019년	23,837	2,356	21,738	12,085	3,778	63,793
	2020년	30,524	4,531	23,529	19,251	4,743	82,577
	2021년(E)	43,666	8,924	20,629	21,778	9,856	104,853
순이익	2019년	18,326	1,852	18,637	11,240	4,088	54,144
	2020년	30,799	3,351	19,276	17,590	3,861	74,877
	2021년(E)	32,617	6,640	17,102	19,683	6,671	82,714

출처: NH투자증권

와 SK하이닉스가 1, 2위를 차지하는 메모리 반도체 시장의 규모는 이중 약 27%인 1,096억 달러(약 121조 원) 수준으로 추정된다. 미국, 유럽, 한국 정부가 환경 산업에 집행할 연평균 투자금액이 700조 원이니 전 세계 반도체 시장보다 1.5배 크며, 메모리 반도체 시장보다는 5.8배나 큰 금액이다. 주요 글로벌 반도체 기업의 한 해 매출액을 훨씬 뛰어넘는 돈이 환경 산업에 투입된다는 것이다. 앞의 글로벌 반도체 5개사 시가총액을 합하면 1조 6,500억 달러(약 1,900조 원)이니 환경 산업에 투자하는 금액이 얼마나 큰 규모인지 짐작할 수 있다.

자동차 산업을 통해 조금 더 감을 잡아보자. 세계자동차협회에 의하면 2020년 전 세계 완성차 판매량은 9,700만 대, 판매금액은 2,953조 원

테슬라 시가총액은 글로벌 5대 완성차 기업 합산 시가총액을 추월

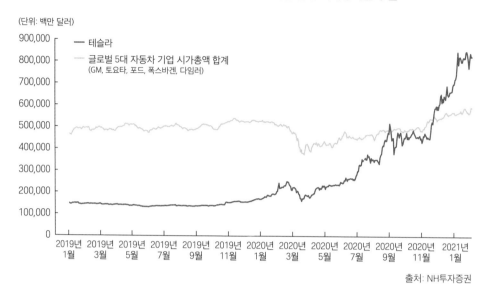

(단위: 백만 달러)

출처: NH투자증권

으로 추정된다. 환경 산업 투자 규모 700조 원이면 전 세계에서 한 해에 판매되는 차량의 4분의 1을 사들일 수 있다. 매출액 기준으로 세계 3대 완성차 기업 폭스바겐, 토요타, 다임러의 2020년 매출액 합계 820조 원에 근접한 금액이다. 이들 3대 기업 시가총액은 2021년 3월 기준 575조 원으로, 만약 환경에 투자해야 할 돈이 매년 자동차를 사들이는 데 전부 사용된다면 3대 완성차 기업 시가총액은 몇 배나 오를 수도 있다.

재미있는 점은 자동차 판매량 기준으로 10위에서도 한참 밖이고, 순이익은 2020년 간신히 흑자를 기록한 테슬라Tesla의 시가총액이 2021년 3월 기준으로 710조 원이나 된다는 사실이다. 테슬라의 시가총액이 세계 3대 완성차 기업의 합산금액 575조 원보다 무려 23%나 높다는 것은, 뒤에서 다시 설명하겠지만 당장의 순이익보다 미래 사회를 위한 친환경 전기차를 생산하는 기업의 가치를 높게 평가한다는 의미라 할 수 있다. 같은 금액이라도 친환경 산업에 투자되는 자본의 가치가 훨씬 높게 평가받는 시대가 열린 것이다. 이것만으로도 앞으로 우리가 어느 분야에 투자해야 하는지 충분한 힌트가 된다.

이제 기후위기 관련 대책을 예전과 같이 불필요한 비용지출이나 경제 성장의 제약으로 볼 것이 아니라 새로운 분야의 큰 성장으로 인식하는 발상의 전환이 필요하다. 2006년 상장하기 이전 테슬라에 투자해 큰 수익을 거둔 임팩트 투자의 선구자 DBL 파트너스의 낸시 파운드Nancy Pfund 대표는 "탄소는 스타트업과 혁신가에게 무궁무진한 기회"라고 말했다. 앞으로 환경이라는 이슈를 통해 큰 성장이 가능한 새로운 사업 기회가 생겨날 수 있으며 투자자에게는 막대한 수익을 창출할 수 있는 투자 기회도 따라올 수 있음을 암시한 것이다.

2장

그린 투자의
중심은
기후위기 극복

ESG 미니클래스

온실가스가 초래하는
심각한 자연재해

기후변화로 인해 매년 더 크게 발생하는 캘리포니아의 산불

• • •

2020년 9월 초, 미국 캘리포니아주에 우리나라 면적의 16%에 해당하는 산림이 사라지는 역대 최대의 산불이 발생했다. 산불 발생 후 몇 주 동안이나 침묵한 뒤에야 캘리포니아를 방문한 트럼프는 언론브리핑 자리에서 "이 최악의 산불은 기후변화가 아닌 열악한 산림 관리의 문제 때문에 발생했다"고 말했다. 이에 대한 반박으로 우리가 과학을 무시하고, 현실을 회피하면서 산림 관리가 모든 것이라고 생각한다면 결국 캘리포니아 주민들을 보호하지 못할 것이라는 웨이드 크로풋Wade Crowfoot 캘리포니아주 천연자원부 장관의 말에 트럼프 대통령은 "나는 과학이 안다고 생각하지 않는다 I don't think science knows"는 궤변을 늘어놓았다.

트럼프는 취임 후 즉시 파리기후변화협약을 탈퇴하며 줄곧 기후변화 부정론자들과 노선을 같이해 왔다. 반면 캘리포니아주 정부는 미 연방정부의 지침에 아랑곳하지 않고 2017년 6월 미국기후동맹US Climate Alliance을 결성해 2035년부터 내연기관 자동차 판매 금지와 같은 기후변화 대응의 선구자 역할을 하고 있다. 캘리포니아가 이렇게 기후변화에 민감하게 반응하는 것은 이곳이 기후변화로 인해 매우 큰 영향을 받고 있는 지역 중 하나이기 때문이다.

캘리포니아주는 여름에 고온건조하고 겨울은 온난습윤한 지중해성 기후 지역이다. 겨울철에는 시에라 네바다 산맥에 눈이 쌓이고, 산맥에 쌓인 스노우 팩Snowpack은 봄이 되면서 녹기 시작해 여름에 필요한 물의 30% 정도를 공급한다. 온도가 높은 여름이 되면 산림에 물이 부족해 건조해지기 시작하고, 건조한 환경은 산불의 주요 원인이 된다. 지구온난화로 인해 겨울철에 쌓이는 시에라 네바다 산맥의 스노우 팩 양이 줄어들고, 녹는 시점이 빨라지면서 여름철은 더욱 고온건조해지고 있다. 즉, 캘리포니아는 기후변화로 인해 더욱 산불이 발생하기 쉬운 환경이 돼버린 것이다. 2020년에 발생한 산불은 캘리포니아에 막대한 경제적·환경적 피해를 초래했다. 캘리포니아에서 일어났던 역대 최대 산불 20건 중 6건이 2020년에 발생했고, 최대 산불 20건의 피해 면적 중 45%에 해당하는 어마어마한 면적이 그해에 사라져 버렸다.

인류의 과학기술이 발전함에 따라 산불 예방 및 산림 관리 기술도 함께 발전해 왔음에도 불구하고, 캘리포니아의 산불은 지구온난화로 인해

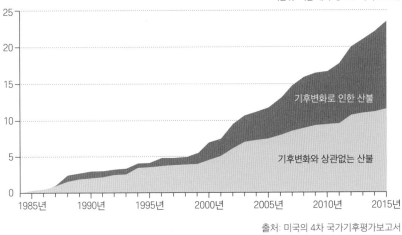

기후변화로 인한 캘리포니아 산불 피해 누적 면적

(단위: 백만 에이커, 1ac=약 4,047m²)

기후변화로 인한 산불

기후변화와 상관없는 산불

출처: 미국의 4차 국가기후평가보고서

매년 그 규모가 점점 커지고 있다. 머시드 캘리포니아대학의 안토니 웨스털링Anthony LeRoy Westerling 교수는 스노우 팩이 녹기 시작하는 시기와 산불은 매우 긴밀한 관계가 있으며, 2012년까지 발생한 캘리포니아 산불의 70% 이상이 이른 해빙기 때였다고 한다. 산업화가 시작된 19세기부터 현재까지 지구의 평균 온도가 겨우 1℃ 정도 올랐을 뿐인데, 캘리포니아 산불의 피해규모를 조사해 온 1935년 이래로 매년 산불의 규모는 최대치를 경신하고 있다. 앞으로 지구온난화가 지속될 경우 캘리포니아에서는 우리나라 면적의 16%에 해당하는 산림을 날려버렸던 2020년도 산불보다 규모가 큰 산불이 더 자주 발생할 것으로 예상된다.

또한 컬럼비아대학의 존 아바츠글루John T. Abatzoglou와 파크 윌리엄스A. Park Williams가 2016년에 발표한 지구온난화와 산불의 상관관계 분석보고서에 따르면, 1984년부터 2015년까지 기후변화를 동반하지 않은 상태에서 산불이 발생했을 경우보다 기후변화를 동반해 산불이 발생한 경우 약 2배 높은 피해가 발생했다고 한다. 이렇듯 캘리포니아 산불이 기후변화로 인한 것이고 그 피해가 증가하고 있음이 명백한 데도 트럼프와 같이 기후변화의 심각성을 부인하는 사람들이 여전히 다수 존재한다.

기후변화가 산불을 발생시키는 원인이 되기도 하지만, 반대로 산불로 인해 지구온난화가 더 가속화될 수도 있다. 대규모 산불이 발생하면 그 산림이 연소되는 과정에서 많은 온실가스가 배출되고 이 온실가스는 대기 중의 이산화탄소 농도를 증가시켜 다시금 지구온난화를 가속화한다. 최근 발생하고 있는 캘리포니아 산불 외에도 아마존, 호주 지역의 산불도 지구온난화에 심각한 영향을 끼치고 있다는 보고가 있다. 산업 활동으로 인한 지구온난화가 대형 산불을 초래하고, 이 산불은 다시 또 지구온난화를 가속화하는 악순환이 반복되는 것이다.

기후변화로 인한 전염병, 인류를 위협하다

• • •

바코드처럼 생긴 다음 그림은 온난화 줄무늬Warming Stripes라고 부르는데 지구의 연평균 온도를 나타낸 것이다. 영국 레딩대학교의 기후학자 에드워드 호킨스Edward Hawkins가 만든 것으로, 각 막대 하나는 1년을 나타내며 해당 연도의 평균 온도와 1871년부터 현재까지 평균 온도와의 차이에 따라 색상이 지정된다. 푸른색이 짙면 온도가 기준보다 낮음을, 붉은색이 짙으면 온도가 더 높음을 의미한다. 2000년 이후부터는 평균 온도를 나타내는 막대의 색이 점점 짙은 적갈색으로 변화하고 있는 상태다. 지구의 평균

온난화 줄무늬

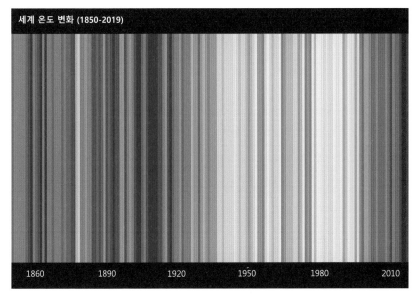

세계 온도 변화 (1850-2019)

1860   1890   1920   1950   1980   2010

출처: Climate Central

온도가 최근 10년간 꾸준히 높아지고 있다는 뜻이다.

2018년 인천 송도에서 열린 IPCC의 제48차 총회는 '지구온난화 1.5℃ 특별보고서'를 채택했고, 그 이후 세계는 산업화 이전 대비 온도 상승을 1.5℃ 이하로 억제하기 위한 노력을 추진 중이다. 2020년 기준, 지구의 평균 온도는 19세기 산업화 이전 대비 0.98℃ 이상 상승한 상태다.

지구온난화는 온실가스가 배출된 이후 약 30~40년 이후에 나타나는 현상으로, 지금 당장 우리가 온실가스 배출량을 현저히 줄인다고 해도 이미 지구온난화로 발생한 피해들은 최소 몇십 년은 지속될 것으로 보인다. 2020년 코로나19로 산업 활동이 위축되면서 인간의 활동에 의한 온실가스 배출량은 약 11% 정도 줄어들었지만, 대기 중의 온실가스 농도는 해마다 증가해 2020년에는 2019년 415.26ppm 대비 2.86ppm 높아진 418.12ppm을 기록했다. 이 수치는 1958년 관측 이래 역대 최고 기록으로 인간의 활동에 의한 온실가스 배출량을 절반 이하로 대폭 줄이지 않는다면 대기 중의 이산화탄소 농도의 증가 속도를 늦추는 수준에만 그치고 말 것이다.

아래의 그래프는 기후변화로 인한 자연재해 발생량, 지구 평균 온도 변화, 30여 년 전의 온실가스 배출량, 전염병 발생량 변화 등의 데이터를 하나의 그래프 안에 합쳐 놓은 것이다. 그래프를 통해 이 데이터들이 30년 전에 배출한 온실가스의 증가율과 매우 유사하게 증가하고 있는 것

온실가스 배출량과 지구 평균 온도, 자연재해, 전염병과의 상관관계

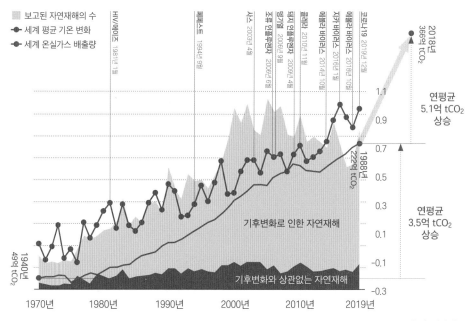

출처: 베리워즈

을 알 수 있으며, 온실가스 배출 증가와 전염병 및 자연재해의 발생이 유의미한 상관관계가 있는 것을 알 수 있다.

국제 재해 데이터베이스에 보고된 세계의 자연재해 발생 건수는 매년 꾸준히 증가하고 있다. 1970년에 77건에 불과하던 재해 건수가 2019년에는 361건으로 약 4.7배 증가했다. 그리고 361건의 자연재해 중 90% 이상이 기후변화로 인한 자연재해였다. 지구 평균 온도 변화와 재해 건수를 비교해볼 때, 지구온난화는 매년 더 강한 태풍과 폭우, 한파, 폭염, 가뭄 등을 유발하고 있는 것으로 보인다.

왼쪽 그래프에서 보는 바와 같이 코로나19와 같은 대규모 전염성 질병이 발생하는 빈도도 점점 증가하고 있다. 특히 21세기 들어서 2003년 사스SARS(중증급성호흡기증후군)를 기점으로 글로벌 전염병 발병률이 점차 빈번해지고 있다. 2~3년에 한 번꼴로 발생 주기가 짧아졌으며, 특히 2019년 말 시작된 코로나19는 2021년 2월 기준 전 세계 사망자 229만 명을 기록하면서 1년 넘게 사람들을 패닉 상태에 빠트리는 전무후무한 팬데믹으로 발전했다.

지구온난화와 전염병 발생은 어떠한 상관관계가 있을까? 영국 케임브리지대학교 연구팀에 따르면 대기 중의 이산화탄소 농도가 증가함에 따라 지구 평균 온도가 상승하고 이 같은 온도 상승은 중국 남부 지역과 인근 미얀마, 라오스 지역의 열대 관목지대를 열대 초원지대와 낙엽수림 지역으로 바꾸고 있다. 이러한 변화는 박쥐목이 살아가기 좋은 환경을 만들고, 이렇게 늘어난 박쥐의 종이 40여 종이나 된다. 코로나19와 같은 전염병의 원인을 어느 한 가지로 확정해 말할 수는 없지만, 이처럼 지구의 온도가 상승하면 동식물 생태가 교란되고 새로운 바이러스가 발생하기 쉬운 환경이 조성돼 전염병이 창궐할 수 있다. 또한, 기후변화로 인해 특정 지역의 풍토병이었던 질병이 다른 지역으로 확산될 가능성도 매우 높아진다.

한편 앞의 그래프를 보면 1940년부터 1989년까지의 온실가스 배출량과 1970년부터 2019년까지의 지구 평균 온도가 매우 유사한 패턴으로 증가하고 있는 것을 알 수 있다. 2차 세계대전 중이던 1940년 49억 톤이었던 온실가스 배출량은 1989년 222억 톤으로 연평균 3.5억 톤씩 증가했다. 1989년 이후부터 2018년까지의 온실가스 배출량은 연간 5.1억 톤씩 증가해 이전 기간보다 약 46%나 증가했다. 1989년까지 연평균 3.5억 톤씩 증가한 온실가스 배출량 때문에 산업화 시대와 비교해 2019년의 지구 평균 온도가 0.98℃ 상승한 것이다.

그렇다면, 2018년까지 연간 5.1억 톤씩 증가한 온실가스 배출량은 2048년 지구의 평균 온도를 얼마나 올려놓을까? 그리고 이로 인한 자연재해는 얼마나 증가할 것인가? 이러한 물음에 명쾌한 답을 내놓기는 힘들다. 다만 한 가지 확실하게 예상할 수 있는 것은 우리가 무엇을 상상하든 그 이상의 자연재해와 팬데믹이 발생할 게 분명하다는 사실이다.

02

지구온난화에 대한 인식 변화와 기후변화 부정론자들

지구온난화에 대한 인식은 어떻게 달라져 왔는가

• • •

앞서 언급한 바와 같이 지구는 현재 기후변화로 인한 재난과 재해가 심각해지고 있다. 유럽을 중심으로 많은 국가들은 기후변화의 심각성을 인식하고 탄소중립 선언, 탄소국경세 도입 등과 같이 인간의 활동에 의해 발생하는 온실가스를 감축하기 위한 과감한 움직임을 보이고 있다. 현재는 대부분 국가들이 기후변화의 심각성을 알고 있고 이 문제를 해결하기 위해 다각적으로 협력할 것에 뜻을 모으고 있지만, 사실 기후변화에 대한 위기의식을 갖게 된 것은 그리 오래된 일이 아니다.

하와이 마우나로아 관측소에서 측정한 월평균 대기 중 이산화탄소 농도

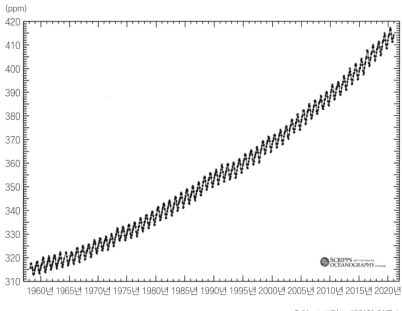

출처: 스크립스 해양학 연구소

지구온난화에 대한 위험성은 1896년 스웨덴의 화학자인 스반테 아레니우스Svante Arrhenius가 처음으로 제기했다. 그러나 당시에는 인간의 활동이 지구 전체에 영향을 미치기는 힘들다는 주장이 강했기 때문에 큰 이슈가 되지 못했다. 또한 그때는 대기 중의 이산화탄소 농도를 정확하게 측정할 수 있는 기술이 없었다.

그 후 1958년부터 미국의 과학자 찰스 킬링Charles D. Keeling 박사가 하와이의 마우나로아 관측소에서 대기 중 이산화탄소를 측정하기 시작했다. 1958년 3월 29일 마우나로아에서 첫 번째로 측정된 대기 중 이산화탄소의 농도는 약 313ppm이었다. 그러나 이산화탄소의 농도가 어떤 때는 높고 어떤 때는 낮은 수치를 보였기 때문에 사람들은 잘못된 측정이라고 판단했다. 그러나 킬링 박사는 1960년 지구 물리학 저널《텔러스Tellus》에서 대기 중의 이산화탄소 농도는 계절적인 패턴을 갖고 있다고 주장했고, 그 후 비로소 오늘날의 우리가 알고 있는 왼쪽 그래프와 같은 킬링 커브Keeling Curve가 만들어졌다. 대기 중의 이산화탄소 농도가 증가하고 있음을 킬링 커브를 통해 보여줌으로써 지구온난화가 실제로 일어나고 있다는 것에 대한 많은 과학자의 동의를 얻기 시작한 것이다.

대기 중 이산화탄소 농도가 꾸준히 증가하고 있다는 사실이 측정을 통해 증명됨에 따라 1979년 제네바에서 열린 1차 세계기후회의에서 처음으로 인간 활동으로 인해 기후가 변화하고 있을 가능성이 제기됐고, 기후변화에 따른 대책 마련이 필요하다는 공감대가 형성됐다. 이후 1988년 6월 캐나다 토론토에서 개최된 '대기변화에 대한 기후회의'에서 기후변화에 대한 대책 마련이 촉구됐고, 그 일환으로 그해 11월 IPCC가 설치됐다. 그리고 이 IPCC 평가보고서를 통해 지구온난화에 관한 위험성이 대중에게 조금씩 알려지기 시작했다.

1990년에 IPCC에서 '대기 중 이산화탄소 농도를 지금 수준으로 유지하려면 인간 활동에 의한 온실가스 배출량을 60% 이상 감축해야 한다'라는 내용의 1차 보고서가 발표됐다. 이후 세계 각국은 스위스 제네바에서 열린 2차 세계기후회의에서 기후변화협약을 제정하기로 합의했고, 이에 따라 1992년 브라질 리우데자네이루에서 이산화탄소 등 온실가스 배출 증가에 따른 지구온난화 현상을 예방하기 위한 실천 전략의 한 분야로 역사적인 기후변화협약Framework Convention on Climate Change이 제정됐다. 본 기후변화협약은 '사전예방의 원칙', 즉 기후변화의 원인과 영향에 대한 완벽한 과학적 결론이 도출되기 전이라도 기후변화가 가져올 위험에 미리 대비해야 한다는 원칙 아래서 체결됐다.

1995년 IPCC 2차 보고서에서는 인간의 활동이 기후에 미치는 영향이 이미 나타나고 있음을 명확하게 제시하고 선진국이 의무적으로 온실가스 감축을 위해 노력해야 할 것을 주장했다. 이를 토대로 1995년 베를린에서 열린 제1차 당사국총회Conference of the Parties에서 기후변화협약의 감축 의무만으로는 지구온난화 방지가 불충분함을 언급 및 인지하게 됐다. 이러한 인식을 바탕으로 1997년 교토에서 열린 제3차 당사국총회에서는 선진국[*]의 경우 2012년까지 온실가스 배출량을 1990년보다 최소 5% 이하로 감축하는 방안을 채택했다.

2001년에 발간된 IPCC 3차 보고서는 최근 50년 동안 관측된 지구온난화의 대부분이 인간 활동에서 기인한다는 것이 확실한 사실임을 밝혔다. 지구의 평균 온도는 1990~2100년 사이에 1.4~5.8℃ 상승할 것이라는 예상과 함께, 선진국 간 의무 이행 문제로 갈등이 컸던 교토의정서에 러시아까지 참여시켜 실제로 협약이 발효될 수 있게 만들었다. 교토의정서는 온실가스 감축과 관련된 첫 국제협약이었지만 선진국에만 온실가스 감축 의무를 규정하고, 감축 의무 국가에 목표 감축량을 일방적으로 내려보내는 '하향식'으로 할당해 국가 간 갈등이 컸다. 그러한 이유로 8년이라는 시간 동안 이행되지 못하다 2005년 2월 16일에야 발효될 수 있었다.

2007년 2월 1일 프랑스 유네스코 본부는 IPCC 4차 보고서를 채택

● 1992년 기후변화협약 채택 당시 각 국가의 산업화 수준에 입각해 1인당 GDP와 1인당 탄소배출량을 토대로 선진국과 개도국을 구분했다. 우리나라의 경우 당시에는 선진국 기준에 못 미쳤으나 2005년 이후 그 기준을 상회함으로써 지속해서 국제사회의 감축 요구를 받아왔다.

한 다음 날 기자회견을 통해 지구온난화 현상은 의심할 여지없이 과학적으로 명확한 현상임을 밝혔다. 또한, 18세기 중반부터 시작된 산업혁명 이후 인간의 활동이 지구온난화에 매우 큰 영향을 줬다는 강조의 의미로 'very likely'라는 표현을 사용했다. 지금처럼 화석연료에 의존하는 대량소비형 사회가 지속된다면 21세기 말에는 지구 평균 온도가 최대 6.4℃, 해수면은 59cm 상승한다고 전망했다. IPCC 4차 보고서 검토 과정에서 지구온난화에 대해 '명백한evident'이라는 단어와 '확실한unequivocal'이라는 단어 중에 무엇을 쓸지 논의하다가 의심할 여지가 없도록 하기 위해 '확실한'이라는 단어를 채택했다. 지구온난화가 확실한 현상이라고 표기함으로써 지구온난화에 대한 과학계와 사회과학계 내에 존재하던 논란에 종지부를 찍었다. IPCC 4차 보고서 발간은 많은 국가와 기업에게 기후변화에 반드시 대응해야 한다는 사인을 준 이정표 역할을 했다.

IPCC 4차 보고서가 발간된 후 2010년대에 들어서 대부분의 국가는 기후변화의 심각성에 관해 공감대를 형성했다. 이에 따라 교토의정서가 발효된 지 10년이 지난 2015년에 파리기후변화협약이 체결됐다. 유럽연합 등 195개국이 '전 세계 온실가스의 55%를 배출하는 최소 55개국이 파리기후변화협약을 비준해야 발효된다'는 전제조건에 만장일치로 찬성했고, 2016년 10월 5일 90여 개국이 협약을 비준함에 따라 2016년 11월 4일에 공식 발효됐다.

유엔기후변화협약의 파트리시아 에스피노사Patricia Espinosa 사무총장은 파리기후변화협약이 발효됐음을 공식 선언하는 자리에서 "파리기후변화협약은 지구온난화와의 싸움에서 전환점이 될 것"이라고 밝혔다. 파리기후변화협약은 지구 평균 온도 상승폭을 산업화 이전 대비 2℃ 이하로 유지하고, 더 나아가 온도 상승폭을 1.5℃ 이하로 제한하기 위해 함께 노력하는 국제적인 협약이다. 여기에 참여한 모든 국가는 온실가스 감축 목표를 스스로 수립해 국제사회에 약속하고 이 목표를 실천해야 하며, 국제사회는 그 이행 결과를 공동으로 검증하게 된다. 파리기후변화협약은 선진국에만 감축 의무를 부여했던 교토의정서와 달리 협약에 참여하는 모든 국가가 함께 감축 목표를 수립하고 이행해나가는 것에 동의했다는 데 의의가 있다. 또한 지구 평균 온도 상승폭을 억제하기 위한 SBT_{Science Based Target}(과학기반 온실가스 배출 감축 목표)를 수립할 수 있도록 함에 따라 국가와 기업들의 탄소중립 선언을 위한 이정표를 세웠다고 평가할 수 있다.

03

지구온난화는
허구에 불과하다고?

기후변화 부정론의 등장

• • •

파리기후변화협약이 체결되기까지 모든 과정이 순탄했던 것만은 아니다. 2000년대 초반부터 경제논리를 앞세워 기후변화의 심각성에 이의를 제기하는 반대론자들이 등장하면서 기후변화의 심각성을 축소 및 은폐하려는 주장이 하나둘씩 고개를 들기 시작한 것이다.

미국에서 2002년 공화당의 선거 전략가로 활약한 프랭크 런츠Frank Luntz는 선거 유세에서 지구온난화란 말 대신 '기후변화'라는 용어를 사용했다. 사람들이 지구온난화라는 표현을 들었을 때 온실을 상상하게 되고,

온실 속에서 답답했던 경험이 떠올라 지구온난화의 비극적·재앙적 성격이 감정적으로 전달돼 부정적 인식이 강화될 수 있다는 우려 때문이었다. 대신 기후변화라는 용어를 사용함으로써 지구온난화 역시 태풍·폭설·폭우 등과 같이 일시적으로 발생해 우리가 잘 관리한다면 극복할 수 있는 상황처럼 인식시키려고 애썼다. 현재는 기후변화의 심각성을 전 세계가 공감하고 있어 기후변화 부정론자 및 회의론자를 찾아보기 어렵지만 이전에는 린츠와 같은 기후변화 부정론자들 때문에 정치적 이슈에서 환경 문제가 부각되지 못했고 지구온난화 문제 해결은 한층 더 요원해졌다. 정치적인 이유나 기업의 이익에 반하기 때문에 애써 기후변화의 심각성을 부정한 결과, 기후변화를 방지하기 위한 가이드라인과 정확한 정보가 아직도 여전히 부족한 상태다.

지구온난화를 부정하는 논리는 지구온난화 자체가 허구라는 주장과 지구온난화라는 현상은 인정하지만 다소 과장이 돼 있다는 주장으로 나눌 수 있다. 첫 번째 입장에 대한 대표적인 인물인 트럼프 전 미국 대통령은 대선 때부터 기후변화와 지구온난화는 중국이 꾸며낸 것이라며 2017년 파리기후변화협약 탈퇴를 선언했다. 두 번째 입장의 대표 인물이자《기후 커넥션: 지구온난화에 관한 어느 기후 과학자의 불편한 고백 Climate Confusion》의 저자인 로이 스펜서Roy W. Spencer는 지구 온실효과의 95%는 대기 수증기에 의해 발생하며, 인간이 배출한 온실가스는 불과 0.117% 정도의 영향밖에 끼치지 않는다고 주장했다.

우선 짚고 넘어가야 할 것은, 논쟁의 출발점인 이산화탄소가 온실효과를 일으킨다는 점은 확실하다는 사실이다. 간혹 이 기본적인 사실까지도 논쟁의 대상인 것으로 오해하는 사람들이 있고, 심지어는 대기 중

0.1% 미만의 농도에 불과한 이산화탄소가 왜 문제가 되냐며 의심하는 이들도 있다. 그러나 이산화탄소의 온실효과는 이산화탄소가 지구에서 나오는 복사 에너지를 흡수한다는 사실에 근거한다. 즉, 지구과학적 관측 결과가 아닌 이산화탄소 분자 자체의 물리적 특성과 관련된 것으로, 결코 논쟁의 대상이 아니다.

기후변화 부정론자들이 대중의 관심을 끌어모은 것은 저명한 학자들마저 지구온난화에 대해 부정을 하면서부터다. 2001년 덴마크의 통계학자 비외른 롬보르Bjørn Lomborg는 저서《회의적 환경주의자The Skeptical Environmentalist》에서 기존의 지구온난화 연구 방법에 문제가 있고, 급진적인 환경 정책은 너무 많은 비용을 초래한다고 주장했다. 또 오존층 파괴와 산성비 분야에서 매우 저명한 미국의 대기물리학자 프레드 싱어Fred Singer가 지구온난화는 허구라는 주장을 하면서 많은 논란을 불러일으켰다. 2007년 방영된 영국 다큐멘터리 〈지구온난화 대사기극The Great Global Warming Swindle〉은 지구온난화가 이산화탄소 때문이 아니라 태양의 활발한 활동 때문이라는 주장을 펼쳤다.

2009년에 발생한 '기후게이트'와 '빙하게이트' 사건은 부정론자들의 주장을 더욱 강하게 뒷받침하는 빌미를 제공했다. 기후게이트는 2009년 11월 영국 이스트앵글리아대학교 기후연구소가 해킹돼 기상학자들이 주고받았던 이메일이 유출되면서, 그동안 학자들이 지구온난화의 심각성을 부풀리고 자신들의 주장과 어긋나는 자료를 숨기려 했던 모습이 드러난 사건이다. 빙하게이트는 IPCC가 2007년 발표한 4차 보고서에서 "지구온난화가 계속 진행되면 2035년에 히말라야 빙하가 전부 녹아 없어질 것"이라고 예상했다가, 학계의 거센 반론을 받고 결국 2010년 이를 철

회한 사건이다. 이후 많은 과학자들은 1970년부터 지난 50년간 지구의 평균 온도가 겨우 0.9℃만큼만 상승했고, 지난 수십억 년 동안 끊임없이 변동했던 지구의 온도를 보았을 때 50년 동안 1℃도 되지 않는 상승은 별로 심각한 정도가 아니라고 주장했다. 또한 기후변화 부정론자들은 지구온난화를 지지하는 과학자들이 연구비를 더 타내기 위해 위험성을 부풀리고 있다고 주장하고 있다.

기후변화에 대한 왜곡된 인식

• • •

그렇다면 앞서 언급한 기후변화 부정론은 일반 시민의 인식에도 영향을 미쳤을까? 2003년 미국 예일대학교 앤서니 레이세로위즈Anthony Leiserowitz 교수는 사람들이 '지구온난화'라는 말을 처음 들었을 때의 반응에 대해 설문조사를 실시했다. 당시 응답자 중 7%만이 '거짓말', '사기'와 같은 단어에 반응을 했다는 결과를 얻었는데, 이 수치는 2010년에 23%로 7년 만에 3배 이상 높아졌다. 2010년은 2007년 IPCC에서 기후변화가 과학적으로 분명하게 이뤄지고 있다고 증명하는 4차 보고서가 나온 이후이기 때문에 더 믿기 어려운 수치다. 앞서 얘기한 바와 같이 2003년부터 2010년 사이에 기후변화 부정론자들이 활발히 활동했기 때문에 일반 시민들도 지구온난화에 더욱 부정적으로 반응하고 왜곡된 인식을 가지게 된 것으로 보인다.

기후변화 부정론자들의 주장이 정점에 달했던 2007년에만 해도 대부분의 기업은 지구온난화와 기후변화의 심각성에 대해 깊게 생각하지 못했고, 온실가스 감축과 경제적 이득 중 경제적 이득이라는 토끼를 잡기 위한 노력에 더 치중하고 있었다. 우리나라 기업들도 이때 처음으로 겨우 자신들이 배출하고 있는 온실가스 배출량을 산출하기 위한 작업을 시작했을 뿐이었다.

상상할 수 없었던 변화가 올 것이다
• • •

2020년 12월 21일, 유럽연합의 기후과학자 모임인 콘스트레인CONSTRAIN 프로젝트에서 발표한 자료에 따르면 우리에게 남아있는 탄소예산Carbon Budget은 1,950억 톤이라고 한다. 탄소예산이란, 지구의 평균 온도 상승을 1.5℃ 이내로 억제하기 위해 우리가 앞으로 배출할 수 있는 이산화탄소의 총량을 뜻한다.

2020년 전 세계의 화석연료 및 산업 활동으로 배출된 온실가스는 341억 톤으로, 2019년 368억 톤에서 약 7.8% 감소했다. 여기에 토지이용에 따른 이산화탄소배출량 60억 톤을 더하면 2020년도에 인간 활동으로 배출된 총 온실가스 배출량은 약 401억 톤이다. 지구가 자정 능력을 발휘할 수 있도록 평균 온도 상승을 1.5℃ 이내로 줄여야 하는 시나리오상으로 탄소예산이 1,950억 톤이 남아있다고 할 때 우리가 2020년과 같은 양의 온실가스를 배출한다면 앞으로 탄소예산을 사용할 수 있는 기간은 5년도 채 안 남게 된다. 2020년은 코로나19로 인해 온실가스 배출과 관련한 활동이 극도로 줄어들어 배출량이 감소한 해였던 것을 고려하면 탄소예산을 다 소모할 때까지 주어진 시간이 더욱 얼마 남지 않았음을 알 수 있다. 국가, 단체, 기업과 사람들이 합심해 기후변화에 대해 큰 관심을 두고 지구온난화를 막기 위해 적극적으로 나서야 하는 이유가 바로 여기에 있다.

대니얼 길버트Daniel Gilbert 하버드대학교 심리학과 교수는 인간의 심리는 4가지 자극에 반응하도록 진화돼 왔다고 주장한다. 4가지 자극이란 인간이 활동하는 데 주요 원인이 되는 네 종류의 자극을 말한다. 대니얼 교수는 기후변화라는 문제가 이러한 4가지 자극에 해당하지 않기 때문에 사람들이 심각하게 인식하지 않고 직접적으로 행동하는 것을 꺼리게 된다고 주장한다.

4가지 자극 중 첫째, '개인적Personal 자극' 측면에서는 기후변화를 태풍·산불 등과 같이 나와 직접적으로 상관이 있는 자극으로 인식하지 않는다. 캘리포니아 지역에서 기후변화로 산불이 나면 그건 미국 사람만의 이야기이고, 북극의 얼음이 녹아내리면 그건 북극에 사는 곰만의 이야기이고, 방글라데시에 홍수가 나면 그건 방글라데시 사람만의 이야기인 것이다.

둘째, '갑작스러운Abrupt 자극' 측면에서는 기후변화를 9·11테러나 사고같이 갑작스럽게 발생하는 것으로 인식하지 않는다. 향후 100년 동안 해수면이 1m 상승하는 것과 같이 매우 오랜 기간 동안 일어나는 일로 기후변화를 인식하기 때문에 반응을 하지 않게 된다.

셋째, '비도덕적Immoral 자극' 측면에서는 기후변화의 원인인 온실가스 배출을 모든 사람이 하고 있기 때문에 도덕성 측면에서 성범죄나 대규모 테러 등과 같이 비도덕적이라고 보지 않는다.

마지막으로 '현재Now 자극' 측면에서는 기후변화를 코로나19, 경제위기 등과 같이 현재 나를 힘들게 하는 사건처럼 인식하지 않는다. 당장 현재 눈에 보이는 문제가 나타나는 것도 아니기 때문에 우리의 생존을 위협할 만큼 기후변화 문제가 심각하다고 생각하지 않는 것이다.

이제 정부와 기업을 비롯한 우리 대부분은 '기후변화가 심각하다'는 인식을 하고 있다. 그러나 이러한 인식은 여전히 길버트 박사가 얘기하는 4가지 자극에 해당하지 않기 때문에, 실천까지 이어지지 않는 모범답안에 가깝다. 그러므로 우리는 정답은 알고 있으나 실제 생활에서는 실천하지 않는 괴리에서 벗어나야 하고, 보다 나은 미래를 만들기 위해서 먼저 기후변화가 무엇인지에 대해 스스로 성찰하며 문제를 해결하기 위해 행동해야 한다.

선진국의 경우 지구온난화를 막기 위해 정부들이 먼저 앞장서고 있고 그 뒤를 따라 기업들이 나서고 있다. 지구온난화를 우리의 문제로 인식하지 못하고 있던 국내에서도 드디어 2020년에 범정부 차원에서, 국회에서, 그리고 시민단체에서 기후변화 문제를 해결하기 위한 첫걸음을 내디뎠다. 2020년 문재인 대통령은 '2050 대한민국 탄소중립 비전' 선언을 통해 임기 내에 탄소중립·경제성장·삶의 질 향상을 동시에 달성하기 위한 확고한 탄소중립 사회 기틀 마련을 약속했다. 이와 더불어 우리나라 대기업들도 기업의 지속가능성과 사회적 영향을 중요시하는 글로벌 트렌드에 발맞춰 기후변화에 대응하기 위한 탄소 저감 신사업 개발에 총력을 기울이기 시작했다.

기후변화를 막기 위한 범국가적인 거대한 움직임은 이제 거스를 수 없는 대세가 됐다. 코로나19 대응을 위해 전 세계가 나서기 시작했을 때 진단 키트, 백신, 치료제 개발에 이전과 달리 월등히 빠른 속도와 결과를 보였던 것처럼 기후변화와 관련해서도 이제는 우리가 지금까지 상상하지 못했던 변화들이 일상생활에 나타나게 될 것이다.

최근 국제 금융 기구들은 기후변화를 반드시 발생할 위험으로 인식하고, 기후변화로 인한 경제의 파괴적 위기를 뜻하는 이른바 '그린스완 Green Swan'이 경제 전방에 큰 파급력을 가져와 심각한 금융 위기를 초래할 것을 경고하고 있다. 그린스완은 '불확실한 위험'을 가리키는 '블랙스완 Black Swan'에서 변형된 용어로 결과의 규모를 예측하기는 어렵지만 미래에 반드시 나타날 확실성이 있고, 일단 발생하기 시작하면 사회 전반에 걸쳐 기존의 금융 위기들과 비교할 수 없을 만큼 물리적 리스크Physical Risk를 초래하며, 이행 리스크Transition Risk 경로를 통해 사회, 문화, 기업 및 금융 시스템에 큰 영향을 미칠 수 있다는 점이 특징이다.

물리적 리스크는 기후변화로 실물 부문에서 직·간접적으로 발생한 물리적 피해가 대출 투자 등의 거래 관계를 통해 파급되는 것을 의미하며, 이행 리스크는 정부 차원의 저탄소 사회로 전환하는 과정에서 발생하는 고탄소 산업의 자산가치 하락으로 은행의 신용 리스크가 증가하거나 투자자의 손실을 초래하는 등 금융기관의 건전성이 악화되는 것을 의미한다. 따라서 투자 시 해당 산업과 기업이 고탄소 분야인지, 기후변화 대응을 위해 어떤 활동을 하고 있는지를 검토하는 것은 이제 필수가 됐다.

04

단체 및 금융기관의
기후변화 대응 현황

주요 단체들의 기후변화 대응 현황

• • •

유엔기후변화협약의 행위 주체는 각 국가 정부가 되겠지만 실질적으로 협약 목표를 이행하는 주체는 기업, 금융기관, 지방정부 등과 같은 비국가행위자Non-State Actor다. 이러한 비국가행위자들의 기후변화 대응 활동의 나침반 역할로 마라케시 파트너십Marrakech Partnership * 등이 있으며 이러한 프로

---

* 기후변화협약 제22회 당사국총회COP22는 비국가행위자들(기업, 단체 등)의 역할을 인정하면서 그들의 행동프로그램을 설정하는 마라케시 파트너십을 채택했다. 이를 통해 비국가행위자들이 기후변화를 위해 활동할 수 있는 근간이 마련됐다.

그램은 파리기후변화협약 이후 더욱 강화되고 있는 추세다.

이제 기업들은 2015년 파리기후변화협약이 체결되는 시점을 전후로 기후위기의 실질적 대응을 촉구하는 소비자, 주주 및 투자자들의 강한 요구에 응답해야 하는 상황에 직면해 있다. 이미 글로벌 기업은 기후변화에 적극적으로 대처하는 것이 기업 효율성 개선, 비용 절감을 통한 경쟁력 강화, 투자유치 및 기업 가치 상승에 긍정적인 영향을 미친나는 것을 경험적으로 깨닫고 직접 실천에 옮기는 중이다. 그러한 일환으로 글로벌 기업들이 중심이 돼 기후변화에 대응하기 위해 스스로 'SBTi Science Based Target initiative(과학기반목표 이니셔티브)'와 'RE100 Renewable Energy 100%(재생에너지 100%)'을 만들어 탄소중립을 위한 활동을 진행하고 있다.

SBTi는 과학기반 온실가스 배출 감축 목표를 설정하기 위한 지침과 방법론을 제공함으로써 기업의 기후행동을 강화하고자 세계자연기금과 탄소정보공개프로젝트, 유엔글로벌콤팩트, 세계자원연구소가 공동으로 운영하는 이니셔티브다. SBTi는 기업들이 온실가스 감축을 과학기반목표 SBT로 수립할 수 있도록 방법론을 제시하고, 회원사들의 모범 사례를 소개해 IPCC 5차 보고서에서 제시하고 있는 산업화 이전 대비 1.5℃ 이하로 지구의 평균 온도를 유지하기 위한 활동을 할 수 있도록 지원한다. 2020년 12월 기준으로 전 세계 1,106개 기업이 SBT 수립 참여를 선언, 546개 기업이 검증받은 목표를 공개했고, 이 중 67%에 해당하는 365개 기업이 1.5℃에 부합하는 목표를 공개했다. 2015년에는 글로벌 은행과 투자 기업들(TSKB, AXA, Sarasin Bank, ING그룹, Principal Financial그룹 등) 중심으로 18개의 기업이 SBT 수립 참여를 선언했고 현재 IT를 비롯한 첨단기술 산업뿐만 아니라 에너지 다소비 산업들까지 참여하고 있다. 우리나라

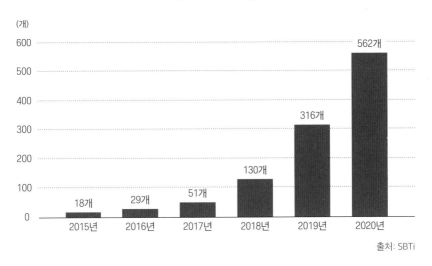

연도별 SBTi 가입 기업 수

(개)

600

500

400

300

200

100

0

18개 2015년
29개 2016년
51개 2017년
130개 2018년
316개 2019년
562개 2020년

출처: SBTi

기업으로는 2018년에 DGB대구은행, 2020년에 SK텔레콤, SK증권, 신한금융지주회사가 가입해서 목표를 설정 중이다.

이처럼 많은 기업이 SBTi에 참여하는 이유는 무엇일까? 첫째, 기업의 장기 탄소중립 목표 수립 및 재생에너지 확대 등 기후행동에 대한 이해관계자들의 요구를 충족해 경쟁력을 강화하고 신뢰도를 향상하기 위함이다. 둘째, 탄소중립 경제로의 전환을 통해 새로운 기술 및 운영 관행의 개발을 촉진하고, 미래를 위한 혁신과 변화를 선도하고자 하기 때문이다. 셋째, 향후 발생할 수 있는 온실가스 배출량을 제한하기 위한 국가 정책 및 규제에 선제적으로 대응하기 위함이다.

RE100은 재생에너지 100%의 약어로 기업 활동에 필요한 전력의 100%를 재생에너지에서 생산된 전력으로 공급받는 것을 의미한다. 이를 통해 기업은 온실가스 발생을 줄이고 기후변화 대응을 위한 활동을 수행하게 되며 지역사회와 고객, 투자자들에게 친환경적인 기업의 이미지를 심어줄 수 있다. 또한 RE100은 재생에너지로 전력을 생산하는 책임이 발전회사, 정부 중심에서 전력 소비 주체인 글로벌 기업으로 확대되면서 재생에너지 산업 전반에 활력을 불어넣었다는 데 의의가 있다.

이와 관련해 비영리 환경단체인 클라이밋그룹The Climate Group과 탄소정보공개프로젝트 연합이 함께해 기업들이 사용하는 전력을 재생에너지로 바꾸자고 제안했고, 2014년 9월 스웨덴 이케아, 스위스 스위스리 재보험사 등 2개 기업과 함께 재생에너지 전환 캠페인을 시작했다. RE100은 2015년 파리기후변화협약 체결 이후 2016년부터 본격적으로 전력 다소비 기업들이 참여하면서 활성화되기 시작했다. 2021년 1월 기준으로 애플, 구글, 소니, 마이크로소프트, 나이키, 스타벅스 등 284개 글로벌 기업이 대거 참여하고 있고, 참여 업종도 IT부터 금융·제조업까지 보다 다양해졌다. 이 284개의 글로벌 기업이 사용하는 전력은 약 320TWh terawatt-hour 규모로 우리나라 전체 전력 수요의 58%에 해당하며 국가별 전력 수요량 순위로 환산해보면 독일, 프랑스 다음으로 11위 수준에 해당하는 막대한 양이다.

RE100 달성을 위해서는 기업 내부에서 사용 중인 전기를 100% 재생 가능한 전기로 자체 생산하거나 RE100에서 인정하는 재생에너지 중 하나로 조달해야 한다. RE100은 바이오매스(바이오가스 포함)·지열·태양광·태양열·풍력·수력의 에너지원에서 생성된 전기를 재생 가능한 것으로 간주한다.

RE100 기준에 부합하기 위한 조건은 다음과 같다. 첫째, RE100을 준수하지 못하는 국가 및 시장에서 재생 가능한 전기를 조달했거나 재생에너지를 자체 생산해 사용해야 한다. 둘째, RE100에 가입하는 기업은 재생에너지로 대체한 전기 사용량을 보고하고 필요한 경우 매년 재생에너지로 생산한 전력량을 보고해야 한다. 에너지 회계 및 보고는 RE100 보고 지침 문서의 원칙과 규칙을 따라야 하며 보고서는 매년 검토된다. 셋째, RE100에 가입하는 기업은 재생에너지 전환 기한 및 목표 비중을 구체적으로 설정해야 하며, 이를 위한 이행 전략을 마련해야 한다. 또한 기업들은 최소한 2030년까지 재생에너지로 60% 전환, 2040년까지 90% 전환, 2050년까지 100% 전환에 해당하는 목표를 설정해야 한다.

삼성전자도 이러한 시류에 동참하기 위해 내부적으로 전력 사용을 재생에너지로 바꾸기 위한 컨설팅을 받아, 2018년 6월 14일 재생에너지 인프라가 상대적으로 잘 갖춰진 미국과 중국, 유럽 내 모든 사업장에서 100% 재생에너지 사용을 추진하기로 발표했다. 또한 재생에너지 사용과 확대를 지원하는 단체인 재생에너지비즈니스센터Business Renewable Center와 재생에너지구매자원칙Renewable Energy Buyers' Principle에도 가입했다. 우리나라는 한전에서 전력을 구매해야 하고, 재생에너지로 생산된 전력에 대해 발행되는 재생에너지 인증서(REC 인증서)는 남부발전, 남동발전 등과 같은 발전회사만 살 수 있다. 현재 국내 전력 사용량 1~2위를 차지하는 삼성전자가 RE100을 달성할 방법은 재생에너지 발전소를 직접 설치하는 것뿐이다. 삼성전자는 재생에너지 발전소와 직접 전력구매계약을 맺을 수 없고, 재생에너지 인증서는 발전회사가 아니기 때문에 살 수 없다. 이러한 국내 상황으로 인해 삼성전자는 2018년에 해외 사업장에 대해서만 RE100을 선언했던 것이다. 같은 반도체 업종인 SK하이닉스도 2018년 11월 7일 국내 사업장을 제외한 해외 사업장에서만 100% 재생에너지를 사용할 것을 선언했다.

이후 삼성전자를 비롯해 국내에 진출한 외국 기업 등 많은 기업이 우리나라에서도 RE100을 실천할 수 있도록 관련 제도의 개선을 요구했고, 이러한 요구에 부응하고자 2021년 1월 1일부터 기업들이 국내에서도 재생에너지를 조달할 수 있도록 한국형 RE100 제도를 도입했다.

RE100에 참여한 국내 기업은 SK주식회사, SK하이닉스, SK머티리얼즈, SK실트론, SK텔레콤, SKC 등이 있다. SK하이닉스는 한국형 RE100 제도가 생길 것을 기대하고 2020년 11월 1일 SK그룹 8개사와 함께 RE100에 가입했다. 한국형 RE100하에서 재생에너지를 이용하면 온실가스 감축 실적으로 인정받을 수 있기 때문에 탄소중립을 향한 기업들의 움직임에 상당한 도움이 될 것이다. 앞으로 더 많은 우리 기업들이 RE100에 참여할 것으로 보이며, 이를 통해 친환경 재생에너지 시장이 더욱 성장할 것으로 기대된다.

금융기관들의 기후변화 대응 현황

• • •

탄소중립 시대에 금융기관들이 할 수 있는 책무는 무엇일까? 금융기관들은 기후위기 대응 차원에서 기후 관련 정책 등 기후 리스크를 평가하고 투자에 반영해 기업들이 지속가능한 친환경 투자 및 기후위기 평가에 적극 참여할 수 있도록 지원해야 한다.

탄소제로를 위한 투자자 연합Net Zero Asset Owner Alliance은 총 자산 4조 달러 이상을 관리하는 국제적인 기관 투자자 그룹으로 이들이 관리하는 투자 포트폴리오를 2050년까지 탄소중립화할 예정이다. 또한 약 1,527조 원 이상의 자산을 운영하는 유럽 투자사 29곳은 2019년 프라이스워터하우스쿠퍼스PwC, KPMG 인터내셔널KPMG International, 딜로이트Deloitte, 언스트앤영Ernst&Young 등 대형 회계법인에 기업회계감사 시 기후변화 관련 리스크를 반영해 달라는 서한을 보냈다. 프랑스 중앙은행은 프랑스 금융기관에 석탄 산업과 관련된 기업의 투자와 대출을 줄일 것을 권고했다.

화석연료에 투자하지 않겠다는 기관 투자가들이 참여하는 '화석연료 프리 캠페인Fossil Free Campaign'의 총자산 규모는 무려 11조 5,400억 달러에 달하며 노르웨이 국부펀드와 스위스리, 알리안츠Allianz 그룹, BNP파리바BNP Paribas 등 1,145개 기관이 참여하고 있다.

글로벌 보험회사 악사AXA는 석탄화력발전소의 투자 및 지원을 단계적으로 중단하겠다고 선언했다. 2015년 50개의 석탄 기업을 제외하는 것으로 시작해 2017년에는 석탄 자산에 대한 보험을 중단했고, 2019년에는 500개의 석탄 기업을 투자 포트폴리오에서 제외했으며 새로운 석탄 발전이나 광산 사업을 계획하는 회사들에 대한 기업 보험 제공도 중단했다. 악사는 2018년부터 2025년까지 기업 운영 과정에서 발생하는 온실가스 배출량의 25%를 감축하겠다고 발표했으며, 2050년까지 넷 제로를 달성할 것을 2019년 발표했다. 또한 2025년까지 RE100을 달성하고 2040년까지 화석연료 사용을 제로화하겠다고도 약속했다.

알리안츠그룹도 석탄화력발전소와 석탄광의 보험 담보를 즉각적으로 거절하고, 2040년까지 석탄 위험Coal Risks을 사업 범위에서 제외하겠다고 밝혔다. 이와 같은 석탄 감축 프로세스를 진행하면 매년 석탄 기업 프리미엄으로 얻는 5,000만 유로를 손해 보게 되지만, 재생에너지 프로젝트를 통해 향후 보장되는 이익으로 손실의 2배 이상을 상쇄할 수 있을 것이라고 전망했다. 또한 2019년말 기준으로 90개의 풍력 단지와 9개의 태양광발전 단지를 포함한 재생에너지 프로젝트에 총 72억 유로를 투자했다. 알리안츠그룹은 2012년부터 탄소중립 100% 상태를 만들기 위한 탄소 프로젝트에 투자하는 등 환경보호에 앞장서고 있다. 2020년까지 2010년 대비 탄소배출량을 30%까지 감축하겠다는 목표를 2019년에 이미 37%로 초과 달성했다. 또한 2023년까지 RE100을 달성한다는 계획이다. 알리안츠그룹은 탄소제로를 위한 투자자 연합을 주도적으로 이끌고 있다.

뱅크오브아메리카Bank of America Corporation는 100% 재생 가능한 전기를 구입하고 나머지 불가피한 배출량에 대한 탄소 상쇄를 구입함으로써 당초 설정했던 목표보다 1년 앞선 2020년에 탄소중립을 달성했다. 뱅크오브아메리카는 2015년에 세금 자산화Tax Equity 프로젝트에 투자를 시작해 2025년까지 재생에너지 구매를 3배(1.1GW → 3.4GW)로 늘릴 것을 발표했다. 직접적인 재생에너지 조달 외에도 2018년 개발도상국의 지속가능발전자금 조달을 위한 민간 자본 유치를 촉진하는 프로그램에 6,000만 달러를 초기 배당했다. 또한 2015년에는 친환경 프로젝트를 목적으로 발행하는 그린본드Green bond에 6억 달러, 2019년에는 인도 태양광 업체인 포스파트너에너지Fourth Partner Energy에 약 5,000만 달러를 투자하기도 했으며, 자사의 금융센터와 사무실 및 ATM 시설 등을 포함한 60여 개 현장에 태양광 패널을 설치했다.

뱅크오브아메리카는 2018년 전기차전환 이니셔티브Electronic Vehicle 100%(EV100) Initiative 프로그램에도 가입해 2030년까지 전기차를 운송 부문의 새로운 표준으로 만들겠다는 목표를 수립했다. 뱅크오브아메리카는 미국

세금 자산화를 통한 재생에너지 사업 구조

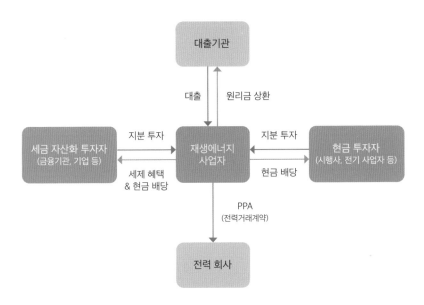

세금 자산화란 기업이 재생에너지 사업에 투자할 경우 그 재생에너지 사업을 자산으로 인정해주는 미국의 정책이다. 수익이 발생한 기업이 이 수익금을 재생에너지에 투자하면 세제 혜택을 주는 제도로 세금 자산화 투자자는 절세를, 현금 투자자는 초기 안전한 투자금 모집의 용이성을 높임으로써 재생에너지 사업을 활성화하려는 의도에서 시작됐다. 현재 글로벌 은행 및 보험회사, 구글, 셰브론, 스타벅스 등과 같은 기업들도 참여했다.

과 영국의 사업장에 약 100개의 직장 전기차 충전소를 설치했고, 또한 전기 및 수소연료전지 차량 구매를 장려하기 위해 저탄소 차량 환급 프로그램을 실시했으며 약 1만 명의 직원들이 이에 참여했다.

• EV100 이니셔티브는 화석연료 사용 운송 수단을 전기자동차 전환으로 가속화하고 이를 통해 운송 부문에서의 온실가스 배출량을 줄이고자 하는 기업들의 주도로 2017년 출범했다. 2020년까지 EV100 이니셔티브에 91개의 기업이 참여했으며 EV100 이니셔티브에 가입한 기업들은 2030년까지 기업의 운송 수단을 전기자동차로 전환하거나 전기자동차 충전 시설을 설치해 기업 수준에 맞는 약속을 공개적으로 발표해야 한다.

기후변화 선제 대응 기업들의 저탄소 전략

애플, 2030년까지 탄소중립 100% 달성 약속

• • •

애플은 2000년대 후반부터 재생에너지의 균등화 발전단가Levelized Cost of Energy, LCOE가 낮아짐에 따라 재생에너지 발전에 관심을 갖기 시작했다. 이에 따라 2008년 아일랜드 코크 지사에서 사용하는 전력의 100%를 재생에너지로 전환한 것을 시작으로 2012년 캘리포니아주와 오리건

• 균등화 발전단가는 발전소가 1kWh의 전력을 생산하기 위해 투자·운영·연료·폐기 등 비용을 총 발전량으로 나눈 원가로, 발전설비 운영기간 동안 발생하는 모든 비용을 수치화한 값이다.

전 세계 평균 발전원별 LCOE

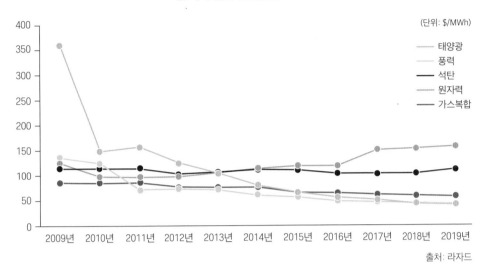

(단위: $/MWh)

— 태양광
— 풍력
— 석탄
— 원자력
— 가스복합

출처: 라자드

주에 있는 데이터센터에서 재생에너지 전력을 구매했다. 2013년에는 네바다주에 새로운 데이터센터 설립을 위해 해당 주의 전력회사와 협력해 320MWmegawatt 규모의 태양광 프로젝트를 진행했다.

글로벌 투자은행인 라자드Lazard는 미국의 발전원별 LCOE를 도출해 비교한 결과 2013년 태양광발전은 석탄 및 원전의 LCOE보다 낮아졌으며 2015년을 기점으로 복합화력발전Gas-Combined Cycle보다도 낮아졌다고 발표했다. 재생에너지의 LCOE 하락은 재생에너지 사업을 활성화하는 데 도움이 되며 이로 인한 온실가스 저감 효과를 기대할 수 있다.

애플은 2014년 자사 및 협력사의 재생에너지 사용량 확대를 위해 중국 쓰촨성에 재생에너지를 위한 합자회사를 설립하고 2개의 20MW 규모의 태양광 발전 사업에 지분 투자를 진행했다. 2015년에는 40MW 규모의 태양광 시설을 건설했고, 이후 200MW 규모 이상의 추가 건설을 통해

26만 5,000세대 이상의 가정에서 1년 동안 소비하는 전력량을 직접 생산함으로써 전 세계 애플 사업장에서 소비하는 에너지의 87% 이상을 재생에너지로 전환했다. 또한 해외 사업장의 현지 전력 구조에 맞춰 싱가포르와 일본 사업장에 옥상 태양광 설치를 진행했다. 싱가포르에서는 전력구매계약Power Purchase Agreement, PPA과 유사한 구조의 싱가포르 버전 전력구매계약을 사용했다. 일본 사업장은 재생에너지 활용이 어려운 전력 구조에도 불구하고 저전압 관세Low Voltage Tariff를 활용해 재생에너지를 경제적으로 생산해냈다. 애플은 새로운 본사 건물에 17MW 규모의 옥상 태양광을 설치했고, 2018년 인도, 터키, 브라질, 멕시코 등과 같은 새로운 시장에서 재생에너지 생산 계약 체결(전력구매계약)을 통해 재생에너지를 확보했다.

2014년 이래 애플의 모든 데이터센터는 100% 재생에너지로 가동하고 있으며, 2018년에는 애플의 모든 사업장에서 사용하는 전력 100%를 재생에너지로 전환하는 데 성공했다. 이에 더 나아가 2018년부터는 협력사들도 함께 재생에너지로 전환하는 프로그램을 시행하기 시작했다.

애플은 재생에너지 투자금 확보를 위해 2016년 2월 1차로 14억 9,420만 달러(약 1조 8,400억 원) 규모의 그린본드를 발행했고, 2017년에 2차로 그린본드 9억 9,520만 달러(약 1조 2,300억 원)어치를 발행했다. 2차 그린본드는 애플 자사의 탄소중립 활동에 쓰일 뿐만 아니라 애플의 협력업체 시설 및 제품에도 적용될 수 있도록 했다. 완제품 회사가 협력업체의 시설에 직접 투자하는 것은 매우 드문 일이나, 애플은 자사뿐 아니라 협력업체까지 그린본드를 적용해 자사의 탄소발자국을 줄이기 위해 전방위적으로 노력하고 있다.

이러한 노력으로 애플은 2020년에 이미 전 세계 사업장의 탄소중립

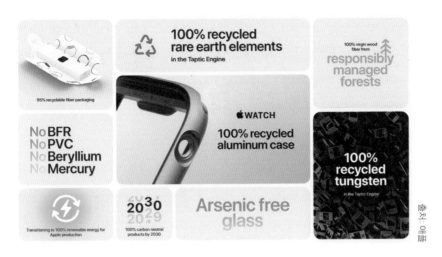

현재 모든 사업장의 전력을 재생에너지로 공급하는 애플의 2030 탄소중립 선언은 IPCC에서 제시한 목표보다 20년이나 앞선다.

화를 달성했으며, 지구 온도 상승을 1.5℃ 이하로 억제하기 위해 IPCC가 제시한 목표보다 20년 앞선 2030년에 자사 공급망 및 제품의 탄소발자국 제로화를 달성한다는 계획을 발표했다.

애플은 탄소발자국 저감을 위한 첫 번째 행동으로 저탄소 제품의 디자인을 추진하고 있다. 애플은 '데이브Dave'라는 로봇을 통해 아이폰의 탭틱 엔진Taptic Engine을 분해해 희토류 자석, 텅스텐 등의 핵심 소재와 강철 소재를 재활용하는 계획을 세웠으며, 2019년에 생산된 아이폰·아이패드·아이맥·애플워치 제품부터 재활용 가능한 소재를 사용했다. 또한 아이폰 탭틱 엔진의 희토류 소재는 100% 재활용으로 충당했다. 이러한 재활용 제품 설계를 통해 애플은 2019년 탄소발자국을 430만 톤이나 저감할 수 있었다.

두 번째 행동은 협력업체의 에너지 효율 향상을 위해 미·중 녹색

기금U.S.-China Green Fund과 제휴 협약을 체결해 협력업체의 에너지 효율 개선 프로젝트 개발에 1억 달러를 지원하는 것이다. 애플의 협력업체 에너지 효율 프로그램Apple's Supplier Energy Efficiency Program에 참여하는 기업 설비는 2019년 92개소에 달하며 애플 공급망에서 77만 9,000톤의 온실가스 감축 효과를 달성했다.

세 번째 행동은 재생에너지 사업 개발로, 애플의 경영 활동에서 사용되는 전력의 재생에너지 사용률을 100%로 유지하고(2018년 RE100 달성), 협력업체들이 사용하는 전력도 재생에너지로 전환하도록 유도하는 것이다. 2020년 기준, 애플은 70곳 이상의 협력업체로부터 제품 생산 시 100% 재생에너지를 사용하겠다는 약속을 받았다. 이는 애플이 제품 생산에 8GW에 육박하는 재생에너지를 사용하겠다는 의미다. 약속이 모두 현실화되면 연간 1,430만 톤의 이산화탄소 감축 효과가 나타날 것이다. 애플의 협력사 SK하이닉스도 2020년 11월 1일, 이 프로그램에 참여해 자신들이 사용하는 전력의 100%를 재생에너지로 전환하겠다고 발표했다.

온실가스 배출량을 줄이는 애플의 네 번째 행동은 제품 생산 공정 및 소재 기술 혁신을 통해 탄소 저감을 추진하는 것이다. 애플은 알루미늄 공급업체 2곳과 제휴해 사상 최초로 무탄소 알루미늄 제련 공정 개발을 직접 지원 및 투자하고 있다. 이 같은 방법으로 애플은 2019년 불화가스로 인해 발생하는 온실가스 24만 2,000톤을 저감할 수 있었다.

구글, 언제 어디서나 탄소배출 제로를 목표로

• • •

구글은 2007년부터 탄소중립을 위한 환경 정책을 수립했고, 2017년부터는 자사에서 사용하는 전력에 대해 재생에너지 투자 및 구매를 통해 재생에너지 전환율 100%를 달성했다. 더 나아가 1998년 창립 후 2006년까지 배출한 기존의 온실가스에 대해서는 온실가스 상쇄 배출권을 구매해, 창립 이래 모든 기업 활동에 대한 탄소중립을 이뤘다.

구글은 2007년부터 사내에서 직접 배출한 온실가스를 비롯해, 간접배출인 구매전기, 그리고 기타 간접배출인 직원 출퇴근, 출장, 서버 제조 단계(협력업체 배출량 포함)에서 배출한 배출량까지 계산하고 검증을 받아 탄소배출을 관리하고 있다. 또한 탄소 저감을 위해 바이오디젤Bio-Diesel을 사용하는 출퇴근 셔틀버스를 운용하고 있으며, 직원들이 연비가 좋은 차를 구매할 때 구매 자금을 일부 지원함으로써 출퇴근에서 발생하는 온실가스를 최대한 줄여왔다.

구글은 내부적으로 공공정책팀을 구성해 에너지, 지속가능성 및 기후변화 전략과 관련된 정책을 자체적으로 만들고 검토한다. 이들은 구글의 정책과 커뮤니케이션 조직을 총괄하는 권한을 가진 최고법률책임자CLO에게 활동을 보고하고 의사결정을 받으며, 팀의 구성원들은 미국, 유럽을 비롯한 각국에서 활발히 환경 정책 관련 연구 및 활동을 하고 있다. 대표적인 사례로 2016년 미국 내 조지아주의 전력 수급과 관련된 수요·공급 측의 모든 자원을 종합적으로 고려해 최적의 대안을 결정하는 설비 계획 방법론을 만들어 승인받았으며, 2017년 유럽연합의 재생에너지 정책과 전력시장 구조 개편을 제안한 바 있다. 재생에너지 기반의 전력을 공급받도록 하는 대만의 전력법 개정과 관련해서도 이들의 역할이 컸다. 구글의 지속가능경영팀 또한 자사의 비즈니스가 기후변화 전략과 일관성이 있는지를 점검하기 위해 검토 단계에서 공공정책팀을 활용하고 있다.

구글은 탄소중립을 위해 활동한 경험을 바탕으로, 2030년까지 언제어디서나 탄소배출이 없는 에너지로 비즈니스를 운영하는 것을 목표로 하는 새로운 전략을 발표했다. 계획대로라면 전 세계 모든 구글 데이터센터와 캠퍼스에서 탄소배출이 없는 에너지를 사용하게 된다. 보통 지메일, 검색, 유튜브, 지도 등의 서비스를 이용하는 과정에서 이산화탄소가 배출될 뿐만 아니라, 서비스를 이용하지 않는 순간에도 다크데이터Dark Data*로 인해 이산화탄소가 배출된다. 구글은 자사 데이터센터에서 사용하는 전력을 재생에너지로 100% 전환함으로써 온실가스를 배출하지 않겠다고 공언한 것이다.

구글은 2030년까지 5GW 규모의 재생에너지 발전에 투자할 계획이다. 이 규모는 우리나라의 2020년 재생에너지 발전용량인 23GW의 약 22%에 해당하는 양이다.

구글과 같은 거대 IT 기업이 대용량의 데이터를 안전하게 지키고 안정적으로 서비스하기 위해서는 데이터센터가 정전과 같은 상황이 발생했을 때 몇 초 안에 수십 메가와트의 전력(4인 가구 기준으로 약 4만 가구 이상이 사용할 수 있는 전력)을 바로 공급해줄 수 있는 비상발전기가 필요하다. 이

---

* 다크데이터는 저장하고 있지만, 내용 또는 가치가 확인되지 않은 데이터를 뜻한다. 우리가 읽지 않은 이메일 1GB를 저장하는 데 32kWh의 전기가 필요하다. 데이터 보호 업체 베리타스코리아가 전 세계 기업이 저장하고 있는 다크데이터의 환경비용을 분석한 결과, 다크데이터의 확산으로 2020년에만 580만 톤에 달하는 이산화탄소가 불필요하게 배출될 것으로 예상했다. 580만 톤의 이산화탄소는 자동차로 지구를 57만 5,000바퀴 돌았을 때 이산화탄소 배출량과 동일하다.

온실가스 배출원 구분

SCOPE 2 간접배출
- 구매 전력
- 구매 스팀

SCOPE 3 기타 간접배출	SCOPE 1 직접배출	SCOPE 3 기타 간접배출
• 원재료 구매 및 서비스 구매 • 회사 자산 구매 • 연료 및 에너지 관련 활동 • 운송 • 작업 중 발생 폐기물 • 출장 및 임직원 출퇴근 • 임차 자산	• 제조 설비 • 사내 운송 수단	• 제품 운송 • 임차 자산 • 판매제품 이용 및 사용 • 판매제품 폐기 및 재활용 • 프랜차이즈 • 투자

업스트림 활동Upstream Activities ▶ 회사 ▶ 다운스트림 활동Downstream Activities

출처: WRI

배출원 구분은 온실가스의 배출 특성과 활동 경계 등을 고려해 온실가스 배출 방식을 분류한 것으로, 세계자원연구소의 온실가스 지침서Greenhouse Gas Protocol에서 처음으로 명시된 것이다.

직접배출Scope 1은 기업이 직접적으로 기업의 사내 경영 활동을 위해 화석연료를 사용함으로써 발생하는 온실가스, 공정 설비에서 배출되는 온실가스, 사내에서 사용하는 운송 수단에서 배출되는 온실가스 등을 의미한다.

간접배출Scope 2은 기업이 사내 경영 활동을 위해 사용하는 전력과 스팀 중 타 기업을 통해서 생산된 전력과 스팀으로 배출되는 온실가스를 의미한다.

기타 간접배출Scope 3은 기업의 업스트림 활동이나 다운스트림 활동으로 배출되는 온실가스를 의미한다. 업스트림 활동은 원재료 구매 및 서비스 구매, 회사 자산 구매, 연료 및 에너지 관련 활동, 원·부자재 운송, 원·부자재 생산 시 발생한 폐기물, 임직원의 출장 및 출퇴근, 임차 자산이 포함된다. 다운스트림 활동은 제품 운송, 임차 자산, 판매제품 이용 및 사용, 제품 폐기 및 재활용, 프랜차이즈, 투자한 사업 또는 기업이 포함된다.

비상발전기는 디젤이나 가스로 작동하는데, 데이터센터의 연간 가동률은 99.995% 이상을 유지해야 하기 때문에 비상발전기 설치는 필수다.

코로나19로 언택트 시대가 앞당겨지면서 데이터센터의 전력 수요가 급증했고, 국내의 지엔씨에너지와 같은 비상발전기 제조 회사의 주가 또한 동반 상승하고 있다. 구글은 2021년에 디젤 비상발전기를 배터리 기반 시스템으로 바꿔 디젤 연소와 관련된 대기오염 및 온실가스 배출 없이 구글 검색, 지메일 및 유튜브 서비스를 제공할 예정이다. 참고로 전 세계 구글 데이터센터에서 사용하고 있는 디젤 비상발전기는 20GW가 넘는 것으로 추정된다. 20GW는 우리나라 원자력발전소 24곳 전체 발전 규모인 23.3GW와 맞먹는 수준이다.

구글은 500개 이상의 지방정부 및 도시가 2030년 이후까지 매년 1Gt_{gigaton}(10억 톤)의 탄소배출량을 줄일 수 있도록 지원하고, 항공 사진과 구글 지도의 데이터 분석 기능, 그리고 인공지능을 활용한 '트리 캐노피 랩Tree Canopy Lab' 프로젝트와 같은 과학적 기반의 식목 활동을 통해 대기에서 탄소를 제거하는 글로벌 복원 운동을 시작했다. 또한 1,000만 유로를 내건 구글 임팩트 챌린지Google Impact Challenge on Climate를 통해 비영리 단체 및 사회적 기업이 온실가스를 줄일 수 있는 아이디어를 제안하고 실현하는 데 비용을 지원할 예정이다.

마이크로소프트, 탄소배출 제로를 넘어서 탄소 네거티브로

• • •

마이크로소프트는 2010년 탄소정보공개프로젝트CDP*의 온라인 정보 시스템에 기술을 제공하면서 본격적으로 기후변화 대응을 위한 활동을 시작했다. 2012년에는 자사 데이터센터, 소프트웨어 개발 연구소, 사무실 건물 및 출장을 포함한 모든 경영 활동에서 탄소중립을 이룰 것을 선언했다.

이를 위해 사내 구성원들이 지구온난화 문제에 대해 올바른 인식을 갖도록 노력했으며, 그 일환으로 온실가스를 배출한 사업부가 스스로 책임을 지는 탄소 책임 모델을 만들었다. 이 모델을 통해 각 사업부가 스스로 에너지 효율성을 향상시키고, 재생에너지를 구매하며, 데이터 처리 기능 개선 등 온실가스 감축 활동을 통한 목표를 달성했을 시 이에 대한 인센티브를 지급했다.

2012년 마이크로소프트는 인근 폐수 처리장에서 나오는 바이오가스를 이용해 미국 와이오밍주 샤이엔 지역에 100% 재생에너지로 전기를 발생시키는 새 데이터센터를 구축했다. 이 데이터센터에 열역학적 냉각 프로세스를 구현해 냉난방 에너지비용을 30% 정도 절감했으며, 저에너지 서버, 압축기 에너지 절감 및 LED 조명 등을 도입해 에너지를 절약했다.

2013년에 미국 텍사스의 키치 풍력발전단지Keechi Wind Farm 110MW 프로젝트과 관련해 마이크로소프트는 재생에너지 발전회사인 RES 아메리카와 20년간의 전력구매계약을 체결했다. 사내 탄소세를 만들어 이 금

• Carbon Disclosure Project의 약자인 CDP는 2003년 영국에서 시작돼 미국, 영국, 독일에 본사를 둔 국제 비영리 단체로, 기업과 도시가 환경에 미치는 실황을 공개한다. 한국은 2008년부터 독자적으로 CDP를 진행 중이다. 최근 금융기관들은 기후변화와 관련해 투자 리스크 또는 투자 기회를 명확히 측정하기 위해 정확한 기업정보가 필요하다. 또한 상장기업의 경영진도 기후변화로 인한 기업 미래가치의 향방에 높은 관심을 가지고 있다. 이러한 수요와 관련해 탄소정보공개프로젝트는 기업별 환경정보를 수집해 공개함으로써 기업들의 의사결정에 도움을 주는 역할을 한다. 2020년 기준 8,400개 이상의 기업이 CDP를 통해 탄소정보를 공개했다.

액을 재생에너지 사업에 재투자하기도 했다.

외부의 대단위 재생에너지 사업에 투자함과 동시에 사내에서 재생에너지 발전소 건설도 진행하고 있다. 또한 2014년에는 자사의 재생에너지 전환을 위해 미국 환경보호국에서 자사가 사용하는 전력의 100%에 해당하는 녹색전력인증서(재생에너지 발전량을 인정하는 인증서)를 구매했다. 그리고 2015년 파리에서 열린 제21회 유엔기후변화협약 당사국총회에서 RE100에 가입해 탄소중립에 대한 의지를 다시금 표출했다.

2020년 마이크로소프트는 "전 세계 모두가 탄소중립을 향해 나아가야 하지만 여유가 있는 기업들은 더 많은 활동을 해야 한다"고 말하며 2030년까지 '탄소 네거티브Carbon Negative'를 달성할 것을 발표했다. 탄소 네거티브란 온실가스 배출량과 흡수량을 정산해 '0', 즉 제로가 되는 상태인 탄소중립에서 더 나아가 적극적인 탄소 감축 및 흡수 활동을 해서 탄소배출을 마이너스(-)로 만드는 상태를 말한다. 뿐만 아니라 2030년 이후로도 더 많은 감축과 흡수 활동을 해 "2050년까지는 1975년 회사 설립 이후 마이크로소프트가 배출한 모든 탄소에 대해 중립을 달성할 것"을 약속했다.

그 약속을 이행하기 위해 첫 번째로 직접배출, 간접배출이 0이 될 수 있도록 2025년까지 녹색전력인증서 구매가 아닌, 직접 재생에너지 전력구매계약을 체결해 자사 모든 데이터센터·건물·캠퍼스에서 100% 재생에너지를 사용할 예정이며, 2030년까지 캠퍼스 내 운영 차량을 전기차로 전환할 예정이고, 캠퍼스 내 건물에 대해 탄소제로 인증 및 친환경 건물 인증체제에서 최상위 등급인 플래티넘 인증을 받겠다고 발표했다.

두 번째로 2030년까지 기타 간접배출을 절반 이상 줄일 예정이다. 2021년부터 마이크로소프트 협력사인 원·부자재 공급업체의 배출량을

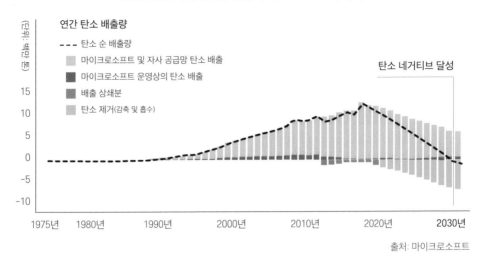

2030 탄소 네거티브를 향한 마이크로소프트의 계획

연간 탄소 배출량

- - - 탄소 순 배출량
- ▨ 마이크로소프트 및 자사 공급망 탄소 배출
- ▨ 마이크로소프트 운영상의 탄소 배출
- ▨ 배출 상쇄분
- ▨ 탄소 제거(감축 및 흡수)

(단위: 백만 톤)

탄소 네거티브 달성

15
10
5
0
-5
-10

1975년　1980년　1990년　2000년　2010년　2020년　**2030년**

출처: 마이크로소프트

줄일 수 있도록 지원하고, 탄소배출 1톤당 15달러인 사내 탄소세를 기타 간접배출 관리에 단계적으로 도입할 예정이다.

　세 번째로 조림造林 및 재조림 산업 그리고 각종 탄소 저감 및 온실가스 감축 신생기술을 지원함으로써 궁극적으로 탄소중립을 넘어 탄소 네거티브를 달성할 예정이다.

아마존, 환경 분야 F학점에서 2040년 탄소제로 선언까지

• • •

미국의 대규모 펄프 산업으로부터 산림 생태계를 지키려는 30여 개의 시민단체가 연합해 만든 도그우드 연합Dogwood Alliance과 숲의 윤리Forest Ethics라는 시민단체는 이른바 녹색등급 성적표를 통해 기업들이 사용하는 포장재와 종이의 친환경성을 평가했다.

이 평가에서 페덱스가 A-를 받은 것에 비해 아마존은 2009년에는 F, 2010년에는 F+를 받아 친환경 포장 부문에서 낙제를 받았다. 2011년 미국에서 가장 큰 사회책임투자Socially Responsible Investing, SRI 회사 중 하나인 칼버트 인베스트먼트Calvert Investments는 아마존의 주주 총회에서 아마존이 기후변화 대응과 관련한 보고서를 준비할 것을 제안했으나, 주주 대다수에게 거절을 당한 적이 있을 정도로 아마존은 환경문제에 둔감한 업체였다.

이와 같이 환경과 기후변화 대응에 대해 둔감한 기업으로 알려져 있던 아마존이 2016년에 태양광 및 풍력과 같은 재생 가능한 자원으로부터 전력을 100% 수급하겠다고 약속했다. 2017년 아마존 최고경영자인 제프 베이조스Jeff Bezos는 텍사스에 연간 100만MWh를 생산하는 풍력발전 단지를 개설하면서 "아마존은 현재 18개의 풍력과 태양광발전 프로젝트를 진행하고 있으며, 앞으로 35개 이상의 프로젝트를 더 진행할 것"이라고 발표했다. 그는 "재생에너지에 대한 투자는 윈-윈-윈-윈Win-Win-Win-Win이다. 고객, 지역사회, 사업, 지구 모두에게 도움이 된다"라고 말했다. 2020년 현재 아마존은 전 세계 60개 이상의 물류 시설에서 사용하는 전력의 80%를 태양광발전으로 공급하고 있다. 또한, 온실가스 감축 기술 및 서비스 개발을 지원하기 위해 20억 달러를 투자할 계획이며, 재조림 프로젝트 및 기후 완화 솔루션에 1억 달러를 투자할 계획이다.

아마존은 2019년에 2040년까지 비즈니스 전반에 걸쳐 탄소중립을 약속하는 '기후서약The Climate Pledge'을 발표했다. 이 서약을 달성하기 위해 아마존은 자신들이 사용하는 전력을 2025년까지 100% 재생에너지로 전환하고, 2030년까지 모든 배송단계에서 발생하는 온실가스 배출의 50%

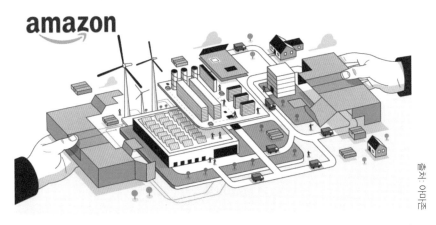

출처: 아마존

아마존의 배송 제로 플랜은 물류 창고에서의 배송 준비부터 포장재 생산 및 포장, 제품 운송까지 배송을 수행하는 전 과정에서 발생하는 탄소배출량을 제로로 하는 것을 목표로 한다.

는 탄소중립으로 만들 것이며, 배송단계에서 온실가스 배출량을 줄이기 위해 상품 운반용으로 2024년까지 전기차 10만 대를 구매할 예정이다.

이 같은 아마존의 '배송 제로Shipment Zero' 플랜은 고객에게 물품을 배송하기 위해 수행하는 모든 작업에 대해 탄소배출량 제로를 목표로 한다. 배송 제로의 범위는 배송을 위한 운영 시설의 전력 공급 및 차량 충전에 사용되는 전력으로 인한 온실가스, 창고에서 고객에게 선적물을 운송하는 차량 및 기타 운송 수단에서 배출하는 온실가스, 포장재 제조 및 운송에서 배출되는 온실가스를 제로 상태로 만드는 것까지 포함한다. 제품 포장에

- 2019년 기준으로 아마존은 전체 자동차 중 약 40%를 재생에너지 사용이 가능한 차량으로 운영 중이며 2030년까지 모든 배송 차량을 재생에너지 사용 차량으로 바꿀 계획이다.

있어서 아마존은 '간단한 포장Frustration-Free packaging'을 옵션으로 제공한다.*
재활용 가능한 포장재를 사용하고, 제품에 불필요하게 포함된 포장재를
제거함으로써 제품의 탄소발자국을 저감할 수 있도록 하고 있다. 또 제품
을 배송할 때 드론과 전기차, 전기 오토바이, 전기 삼륜차 등을 사용함으
로써 온실가스 배출량을 줄이며, 최대한 짧은 배송거리를 위해 교통 및 도
로 효율성을 고려해 배송 스테이션을 배치하고 있다.

바스프, 2030년까지 탄소중립 달성 선언

• • •

1865년 독일에서 설립된 바스프BASF는 화학 업계에서 제품의 혁신을 주도
해왔다. 바스프는 스티로폼, 청바지용 안료, 비디오테이프 등을 개발했으
며 세계 최초로 화학비료를 만든 유서 깊은 기업이다.

바스프는 각 비즈니스 부서가 유기적으로 결합해 생산, 시장, 플랫
폼 및 기술의 물리적인 통합을 이루는 페어분트Verbund 시스템을 이용한 공
정 효율 개선으로 잘 알려져 있다. 페어분트 시스템은 한 공정에서 생산한
제품과 남은 원자재가 다음 공정의 원자재로 사용되도록 하는 바스프 특
유의 생산 네트워크로, 예를 들면 한 생산 과정에서 발생한 폐열이 다른
공정에서 에너지로 전환되는 방식이다. 바스프는 이 페어분트 시스템을
통해 2019년에 19.2TWh의 전력을 절감했으며, 이는 390만 톤의 온실가

---

* 아마존에서는 일반 포장과 함께 간단한 포장 옵션을 제공한다. 해체하기 어려운 일반 포장에 비
해, 고객이 포장지를 벗기기 쉽다는 의미에서 영어로는 'frustration-free'라는 명칭을 붙였다. 개
봉이 쉽고 보다 안전하며, 모두 재활용 가능한 자재를 사용했다는 특징이 있다.

스 감축 효과와 맞먹는다. 2010년 약 3,000만 톤의 온실가스를 배출하던 바스프는 2019년에는 약 2,000만 톤으로 30%가량의 탄소를 저감해왔다.

바스프는 2018년부터 본격적으로 탄소 관리Carbon Management에 관심을 두기 시작해, 2030년까지 탄소중립 달성을 목표로 세웠다. 이를 위해 바스프는 2019년 1월, '기후 보호'를 주요 사업 전략에 포함하며 기후변화 대응 행동을 실행하기 시작했다. 온실가스 감축을 위해 '생산 및 공정 효율 고도화', '재생에너지 확보', '온실가스 저배출 신기술 개발'과 같은 3가지 접근 방식을 채택했다.

바스프의 탄소 관리 연구개발 프로그램은 에너지 집약적인 기초화학물질 생산에 신기술의 고효율 공정을 도입해, 사업장 직접배출 부분에서의 온실가스 감축을 목표로 한다. 유럽 화학 산업에서 배출되는 이산화탄소의 70%가 기초화학물질 생산에서 기인한다는 사실을 고려했을 때, 화학 산업의 특성과 탄소 감축 가능 요인을 고려해 만들어진 프로그램이라고 볼 수 있다.

바스프는 신기술 개발을 통해 자사의 배출량을 감축하는 데서 더 나아가 이러한 신기술 보급을 통해 여타 부문에서의 온실가스 배출 감소에 기여하고 있다. 2018년에 판매된 바스프의 기후변화 대응 제품을 통해 약 6억 4,000만 톤의 온실가스가 제품 사용단계에서 감축됐다. 바스프가 생산한 외벽 단열재는 효율적인 에너지 활용으로 절연 성능을 20% 향상했고, 고성능 연료 첨가제는 자동차의 평균 연비를 최대 2%까지 끌어올렸다.

비료를 사용하면 토양의 질소 화합물이 분해돼 다량의 온실가스 중 하나인 아산화질소가 배출된다. 바스프의 질산화 저해제는 비료에 포함된 암모니아가 토양의 박테리아에 의해 더 천천히 부식되도록 해 아산화질소의 배출을 줄인다. 이를 통해 작물에 영양분을 효율적으로 공급하고, 비옥화 과정을 감소시켜 온실가스 배출이 줄어들게 된다.

풍력발전에서는 블레이드(날개)를 만들 때 에폭시 수지를 사용하는데, 이때 경화제가 들어간다. 바스프는 에폭시 수지의 섬유 복합구조가 잘 만들어질 수 있도록 특수 경화제를 개발했다. 이 경화제를 사용할 경우 생산 시간을 최대 30% 단축할 수 있어 풍력 산업의 발전에도 기여했다.

끊임없는 혁신을 통해 150년간 화학업계 1등을 유지해온 바스프는, 기존의 공정을 답습하지 않고 탄소배출 저감을 위한 새로운 방법을 적극적으로 모색했다는 점에서 타 기업에 시사하는 바가 크다.

H&M, 친환경 SPA 브랜드로 거듭나다

• • •

제조 직매형 의류 전문점을 뜻하는 SPA Speciality retailer of Private label Apparel는 최신 유행을 최대한 빠르게 반영해 대량 생산 및 판매하는 패션 상표와 그 업종을 총칭해 부르는 용어로서 패스트 패션Fast Fashion이라고도 한다.

SPA는 짧은 시간 내에 최신 유행을 따르는 저가의 의류를 대량 생산한다. 따라서 소비자들이 유행이 지난 의류를 쉽게 버리는 일이 환경 문제로 대두됐고 SPA 업체에 대한 사회적 비판이 거세진 상황이다. 대표적 스파 기업 H&M Hennes&Mauritz은 이러한 비판에 직면해 2015년부터 의류의 재활용 기술 개발과 친환경 재료로 의류를 생산하는 스타트업에 투자하면서 친환경을 향한 행보를 시작했다. 2019년에는 제품에 재활용 및 지속가능한 방식으로 만들어진 면 소재를 사용하는 비율을 97%까지 높였다.

H&M은 2018년 전력 사용량 중 90%를 재생에너지로 전환했으며, 2040년까지 직접배출 뿐 아니라 간접배출, 기타 간접배출에 대해서도 탄소 중립을 달성하는 목표를 수립했다. H&M은 1차적으로 온실가스를 감축하기 위해 에너지 사용량 감축 및 재생에너지 사용 확대를 진행하고, 불가피하게 배출한 이산화탄소는 조림 및 재조림, 산림경영, 이산화탄소 저장 등을 일컫는 기후 회복력Climate Resilience을 강화해 탄소 상쇄를 진행할 예정이다.

2017년, H&M은 보다 많은 기업들이 적극적으로 기후변화에 대응할 수 있도록 세계자연기금과 함께 유럽의회European Parliament에 더 높은 수준의 재생에너지 및 에너지 효율 목표 설정을 촉구했다. 13개의 북유럽 기업(이케아, 베스타스Vestas, 댄포스Danfoss 등)들도 이러한 요구에 속속 동참했고, 이에 응답해 2018년 12월 유럽연합은 2030년까지 전체 에너지 비율 중 32% 이상을 재생에너지로 보급(2023년에 중간 검토를 통해 상향 조정할 수 있음)한다는 내용의 '재생에너지 관련 법령Renewable Energy Directive 2018'을 발표했다. 유럽연합 회원국은 상향된 목표 달성을 위해 2021년부터 2030년까지 10년간의 국가 에너지 및 기후 계획National Energy·Climate Plans, NECPs 초안을 작성해 2019년 12월 제출했으며, 이러한 새로운 지침을 반영해 각 국가에서 관련 법률을 개정했다.

또한 H&M은 낡은 옷을 새 옷으로 바꾸는 재활용 시스템인 루프Looop를 시작해 환경 오염과 온실가스 배출을 줄이려고 노력 중이다. 루프는 오래된 옷을 분해해 실을 뽑아내고, 이 실로 새 옷을 다시 만드는 시스템이다. 이 과정에서 물과 화학물질을 전혀 사용하지 않기 때문에 일반 의류 생산에 비해 온실가스 배출량을 현저히 줄일 수 있다. H&M은 2030년까지 모든 제품에 재활용 또는 지속가능한 방식으로 만들어진 재료를 사

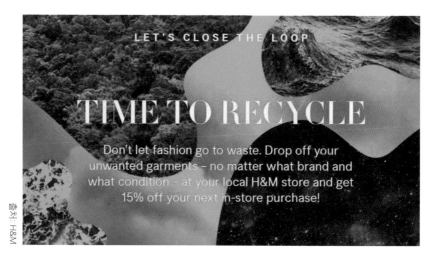

패션이 낭비되거나 낡은 옷이 쓰레기가 돼서는 안 된다고 말하는 H&M은 2020년 자체 의류 재활용 시스템인 루프를 런칭했다.

용하는 것을 목표로 하고 있다.

월마트, 2040년까지 온실가스 배출량 'O' 달성 선언

• • •

월마트의 2018년 온실가스 배출량은 약 1,800만 톤으로 2015년 대비 14% 정도 감소했다. 이는 SBTi와 함께 설정한 '2025년까지 2015년 대비 배출량 18% 감축'이라는 목표를 약간 밑도는 수치다.

월마트는 2005년부터 협력사와 함께 그린 이니셔티브라는 이름으로 온실가스 감축 활동을 시작했고, 그 결과 2015년까지 약 2,000만 톤의 온실가스를 감축했다. 월마트는 2016년 11월 '2015년 대비 사업장 내 직·간접배출량을 2025년까지 18% 감축, 기타 간접배출량은 2030년까지

10억 톤을 감축'한다는 목표로 SBTi의 승인을 받았다.

월마트의 기타 간접배출량은 2018년 기준 월마트 전체 배출량의 약 91%로 대부분을 차지한다. 따라서 월마트는 사내의 온실가스 감축 활동보다 기타 간접배출을 줄이기 위해 노력하고 있다. 그 일환으로 2017년 4월 프로젝트 기가톤Project Gigaton을 실행했다. 프로젝트 기가톤은 '6가지 영역(에너지·농업·폐기물·제품 사용 및 디자인·포장·산림)으로 구성돼 있고, 협력사들은 자발적으로 선택해 참여할 수 있다. 2019년까지 1,000개 이상의 협력사가 가입했고, 2018년에만 380개의 공급업체에서 약 5,800만 톤의 탄소를 저감할 수 있었다. 협력사들이 이 프로그램에 가입하고 온실가스 감축 활동을 진행하면, 그 결과가 월마트의 구매 부서와 협력사 관리 부서 등에 공유됨에 따라 해를 거듭할수록 참여하는 협력사들이 늘어나고 있다.

월마트는 에너지 영역 최적화 및 효율화를 통해 에너지 수요를 줄이고, 이를 다시 재생에너지로 전환하는 방법으로 2019년 약 2,500만 톤의 온실가스를 감축했다. 폐기물 영역인 공장, 창고, 유통센터 및 농장 등에서 발생하는 음식, 제품, 재료의 폐기물은 썩으면서 메탄가스가 발생해 온실가스가 배출된다. 매립하는 폐기물을 줄일 경우 폐기물 처리 및 매립 비용을 낮추고 온실가스도 감축할 수 있는데, 이를 위해 월마트는 협력사의 식량 손실 및 폐기물을 측정할 수 있도록 세계자원연구소와 함께 식품 폐기물 측정 프로토콜을 만들었다.

포장 영역에서는 협력사가 불필요한 포장을 줄이고, 포장재를 최적화하며, 포장재의 재사용 및 재활용량을 늘림으로써 폐기물을 줄일 수 있도록 조언을 하고 있다. 또한 소비자들에게 재활용 지침을 명확하게 전달하는 표준화된 라벨링 시스템인 '하우투 리사이클How2Recycle'을 도입하여, 800개 이상의 협력사가 1만 6,000SKUStock Keeping Unit(재고 보관 단위) 이상의 라벨을 받았다. 농업 영역에서는 농작물 생산에서 비료 최적화와 함께 분뇨 관리, 장내 배출, 사료 투입 및 기타 축산업 활동과 같은 분야에서 모범 사례를 채택하도록 독려함으로써 공급업체가 작물 생산 시 20~30%의 폐기물을 줄일 수 있도록 개선하고 있다.

산림 영역에서는 제품 생산을 위한 협력사의 산림 벌채를 최소화하며, 제품 사용 및 디자인 영역에서는 소비자가 제품을 사용하는 과정에서 온실가스 배출량을 줄일 수 있도록 제품 설계 단계부터 에너지 효율화를 위한 개선 활동을 추진한다. 이렇게 월마트는 6개의 분야에서 프로젝트 기가톤을 진행해 2030년까지 10억 톤의 온실가스를 저감하고자 한다.

볼보, 사람의 안전부터 지구의 안전까지 책임진다

• • •

2019년 유럽연합은 유럽 시장에 신규 출시되는 승용차 및 소형차의 이산화탄소 배출량을 규제하는 법령을 만들었다. 이 법령은 2020년까지 이산화탄소 배출량을 승용차는 95g/km, 소형차는 147g/km로 규제하는 기준을 설정했고, 2030년까지 이산화탄소 감축 목표를 2021년 대비 승용차 37.5%, 소형차 31%로 설정했다.

자동차 제조업체의 이산화탄소 배출 평균이 목표를 초과하는 경우 할증료로 이산화탄소 배출량 1g/km당 95유로(약 13만 원)가 부과된다. 차 값에 비하면 95유로가 얼마 안 되는 금액처럼 보이지만 제조사가 한 해

동안 유럽 내에서 판매한 전체 자동차 수에 곱해 벌금을 부과하기 때문에 벌금의 액수는 무시할 수 없는 수준까지 올라갈 수 있다. 따라서 자동차 제조업체들은 효율적인 이산화탄소 배출량 저감을 달성하기 위해 공동 관리, 기업 연합, 공동 출자 등을 수행할 수 있는 생산자 연합을 구성할 수 있다. 이러한 연합 협약을 풀링Pooling협약이라고 부른다.

2020년 제너럴모터스GM, 피아트크라이슬러FCA 등과 같이 이산화탄소 배출량 규제 기준을 맞추기 어려운 기업들은 테슬라와 같이 전기자동차만 생산하는 기업에 관심을 두고 풀링협약을 맺고자 러브콜을 보내야만 했다. 테슬라는 2020년 2분기까지 탄소배출권 거래 매출로 4억 2,800만 달러(약 4,800억 원)를 벌었다. 원래 탄소배출권을 제외한 테슬라의 영업이익은 3억 1,400만 달러 적자였다. 즉, 탄소배출권 거래가 없었다면 테슬라는 3억 달러 이상의 적자를 기록했을 것이다.

볼보Volvo는 2016년까지만 해도 제너럴모터스나 피아트크라이슬러와 마찬가지로 목표를 달성하지 못할 것처럼 보였으나, 2019년부터 본격적으로 전기차처럼 전력을 충전해서 사용할 수도 있고, 가솔린 엔진을 사용하기도 하는 플러그인 하이브리드 차량Plug-in Hybrid Electric Vehicle을 생산해 2020년 상반기에 이미 배출량 감축 목표를 달성했다. 더 나아가 볼보는 초과 달성한 탄소배출권을 포드Ford에 판매해 추가적인 수익을 창출했다. 2016년 이산화탄소 배출 규제의 가장 큰 피해자 중 하나였던 볼보는 2020년에 탄소배출권을 판매할 수 있을 정도로 환경 정책에 앞장서는 완성차 업체 중 하나가 됐다.

또한 볼보는 2020년 8월 10일, '지구를 위한 더 나은 내일을 만들기'라는 슬로건으로 친환경 브랜드 캠페인 '비 베터BE BETTER'를 전개했다.

이 캠페인은 소비자들에게 재활용품 분리 배출, 시속 60~80km 경제속도 준수, 음식물 쓰레기 20% 줄이기와 같은 생활 속 작은 변화에 대한 것으로 구성돼 있다. 캠페인을 비롯한 여러 감축 활동을 통해 볼보는 사람을 안전하게 보호하는 자동차에서 지구까지 보호할 수 있는 자동차를 설계하는 회사로 이미지 변신을 꾀하고 있는 중이다.

볼보는 SBTi에 가입해 탄소배출 저감을 위해 파리기후변화협약을 준수하는 기업으로 인정받았다. 볼보의 액션 플랜을 자세히 살펴보면 2025년까지 자동차 1대당 배기가스 배출 50% 감축, 2018년 대비 자동차 1대당 탄소발자국 40% 감축, 2018년 대비 제품 공급망에서 배출하는 온실가스 배출량 25% 감축, 그리고 궁극적으로 2040년까지 탄소중립을 목표로 하고 있다. 특히 볼보코리아는 2021년식 모델부터 시작해 국내에서 판매되는 전 차종을 대상으로 친환경 파워트레인Power Train을 적용한다는 계획이다. 2025년까지 5개의 순수 전기자동차 모델을 출시해, 판매하는 차량의 절반을 전기자동차로 채울 계획이다.

볼보는 2020년 전 세계 공장에서 사용하는 전력의 약 80%를 재생에너지에서 생산된 전력으로 전환했다. 더 나아가 부품 제조사들이 재생에너지 사용을 늘리도록 돕는 데 앞장서며, 지속가능한 소재를 사용해 자동차를 제조하고 폐기물을 줄이려는 노력을 계속해오고 있다.

• 볼보가 적용하는 친환경 파워트레인은 마일드 하이브리드Mild Hybrid와 플러그인 하이브리드 두 종류다. 마일드 하이브리드 자동차는 48V 전압 시스템을 사용하기 때문에 '48V 하이브리드 자동차'라고도 불리며 하나의 모터가 엔진 보조 역할만 하는 새로운 방식의 친환경 자동차다. 플러그인 하이브리드 자동차는 내연기관 엔진과 배터리의 전기 동력을 동시에 사용해 운행한다는 점에서 일반 하이브리드 자동차와 같지만, 전기모터가 기반이며 내연기관이 보조하는 시스템이라는 차이가 있다.

스타벅스, 재생에너지 전환부터 식물성 우유 개발까지

• • •

우리나라 성인 1인당 커피 소비량은 2018년 기준 연간 353잔으로 세계 평균 소비량인 132잔의 약 2.7배 수준이다. 전 세계 커피 소비량도 2014년에 약 900만 톤이었으나 2019년에는 1,000만 톤을 넘어서며 대폭 증가했다.

이런 와중에 기후변화로 인해 향후 커피 산업이 흔들릴 수 있다는 경고가 나와 주의를 끌고 있다. 기후는 커피 재배의 가장 중요한 요소 중 하나로, 지구온난화로 인해 2050년에는 커피 재배에 사용되는 토지의 50% 이상이 더 이상 경작을 할 수 없게 돼 커피 생산량이 크게 줄어들 수 있기 때문이다. 기후변화로 인해 커피 생산지에서 급격한 기온변화가 일어나면 커피 잎에 노란 반점이 생기는 '커피 녹병'이 발생한다. 이러한 일은 실제로 코스타리카, 엘살바도르, 니카라과 등 중남미 커피콩 생산지에서 발생한 일로, 현지에서 헤밀리아Hemileia라는 곰팡이성 병원균이 확산하면서 생산량이 감소했다. 아프리카 탄자니아 고지대의 경우 기온이 이미 커피 생산 가능 기온의 상한선에 도달한 상태라는 의견도 있다. 과학자들은 2050년까지 에디오피아 커피 생산량의 60% 이상이 줄어들 것으로 추정하고, 같은 기간 중남미는 커피를 재배하기에 적합한 지역이 88%나 줄어들 것으로 예측하고 있다.

가까운 미래에는 기후변화로 인해 커피 농장이 심각한 타격을 입어 스타벅스가 더 이상 품질이 우수한 커피 원두를 공급받을 수 없을지도 모른다. 이러한 상황이다 보니 스타벅스 등 커피 전문 기업은 기후변화에 따른 충격을 최소화하기 위해 새로운 품종의 개발을 서두르는 한편, 기후변화 대응을 위한 활동들을 추진하고 있다.

2018년 스타벅스의 직간접배출 및 기타 간접배출로 발생한 온실가스 배출량은 약 1,600만 톤으로 이 양은 석탄발전소 2,500MW가 배출하는 온실가스 배출량과 비슷한 수준이다. 스타벅스의 연간 물 사용량은 약 10억 톤으로 우리나라 성인 1,000만 명이 1년 동안 사용하는 양과 맞먹는다. 2020년 1월 스타벅스 대표 케빈 존슨Kevin Johnson은 2030년까지 온실가스 배출량과 물 사용량을 절반 이상 감축한다는 계획을 발표하면서, "가치 있는 모든 일이 그렇듯, 쉽지 않은 일이 될 것"이라며 "환경보호를 위한 변화를 성공시키기 위해서는 고객들의 역할이 중요하다"고 덧붙였다.

스타벅스는 2004년부터 재생에너지, 에너지 효율화, 기후적응 등의 분야에 초점을 맞추어 기후변화 대응 전략을 실행해왔다. 스타벅스 매장에 LEED 인증®을 받을 수 있도록 장려해왔으며, 업계 최초로 원두 윤리 구매 가이드라인을 개발하기도 했다. 또한 2015년에 RE100에 가입하고, 2016년에는 재생에너지 인증서를 구매해 전 세계 모든 사업장의 전력을 재생에너지로 전환했다. 또한 2020년 1월 SBTi에 가입해 운영 사업장 및 공급망에서 발생하는 이산화탄소 배출량 50% 감축, 상점 및 제조과정에서 생성돼 매립지로 향하는 폐기물의 50%를 감축할 것을 약속했다.

한편 스타벅스는 우유를 대체하는 음료를 만드는 것이 기후변화에 대응하는 매우 중요한 수단이라고 말하고 있다. 우유를 생산하는 축산업

● Leadership in Energy and Environmental Design의 약자인 LEED는 미국 그린빌딩 위원회USGBC에서 개발한 평가 방식으로, 건물 부분의 에너지 및 환경 디자인의 리더십을 의미한다. LEED 인증은 절차와 과정이 매우 까다롭고 비용도 상당히 발생하기 때문에 LEED 인증을 진행하는 기업 입장에서는 매우 신중하고 민감한 접근이 필요한 부분이다. 이 덕분에 신뢰도가 높고, 많은 기업에서 인증을 획득하기 위해 노력하고 있다.

아몬드와 귀리로 만든 우유 대체 음료. 스타벅스는 왜 우유 대체 음료를 만들었을까?

이 온실가스 배출의 주범 중 하나기 때문이다.•• 그래서 우유 특유의 고소한 맛과 영양분을 가진 음료를 만들기 위해 식물성 우유라고 불리는 우유 대체 음료를 개발 중이다. 이 음료는 동물에게서 얻은 것이 아니라 두유, 아몬드유, 귀리유 등과 같이 식물로부터 추출했기 때문에 채식주의자도 마실 수 있다는 장점이 있다.

•• 옥스퍼드대학교 연구팀이 발표한 논문 〈생산자와 소비자를 통한 식품의 환경 영향 감소〉에 따르면 우유 한 잔(200ml)을 생산하는 데 0.6kg의 온실가스가 배출되나, 식물성 단백질 음료인 미(쌀)유, 두유, 귀리유는 약 0.2kg, 아몬드유는 약 0.1kg으로 비교적 적은 온실가스가 배출된다고 한다. 사용하는 물의 양도 우유가 120L로 가장 많다. 아몬드유는 74L로 비교적 많은 편이지만 두유는 단 1L만 필요하다.

3장

머니는
'전통 산업'에서
'그린 산업'으로
이동 중

ESG 미니강의

글로벌 자금은
ESG 중심으로 모인다

테슬라 주가가 보여준 '그린'의 가치

• • •

2020년 8월 충격적인 일이 일어났다. 한때 미국의 시가총액 1위였고, 무려 92년간 다우 존스 산업평균지수Dow Jones Industrial Average의 터줏대감이었던 엑손모빌이 다우지수에서 제외된 것이다. 다우지수는 미국의 증권거래소에 상장된 30개의 대표 우량기업으로 구성되기 때문에 그 당시의 주요 산업군이 무엇인지를 알려주는 지표와도 같은데, 화석연료 분야의 아이콘인 엑손모빌이 다우지수에서 퇴출당했다는 것은 적잖은 충격이었다. 시가총액도 2007년 5,200억 달러였던 것이 2020년 12월 기준 당시의 3분의 1

수준인 1,740억 달러로 줄어들었다.

　유서 깊은 석유 메이저 중 하나인 거대기업 엑손모빌의 주가가 급락한 이유는 무엇일까? 여러 복합적인 요인이 있지만 간단히 설명하자면 첫째, 코로나19로 인한 운송 수요 급감이라는 일시적 요인과 둘째, 셰일 혁명으로 인한 미국의 원유 공급 증가(미국이 사우디아라비아를 제치고 산유량 1위 국가가 됨)와 전기차의 글로벌 수요 증가로 유가가 하향 안정세를 보이고 있는 구조적 요인을 지적할 수 있다.

　지는 별이 있으면 뜨는 별도 있는 법. 2020년대 들어 시장에 혜성처럼 등장한 대표적인 라이징 스타로 전기차 업체인 테슬라가 있다. 테슬라는 2020년 연초 86달러에서부터 시작해 2020년 12월 말에는 705달러까지 주가가 무려 720%나 대폭 상승하는 기염을 토했다. 2021년 3월 기준 현재 테슬라의 시가총액은 6,270억 달러(약 710조 원)를 넘어 국내 시총 1위인 삼성전자의 492조 원을 가뿐히 넘었다. 또한 테슬라의 6,270억 달러라는 막대한 시총은 전 세계 자동차 판매량 1위인 토요타뿐만 아니라 폭스바겐, GM, 피아트크라이슬러 등 전통 내연기관 자동차 업체들의 시총을 모두 합산한 금액마저도 훌쩍 뛰어넘었다. 엑손모빌이 처참한 시총으로 수모를 당한 것과는 달리 테슬라는 12월에 미국에서 가장 많이 활용되는 대표적인 주가지수인 S&P500지수Standard&Poor's 500 index에 편입되기도 했다. 주식시장은 현재 경제 상황을 가장 먼저 반영하는 곳이다. 따라서 엑손모빌이 2020년 다우지수에서 제외된 것, 그리고 친환경차의 대명사 테슬라의 주가 폭등 및 S&P500지수 편입이라는 대비되는 사건을 통해 이미 석탄의 시대가 지고 그린 시대로의 전환이 시작되고 있음을 짐작할 수 있다.

이는 비단 미국에서만 일어나고 있는 움직임이 아니다. 나스닥NASDAQ에 상장된 중국의 3대 전기차 회사라 불리는 니오Nio, 리오토Li Auto, 샤오펑Xpeng도 최근 전기차 출하량이 증가하며 급격하게 주가가 상승했다. 친환경차에서 가장 중요한 부품인 배터리 제조 분야에서도 중국의 닝더스다이CATL, 국내의 LG화학, 삼성SDI 등 배터리 셀 업체들이 코로나19로 인한 경기 둔화 우려가 무색할 정도로 본격적인 주가 리레이팅Re-rating*을 보이고 있다. 소위 '그린스완' 시대에 글로벌 스마트 머니가 어디로 흘러가고 있는지 그 방향성을 확실하게 제시하고 있는 것이다.

요즘 대세, ESG는 무엇인가

• • •

ESG는 Environmental(환경), Social(사회), Governance(지배구조)의 약칭이다. 과거 기업의 평가 기준이 재무적인 성과에 집중했다면, 이제는 그 외적인 비재무적 성과를 평가해보자는 측면에서 많이 활용되고 있다. 주로 저탄소, 친환경, 종업원 복지, 경영자, 주주환원 등의 요소를 평가하는 지표다.

ESG는 기존에 많이 알려진 사회책임투자와 유사하나, 그보다는 투자 수익률을 좀 더 중시한 개념이다. 과거에는 주로 ESG 기준에 부합하지 않는 기업들을 배제하는 네거티브 스크리닝Negative Screening이 주류였다면,

---

● 같은 이익을 내더라도 주가는 더 높은 수준에서 형성되는 것으로 주가수익비율PER이 상향 조정되는 셈이다.

최근에는 지속가능한 환경, 사회, 지배구조 관련 분야를 점수화해서 통합적으로 판단하는 추세다. 대표적인 지수로 MSCI Morgan Stanley Capital International ESG 리더스 지수, S&P500 ESG 지수가 있다.

MSCI ESG 리더스 지수는 MSCI 지수 중 ESG 측면에서 가장 점수가 높은 기업들로 구성된다. 이 중에서도 MSCI USA ESG 리더스 지수를 많이 참고하는데, 이 지수는 ESG 점수 상위 50% 기업으로 구성돼 있다. 지수 상위 종목을 살펴보면 마이크로소프트, 알파벳(구글의 모회사), 존슨앤드존슨, 비자, P&G 등이 있다.

한편 S&P500 ESG 지수는 전반적으로 네거티브 스크리닝 방식을 많이 사용한다. 상위 보유 종목은 마이크로소프트, 애플, 아마존, 구글, J.P.모건체이스앤드컴퍼니, 비자, P&G로 MSCI와 유사하다.

국내에는 금융정보 제공기업인 에프앤가이드 FnGuide와 ESG 모네타 ESG Moneta가 개발한 WISE ESGM 책임투자 지수*가 있고, 최근에 한국거래소 KRX에서 발표한 테마지수 K-뉴딜지수**가 있다. 특히 K-뉴딜지수는 각광받고 있는 섹터인 BBIG, 즉 배터리 Battery · 바이오 Bio · 인터넷 Internet · 게임 Game의 산업군에서 TOP3 종목과 추가 7종목으로 구성된다. 주식시장 측면에서는 ESG 중에서도 특히 E가 가장 주목을 받고 있다. 미국과 유럽 등 글로벌 친환경 정책과 더불어 국내에서도 문재인 정부의 한국판 뉴딜정책

● ESG 점수와 재무 점수를 각각 25:75의 비율로 반영하는 것을 원칙으로 하고, ESG 점수와 재무 점수가 높은 상위 80종목을 대상으로 시가총액 가중방식을 적용한 지수다.

●● 문재인 정부의 '한국판 뉴딜'의 비전을 담고 있는 지수로, 일종의 종합지수 격인 KRX BBIG K-뉴딜지수는 4개 산업군의 시가총액 상위 3종목씩 총 12개 종목으로 구성돼 있으며, 지수는 각 종목의 비중을 12분의 1씩 동일하게 두는 방식으로 산출한다. 지수 산출 비중의 경우 시가총액 상위 3개 종목이 25%씩 총 75%며, 나머지 25%는 7개 종목의 시가총액 가중방식으로 구한다.

으로 그 관심이 증가하고 있다.

ESG 투자와 관련해 가장 권위 있는 기관인 글로벌지속가능투자연합Global Sustainable Investment Alliance, GSIA에 따르면, 2018년 지속가능 투자자산의 국가별 비중은 유럽(46%)과 미국(39%)이 가장 크고, 연평균 성장률은 각각 6%와 16%에 달한다. 유럽은 2014년 500인 이상 기업에 ESG 관련 정보를 의무적으로 공시하도록 법제화하고 이를 2017년부터 적용하고 있다. 그 내용에는 환경보호, 사회적 책임, 인권 보호, 반反부패, 이사회 구성의 다양성 등이 담겨 있다. 미국도 지속가능회계기준위원회Sustainablity Accounting Standards Boards를 통해 공시 기준을 마련했으나, 유럽과 달리 보고서 작성이 의무화돼 있지는 않다. 하지만 작성하는 기업 수는 계속 증가하고 있는 추세다. 국내에서도 국민연금을 중심으로 ESG와 관련해 활발한 움직임이 나타나고 있다. 국민연금은 2022년까지 책임투자 적용 자산군의 규모를 기금 전체 자산의 절반 수준으로 확대할 계획을 밝혔다.

이렇듯 글로벌 국가들의 정책 방향과 자금이 ESG의 흐름에 동참하고 있다 보니 기업들도 이에 부합하기 위해 친환경 제품을 생산하고 재생에너지를 에너지원으로 사용하는 자구책을 마련하고 있다.

글로벌 큰손은 ESG로 몰린다

• • •

돈의 흐름을 더욱 정확히 파악하기 위해서는 글로벌 금융시장의 큰손으로 불리는 국부펀드Sovereign Wealth Fund의 움직임에 주목할 필요가 있다. 국부펀드의 총자산을 합산하면 무려 8조 달러(약 9,000조 원)가 넘어 규모 면에서 압도적일 뿐만 아니라 기관 투자가들의 운용자산 중에서도 가장 빠르게 성장하고 있기 때문이다. 그렇기에 국부펀드의 자금이 어디로 흘러가는지 주목해보면 결국 '우리가 어디에 투자해야 하는가'라는 질문에 대한 힌트를 얻을 수 있을 것이다.

대표적인 국부펀드는 압도적인 글로벌 국부펀드로 세계 1위인 노르웨이 국부펀드다. 운용 자산 규모 1조 달러 이상으로 전 세계 주식의 1.3%를 차지하는 거대기금이다. 노르웨이 국부펀드를 운용하는 노르웨이 중앙은행 투자관리청NBIM은 ESG 점수가 낮은 기업은 투자 포트폴리오에서 아예 제외하고 있다. 즉, 술, 도박, 카지노 분야의 기업과 매출액의 30% 이상이 석탄 분야에서 발생하는 기업에는 투자하지 않는다. 네덜란드 공무원연금ABP은 2015년부터 투자하는 자산에 ESG 통합 전략을 사용하고 있고, 스웨덴 공적연금인 제2국가연금펀드AP2도 2018년부터 운용자산의 30%를 ESG 벤치마크Bench Mark(펀드 평가 시 운용성과를 비교하는 기준)에 부합하는 기업에 투자하고 있다. 미국에서는 캘리포니아 공무원연금CalPERS이 가장 먼저 ESG에 따른 지속가능한 투자 원칙을 도입해서 시행하고 있다. 시장의 큰손인 글로벌 국부펀드들이 자금 운용에 있어서 ESG를 적극적으로 도입하고 있는 것이다. 글로벌지속가능투자연합에 따르면 전 세계의 ESG 기반 운용자산은 2018년 기준 30조 7,000억 달러 수준이다. 이는 2016년 22조 8,000억 달러 대비 34% 증가한 금액으로 이후에도 가파른 성장세가 지속돼 2020년에는 40조 5,000억 달러를 돌파했고, 2030년에는 130조 달러에 육박할 것으로 예상된다. 지역별 비중으로는 유럽과 미국이 가장 높지만, 최근 성장세는 일본이 2년 사이 5배 증가로 가장 가파르다.

국내의 ESG 공모 펀드는 2020년 10월 말 기준 46개, 펀드 순자산

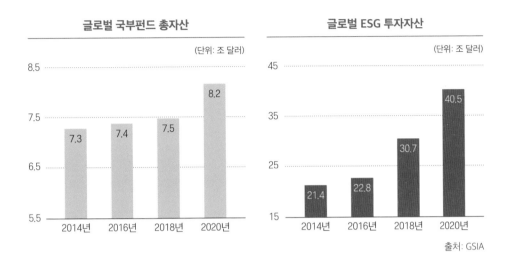

글로벌 국부펀드 총자산 및 ESG 투자자산 규모

글로벌 국부펀드 총자산
(단위: 조 달러)

2014년	7.3
2016년	7.4
2018년	7.5
2020년	8.2

글로벌 ESG 투자자산
(단위: 조 달러)

2014년	21.4
2016년	22.8
2018년	30.7
2020년	40.5

출처: GSIA

은 1조 1,000억 원 수준이다. 국내 주식에 투자하는 ESG 펀드 순자산은 6,200억 원 정도며, 전체 주식형 공모펀드의 순자산 대비 1.1% 수준으로 아직 비중이 크지 않지만 향후에는 국민연금의 주도로 크게 성장할 것으로 예상한다. 국민연금은 세계 3위 안에 드는 기금으로 2019년 기준 운용자산이 737조 원에 달한다. 이 중 ESG 관련 투자는 32조 원으로 전체 운용자산에서는 4.4%, 국내 주식 위탁 운용자산에서는 8.5%에 불과하지만, ESG 통합 전략을 더욱 강화하면서 앞으로 국민연금이 ESG 투자의 선두에 서게 될 전망이다.

ESG 투자와 관련해서 가장 논란이 되는 부분은 수익률이다. 착한 기업에 투자하는 것이 과연 투자 수익으로 이어질까에 대한 우려 때문이다. 미국 투자은행 모건스탠리가 산출하는 대표적인 글로벌 주식지수인 MSCI ACWIAll Country World Index와 ESG 점수가 높은 기업으로 구성된 MSCI

MSCI ACWI 와 MSCI ACWI ESG Leaders의 연간 수익률 비교

(단위 : %)

	2012년	2013년	2014년	2015년	2016년	2017년	2018년	2019년	2020년
MSCI ACWI	17.39	15.78	-3.44	-5.25	5.01	27.77	-13.77	22.13	11.13
MSCI ACWI ESG Leaders	18.09	18.43	-1.52	-2.25	4.90	27.43	-13.50	23.35	13.81

출처: www.msci.com

ACWI ESG 리더스 지수를 비교하면 MSCI ACWI ESG 리더스 지수가 지속해서 아웃퍼폼Outperform(성과 우위)을 보이고 있다. 아직 ESG 지수가 벤치마크 대비 큰 폭의 아웃퍼폼을 보이는 것은 아니지만, 그 추세가 지속된다는 측면에서 의미가 크다고 판단된다. 참고로 뒤에서 다룰 ESG 관련 친환경 ETF 분야에서는 괄목할 만한 수익률을 보여주고 있다.

채권에서도 ESG는 주목 대상이고, 그 중심에 그린본드가 있다. 그린본드는 ESG 채권의 한 종류로 장기간에 걸쳐 대규모 자금이 필요한 친환경 프로젝트를 위해 발행하는 특수 목적 채권이다. 주로 재생에너지, 전기차, 에너지 효율 개선 등 친환경 투자를 목적으로 한다. 국제기후채권기구Climate Bonds Initiative, CBI에 따르면 2019년 글로벌 그린본드는 2018년 대비 51% 증가한 2,600억 달러가 발행됐다. 이렇게 발행된 그린본드는 에너지(31%), 건물(30%), 운송(20%), 물(9%), 쓰레기(4%) 분야에 투자됐다.

그린본드는 2007년 유럽부흥개발은행EBRD을 시작으로 초창기에는 국제기구가 주도해 발행했으나 2015년 파리기후변화협약 이후에는 민간 금융회사를 중심으로 발행이 증가해 2009년 9억 달러 수준에서 2019년 2,577억 달러로 폭발적인 성장세를 보여준다. 지역적으로는 미국과 유럽을 거쳐 최근 아시아 지역, 특히 중국을 중심으로 커지고 있다.

국내에서는 수출입은행과 KDB산업은행 등 국책은행이 ESG 채권 발행을 주도하고 있고 그 규모는 2019년 누적 약 129억 달러, 원화 그린본드 발행 규모는 약 5,000억 원 수준이다. 그린본드를 포함한 ESG 채권은 2018년 1조 2,500억 원에서 2020년 58조 8,800억 원으로 발행 규모가 급격히 증가했다. 규모 면에서는 아직 소셜본드Social Bond가 가장 크지만, 한국판 뉴딜정책과 이에 대한 대기업의 투자로 그린본드 규모 또한 점점 확대되고 있다. 이렇게 발행된 그린본드는 기업 입장에서 자금 조달 비용을 줄여줄 수 있을 것으로 기대된다.

향후 국내 ESG 투자의 중심은 명실상부 국민연금일 것이다. 2019년 11월 '국민연금기금 책임투자 원칙'이 제정되면서 ESG 투자가 빠르게 확대되고 있다. 김용진 국민연금공단 이사장은 2020년 11월 개최된 국제 콘퍼런스에서 2022년까지 책임투자 자산 규모를 국민연금 전체 자산의 약 50%까지 확대하겠다는 포부를 밝혔다. 또한 국민연금 채권위탁팀장도 이사장이 밝힌 책임투자 활성화 방안에 맞춰, 국내 채권의 직접 운용자산 280조 원 가운데 30%인 85조 원과 위탁 운용자산 43조 원 전체, 즉 합산 128조 원에 대해 ESG 투자가 적용될 것이라고 밝혔다.

민간기업의 움직임도 활발해지고 있다. 2021년 들어서는 현대차와 기아가 ESG 채권 발행을 계획하고 있다. 그룹 차원에서 수소경제 진입 선언과 함께 2025년 글로벌 3대 친환경차 도약을 위해 전기차, 수소차, 자율

　　ESG 채권 중의 하나로, 중소기업 지원과 일자리 창출, 저소득층 지원 등 사회문제 해결을 위해 발행하는 특수 목적 채권이다.

글로벌 그린본드 발행 규모 및 자금 집행 분야

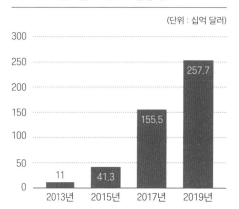

글로벌 그린본드 발행 규모

(단위 : 십억 달러)

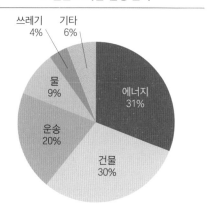

그린본드 자금 집행 분야

출처: CBI

주행 등 대대적인 투자 플랜을 세우고 있기 때문이다. SK이노베이션도 미국 조지아 2공장 배터리 생산능력 확대를 위해서 자회사인 SK배터리 아메리카SKBA가 1조 원 규모의 그린본드 발행을 계획하는 등 국내 대기업들의 녹색 자금 조달은 지속해서 진행 중이다. 기업 입장에서 성공적인 그린본드 발행은 조달 비용 절감, 그린 산업으로 신성장동력 확보, 이로 인한 ESG 스코어링Scoring 및 기업 가치 상승 등 여러 긍정적인 효과를 기대할 수 있다.

글로벌지속가능투자연합의 ESG 투자 방법론

네거티브 스크리닝	ESG 기준에 반하는 산업, 기업 등을 포트폴리오에서 배제하는 방식
포지티브 스크리닝	비교 대상 대비 ESG 성과가 우수한 기업 등에 선별해 투자하는 방식
규범 기반 스크리닝	UN, OECD 등 국제기관 규범에 맞게 투자하는 방식
ESG 통합	ESG 팩터를 병합해 투자사 의사결정하는 방식
지속가능 테마	청정에너지, 녹색기술 등 지속가능성과 관련한 자산, 테마에 투자하는 방식
임팩트, 지역사회 투자	사회나 환경문제 해결이나, 이러한 사업에 파이낸싱, 사회지원을 위한 투자 방식
경영 참여, 주주행동	ESG에 맞는 의결권 행사 등 적극적인 주주권 행사 방식

출처: GSIA

한국기업지배구조원에 따른 ESG 평가 핵심지표

Environment	환경경영인증, 환경정보공개, 국제이니셔티브(CDP 참여, UNGC 참여), 환경경영조직, 환경교육, 환경성과평가, 온실가스 배출량, 에너지 사용량, 유해화학물질 배출량, 용수 사용량/재이용량, 폐기물 배출량/재활용량
Social	기간제 근로자 비중(1%로 산업 평균 미만), 인권 보호 프로그램 운영, 여성 근로자 비중(15%로 산업 평균 초과), 협력사 지원, 공정거래 프로그램, 부패방지 프로그램, 제품 및 서비스 안정성 인증, 사회공헌 지출액(매출액 대비 0.23%로 산업평균 초과)
Governance	주주총회, 배당(배당 성향 47%), 기업지부구조 공시(CoE), 이사회 독립성(사외이사 비율 55%), 이사회 운영실적(1년간 10회), 이사회 내 전문위원회, 감사기구(감사위원회 내 사외이사 67%), 감사위원회 운영(1년간 4회), 외부감사인 독립성, ESG 등급 공개

출처: 한국기업지배구조원

02

돈의 흐름을 가장 잘 보여주는
ETF 시장

떠오르는 신흥 강자 ESG ETF

• • •

ETF Exchange Traded Fund는 인덱스펀드Index Fund*를 거래소에 상장해 투자자들이 주식처럼 편리하게 거래할 수 있도록 만든 상품이다. ETF는 미국의 빅3 투자 회사인 블랙록Blackrock, 뱅가드Vangard, 스테이트 스트리트State Street가 지배하고 있다. 2020년 11월 말 기준 3사의 운용자산은 각각 6조

• 인덱스펀드란 일반 주식형 펀드와 달리 KOSPI200과 같은 시장 지수의 수익률을 추종하도록 구성한 펀드를 말한다.

2,000억, 7조 4,000억, 3조 2,000억 달러에 달한다. 빅3의 운용자산을 합산하면 16조 8,000억 달러로 중국의 2019년 GDP 14조 3,429억 달러를 능가하는 엄청난 수준이다. 그 중 ETF 규모는 4조 달러 이상이며, 마이크로소프트 지분 19%, 애플 지분 17% 등 미국 대기업 지분의 약 20%를 보유하는 그야말로 큰손이다. 이 배경에는 액티브펀드Active Fund 대비 패시브펀드Passive Fund로의 지속적인 자금 유입이 있다. 패시브펀드는 보통 S&P500, KOSPI200 등 특정 주가지수에 들어 있는 주식들을 편입해서 그 지수만큼 수익을 내는 것을 목표로 한다. 반대로 액티브펀드는 종목 발굴을 통한 펀드매니저의 적극적인 운용으로 시장과 대비해 초과 성과를 내는 것을 목표로 한다. 액티브펀드의 이러한 노력에도 불구하고 패시브펀드가 지속해서 더 좋은 성과를 보이며, 자금은 계속 패시브펀드 쪽으로 이동하고 있다. 2020년 11월 기준 미국에서는 패시브펀드(4조 8,000억 달러)가 액티브펀드(4조 5,000억 달러)의 규모를 넘어섰다. 그중에서도 특히 ETF 관련 회사들로 자금이 몰리면서 미국 대기업들에 대한 지분율이 높아지는 등 ETF 회사의 미국 주식에 대한 영향력이 커지게 됐다.

ETF 중에서도 ESG ETF 시장 규모는 2015년 60억 달러에서 2020년 2분기 기준 880억 달러로 급격히 성장하고 있다. ESG ETF 개수 역시 69개에서 369개로 5년 만에 약 5배 이상 증가했다. 이전에도 ESG ETF에 대한 투자자들의 관심은 꾸준했지만, 2020년에 들어서 더욱 주목받은 이유는 바로 블랙록의 행보 때문이다. ETF 시장을 지배하고 있다고 해도 과언이 아닌 블랙록이 2019년 4분기 실적발표에서 ESG ETF를 2배(150개 이상)로 늘리겠다고 공언했고, ETF를 포함한 ESG 펀드 시장 규모가 2028년 20조 달러 이상이 될 것으로 전망했다. 2020년(11월 기준)에 출시된 700여

개의 ETF 중에서 ESG ETF는 106개로 약 15% 비중을 차지한다. 지역별로는 유럽 63개, 캐나다 21개, 미국 15개 등 유럽과 북미가 주도하고 있다. 2020년 3분기까지 미국 ESG ETF로 유입된 자금은 199억 달러에 달한다.

한편 블랙록이 ESG ETF 2배 증가 추진 계획을 발표하고 나서 실제로 투자 자금이 채권 ETF에 급속히 유입됐고, 2020년에도 ESG ETF가 주목받으면서 ETF의 시장 영향력은 계속 증가하고 있다. 미국 ETF 빅3가 주목하는 테마를 놓치지 않는다면, 글로벌 자금의 흐름을 잘 파악해 유망한 투자 기회를 잡을 수 있을 것이다.

유럽 시장에서도 ESG ETF는 계속 성장해 왔는데 특히 2019년 상반기 운용자산 25억 달러보다 동년 하반기에는 2배 정도가 늘었다. ESG가 먼저 논의된 유럽 시장에서 성장성을 확인한 것이 블랙록이 미국에서 ESG ETF를 대폭 늘리게 된 배경이 아닐까 추측된다.

그러면 이렇게 ESG ETF가 늘어났을 때 어떤 기업들이 수혜를 입을까? 어떤 기준을 가지고 ESG 개념을 ETF에 적용하는지 살펴보면 해답을 얻을 수 있다. 2020년 SK증권에서 분석한 리포트 〈The Influx of ETF-part III. ESG ETF〉에 따르면 ESG 연구가 가장 활발한 골드만삭스와 MSCI는 ESG를 평가하는 항목이 비슷하고, 산업 섹터 내에서 경쟁력을 보유한 대기업들이 높은 ESG 등급을 받을 확률이 높다고 분석한다. 대기업들은 ESG 관련 정보를 많이 공개하고 있고, ESG 경영 활동을 위한 노력에도 힘쓰고 있기 때문에 높은 점수를 받을 수 있는 것이다.

따라서 섹터 내에서 시가총액이 높은 마이크로소프트, 존슨앤드존슨, 월트디즈니, TSMC, 삼성전자 등의 기업과 ESG 관련 특허를 많이 보유한 테슬라, 토요타, 포스코, 도레이Toray 등의 기업이 ESG 평가에서 좋은 점수를 받을 수밖에 없는 것이다. 이런 기업들로 자금이 더 몰리는 것은 당연하다.

이 같은 대기업으로 ETF가 집중되는 현상은 2020년 12월 테슬라의 S&P500지수 편입을 통해서 극명하게 드러났다. 글로벌 운용사들의 펀드는 지수 편입 혹은 제외 종목이 생기면, 이를 추종해 자금도 해당 종목을 편입하거나 제외하도록 설계돼 있다. 테슬라의 S&P500지수 편입으로 해당 지수에 연동하도록 설계된 자금(약 4조 6,000억 달러) 역시 테슬라를 향해 움직이게 됐는데 지수 편입이 결정된 이 이벤트를 노린 대규모 선취매* 자금이 미리 들어오면서, 테슬라 주가는 2020년 11월 16일 408달러에서 12월 18일에는 695달러까지 수직 상승했다. 물론 주가 급등에는 다른 이유도 있겠지만, S&P500지수 편입이 12월 18일 종가 기준으로 이뤄지기 때문에 지수에 연동된 자금 유입과 그 유입을 예상하고 미리 선취매한 수급의 영향이 가장 크다고 판단된다.

또한 테슬라는 2020년 9월에 이어 또다시 12월 8일에 50억 달러(약 5조 5,000억 원)의 유상증자를 발표해, 3개월 만에 총 100억 달러의 유상증자를 진행했다. 50억 달러는 분명 큰 금액임에도 불구하고 테슬라는 주가 하락도 거의 일어나지 않았다. 기존의 급격한 주가 상승으로 테슬라의 시가총액은 이미 6,000억 달러가 넘었기 때문에 50억 달러 증자로 인한 발행 주식 수의 증가는 전체 주식의 1%도 되지 않았던 것이다. 테슬라가 조달한 이 막대한 자금은 기업 재무구조 개선, 친환경차 증설을 위한 설비

● 앞으로 기대되는 호재 등의 요인으로 향후 주가가 상승할 것으로 예상되는 경우 그 주식을 미리 매입하는 것을 말한다. 반대의 개념으로는 선도매가 있다.

투자 등으로 사용돼 테슬라가 더욱더 빠른 속도로 성장할 수 있는 발판을 마련했다. 즉 ETF 시장이 커지게 되면서 S&P500지수를 추종하는 자금도 많아졌고, 테슬라가 이 지수에 편입됨에 따라 자동으로 테슬라에 유입되는 자금도 증가한 것이다. 이로 인해 테슬라의 주가 및 시가총액은 올라가고, 높아진 주가에서 유상증자를 통한 자금 조달은 테슬라의 친환경 설비 투자 등으로 이어졌다. ESG 점수가 높아진 테슬라는 또 ESG ETF에서 막대한 영향력을 가지게 되는 선순환 구조를 이뤘다.

위의 사례로 알 수 있듯, ESG ETF 자금이 증가하면서 ESG 영역을 잘 대비한 대형주로의 자금 쏠림 현상은 앞으로 더욱 가속화될 가능성이 높다. 원래 ETF는 S&P500지수의 흐름에 따라 느리고 안정적인 투자를 지향해왔다. 하지만 ETF의 규모가 급속도로 커지면서 해당 지수를 구성하는 주요 기업의 지분 약 20%를 가지게 됐고, 이로써 오히려 본체인 S&P500지수를 좌지우지하는 이른바 왝더독Wag the Dog 현상(꼬리가 개의 몸통을 흔드는 현상)이 나타나게 된 것이다. 물론 이러한 쏠림으로 인한 부작용은 미국 경제 및 법학계에서 뜨겁게 논의되고 있지만, 그 사이에 우리 투자자들은 이러한 메커니즘을 잘 이해하고 투자 기회로 활용할 필요가 있다.

ESG 중에서도 'E'가 가장 큰 관심사

• • •

글로벌지속가능투자연합에 따르면, ESG 투자 상품은 자산군별로 주식 51%, 채권 36%, 부동산·사모펀드 등 기타 13%로 이뤄져 있다. 투자 주체별로는 글로벌 연기금과 자산운용사 등 기관 투자자가 75% 수준(2018년 기준)으로 대부분을 차지한다. 하지만 개인 투자자의 비중이 2012년 10% 남짓에서 25%까지 확대되는 등 ESG에 대한 개인 투자자의 관심도 지속해서 증가하고 있다.

개인들이 쉽게 접근할 수 있는 ESG ETF는 규모 면에서 폭발적인 성장을 보일 뿐 아니라, 수익률에서도 압도적인 성과를 보여주고 있다. 미국 ESG ETF에서 가장 주목할 만한 것은 ESG 테마형 ETF다. ESG의 환경(E), 사회(S), 지배구조(G) 중에서도 특히 환경(E)에 해당하는 신재생에너지, 기후변화 관련 친환경 ETF가 투자 매력도가 높다고 판단된다. 최근 전기차 판매량이 증가하면서 유럽에서 먼저 그린 열풍이 불었으나 바이든 대통령 당선을 전후로 미국에서도 그린에 대한 관심이 급증하고 있다.

미국 친환경 ETF는 크게 클린에너지, 2차전지, 태양광, 풍력, 저탄소배출 등의 카테고리로 나뉜다. 주목할 만한 친환경 ETF는 투자 회사인 아이셰어스iShares, 퍼스트 트러스트First Trust, 인베스코Invesco, 글로벌 XGlobal X 등이 운용하는 ICLN, QCLN, PBW, LIT, TAN, FAN 등이 있다. 2020년도에 대부분 100%가 넘는 탁월한 수익률을 보였다. 최근 국내에서도 코로나19 이후 미국 주식에 직접 투자하는 소위 '서학개미'들이 폭발적으로 늘고 있다. 개별 주식보다는 큰 흐름인 글로벌 테마 투자가 유리하다고 생각하고, 최근 시장에서 큰 관심을 받는 ESG ETF, 이 중에서도 E에 집중해보고 싶다면 상기의 ETF를 주목해보자. 미국 및 국내 친환경 ETF에 대한 세부적인 설명은 2부에서 다루기로 한다.

한국판 그린 뉴딜, 지금부터 시작이다

• • •

미국에 다양한 친환경 테마의 ETF가 있다면, 국내 친환경 ETF는 주로 배터리, 바이오, 인터넷, 게임 4개 분야의 BBIG와 2차전지 관련 ETF 위주로 성장 중이다. 글로벌 그린 ETF 시장은 미국 중심으로 이뤄지고 있지만, 당연히 국내에도 그린에 대한 투자 기회는 있다.

앞서 살펴보았듯 문재인 정부는 2020년 7월 한국판 뉴딜정책을 발표했다. 디지털과 그린 분야 신산업의 성장을 통해 글로벌 저성장과 코로나19 팬데믹으로 인한 충격을 완화하고 취약한 경제 및 사회 구조의 체질을 근본적으로 개선하기 위해서다. 한국판 뉴딜정책의 주 내용은 디지털 뉴딜, 그린 뉴딜, 사회경제적 안전망 강화로 요약할 수 있는데, 우리는 이 중에서 특히 그린 뉴딜에 주목할 필요가 있다.

한국판 뉴딜정책은 2025년까지 총사업비 160조 원이 투입되는 대규모 프로젝트다. 이 중 그린 뉴딜에만 73조 원(국비 42조 7,000억 원)이 투입된다. 국비 기준으로 이 투자금 중 그린 인프라 구축에 12조 1,000억 원, 신재생에너지 분야에 24조 3,000억 원, 그린 산업 지원에 6조 3,000억 원이 사용된다. 정부는 코로나19로 인한 실업, 경제둔화, 양극화 문제를 해소하기 위해 신산업의 일자리 창출을 중점적으로 지원하면서, 저탄소·친환경 정책에 대한 시대적 요구에 부응하고자 그린 경제로의 전환을 촉진할 수 있는 국가 로드맵을 설정한 것이다. 그린 뉴딜을 통해서는 풍력, 태양광 등 신재생에너지 분야의 일자리 창출과 전기차, 수소차 등 미래차 보급 및 인프라 확대에 중심을 둘 것으로 예상한다.

정부는 2020년 7월 한국판 뉴딜 발표 이후, 이를 성공적으로 추진하

뉴딜펀드와 함께 한국거래소가 발표한 K-뉴딜지수 5종

KRX BBIG K-뉴딜지수							
Battery(B)		Bio(B)		Internet(I)		Game(G)	
시총 상위 종목	비중	시총 상위 종목	비중	시총 상위 종목	비중	시총 상위 종목	비중
LG화학	1/12	삼성바이오로직스	1/12	네이버	1/12	엔씨소프트	1/12
삼성SDI	1/12	셀트리온	1/12	카카오	1/12	넷마블	1/12
SK이노베이션	1/12	SK바이오팜	1/12	더존비즈온	1/12	펄어비스	1/12

KRX 2차전지 K-뉴딜지수	KRX 바이오 K-뉴딜지수	KRX 인터넷 K-뉴딜지수	KRX 게임 K-뉴딜지수
LG화학	삼성바이오로직스	네이버	엔씨소프트
삼성SDI	셀트리온	카카오	넷마블
SK이노베이션	SK바이오팜	더존비즈온	펄어비스
포스코케미칼	셀트리온헬스케어	케이엠더블유	컴투스
SKC	유한양행	NHN한국사이버결제	NHN
에코프로비엠	씨젠	아프리카TV	더블유게임즈
일진머티리얼즈	알테오젠	KG이니시스	웹젠
두산솔루스	셀트리온제약	서진시스템	네오위즈
후성	한미약품	안랩	위메이드
천보	한미사이언스	유비쿼스홀딩스	골프존

출처: 한국거래소

기 위한 후속 조치로 동년 9월 3일 '국민 참여형 뉴딜펀드 조성 및 뉴딜금융 지원 방안'을 공표했다. 뉴딜펀드는 크게 정책형 뉴딜펀드, 뉴딜 인프라펀드, 민간 뉴딜펀드의 3가지로 구성된다. 이러한 정책에 발맞춰 한국거래소는 같은 날 'KRX BBIG K-뉴딜지수'를 선정해 발표했다. 코로나19 이후 국내 시장을 선도할 미래 섹터로 예상되는 이 BBIG K-뉴딜지수의 특이점은 시가총액의 구성 방식이다. 시가총액이 더 큰 기업을 더 많은 비중으로 사는 보통의 방식이 아닌, 시가총액과 관계없이 같은 비중으로 사는 동일가중 방식을 택했다. 기존의 방식으로 하면 시가총액이 큰 종목이 영향력이 더 커지게 돼, 뉴딜산업 육성이라는 특수 목적에 부합하지 않기 때문으로 생각된다. 한국거래소는 발표 당시 2015년 이후 최근 5년간 KRX BBIG K-뉴딜지수 5종의 연평균 수익률이 약 30% 내외로 수익률이 약 3%에 불과한 코스피 지수 대비 우수한 성과를 보이며, 미래 성장 주도산업을 토대로 한 지수를 선제적으로 개발해 향후 뉴딜산업에 대한 방향성을 제시하겠다고 밝혔다. 정부의 정책 방향과 뉴딜펀드, 뉴딜 관련 ETF로 인한 그린 관련 산업과 주식으로의 자금 유입이 국내 그린 산업 육성에 긍정적 효과를 주길 기대해 본다.

그린을 알면 투자가 보인다

1부에서는 글로벌 자금이 그린 산업으로 유입될 수밖에 없는 필연적인 배경에 대해 살펴봤다. 전 세계의 친환경 정책과 바이든 미국 대통령 당선으로 2020년까지는 ESG, 그중에서도 환경(E) 관련 주식 및 ETF가 급등을 보였는데, 바이든의 친환경 정책과 국내 한국판 뉴딜 정책이 본격 실행되기 시작하는 2021년부터는 주가 변동성이 심해질 가능성이 높다. 따라서 그린을 향한 정부의 강력한 정책 실행과 글로벌 대기업의 친환경 활동에 대해 막연히 기대하기보다는, 실제 그린 산업은 무엇이며 산업별로 밸류체인Value Chain은 어떻게 구성돼 있는지 보다 깊이 있게 들여다볼 필요가 있다. 시시각각 변하는 정보의 홍수 속에서 그린을 관통하는 핵심 산업별 투자 가이드와 유망 ETF 종목에 대한 상세한 설명을 다룬 2부의 내용이 투자를 고민하는 독자들에게 방향키의 역할을 해줄 것으로 기대한다.

그린과 관련한 산업은 무궁무진하다. 여기서는 우선적으로 산업의 중요도, 정부의 관심, 정책적 보조, 투자 가능한 글로벌 및 국내 기업 존재 여부 등을 고려해, 크게 전기차, 수소, 풍력, 태양광, 조선 분야의 순서로 각 산업의 트렌드와 밸류체인, 그리고 주요 주식 종목과 그 전망을 살펴볼 것이다.

4장

핵심 산업별
투자 가이드

ESG 미니북

'전기자동차'와 '2차전지'를 주목하라

인류 최초의 전지인 바그다드 전지

• • •

전기를 저장해 사용하는 배터리, 즉 전지Battery는 언제부터 사용해왔을까?
세계에서 가장 오래된 전지는 기원전 2000년경 메소포타미아에서 만들
어진 것으로 추정된다. 1932년 독일인 빌헬름 쾨니히Wilhelm Konig가 이라크
수도 바그다드 근교 호야트럽퍼 유적에서 발견해서 바그다드 전지Baghdad
Battery라 불리는 이 최초의 전지는 높이 14cm, 직경 8cm 크기의 항아리 모
양으로 생겼다. 항아리 속에는 원통형 구리판이 있고, 구리판 안에는 철
막대기를 꽂았으며, 전체적으로는 아스팔트로 고정하고 밀봉한 구조였다.

쾨니히가 이 항아리를 전지라고 추정하게 된 이유는 원통 내부 철 막대기에 부식 흔적이 남아있었기 때문이다. 이는 항아리 내부에 식초나 와인 등 전해질 물질을 담았다는 것인데 이는 지금의 전지와 구조 및 원리가 동일하다고 볼 수 있다. 구리판이 양극 역할을 하고, 철 막대기가 음극 역할을 하며, 식초나 와인이 전해질 역할을 해 전기를 발생시키는 인류 최초의 전지였던 것이다.

이에 대한 검증을 위해 1940년 미국 GE 연구소에서 바그다드 전지와 동일한 구조를 만들어 재현했는데 실제로 0.5V의 전기가 발생하는 것을 확인할 수 있었다. 또 이집트 고고학자 아르네 에게브레트Arne Eggebrecht는 이 항아리 안에 와인을 채우고 실험해 0.87V의 전기를 만들어냈다. 실험을 통해 고대 바그다드 항아리가 단순히 물이나 우유를 보관하는 용도가 아니라 전기를 발생시키는 배터리였음을 증명하게 된 것이다. 다만 아직도 바그다드 전지가 어떤 용도로 사용됐는지는 정확히 밝혀지지 않았다. 아마도 전기도금에 쓰였을 것이라는 추측이 있을 뿐이다. 혹은 종교적 벌칙을 위한 고문 기구나 통증을 치료하기 위한 의료 기구였다는 의견도 있다. 어찌 됐건 전지는 우리가 생각하는 것보다는 훨씬 오래전부터 만들어 사용해온 셈이다.

전지라는 용어는 1749년에 미국의 과학자 벤저민 프랭클린Benjamin Franklin이 커패시터Capacitor(축전기) 전력 실험을 하면서 처음 사용했다. 상용화된 제품으로서의 전지는 1800년 이탈리아 물리학자인 알렉산드로 볼트Alessandro Volt가 발명한 것으로 알려졌다. 당시의 전지는 구리와 아연을 둥글게 만들고 그 가운데에 소금물에 적신 삼베 조각을 넣었으며, 금속 와이어로 구리와 아연을 연결해 0.76V의 전기를 생성할 수 있었다. 물론 이때의 전지는 한 번 쓰면 다시 사용할 수 없는 1차전지를 말한다.

그린 시대의 필수품, 2차전지

• • •

일회용이라는 1차전지의 한계는 쓰레기를 덜 발생시키는 2차전지의 발명으로 이어졌다. 2차전지란 전기를 모두 사용한 이후에도 다시 충전해 반복적으로 사용할 수 있는 재생 가능한 전지로 세계 최초의 2차전지는 1859년 프랑스 물리학자 가스통 플랑테Gaston Plante가 개발한 납 축전지다. 이 전지는 음극으로 납을 사용하고 양극에는 산화납을 사용했으며, 전해액으로 황산수용액을 사용해 평균 전압 2.0V를 얻을 수 있었다. 납 축전지는 가격이 매우 저렴하면서도 안정성이 뛰어나 현재까지 일반 자동차의 보조 전원과 지게차, 골프 카트 등에 사용되고 있다.

2차전지가 상업적으로 널리 사용되기 시작한 것은 1988년 캐나다 기업 몰리 에너지Moli Energy가 리튬메탈 2차전지 몰리셀Molicel을 출시하면서부터다. 초기에는 일본의 최대통신기업 NTT(일본전신전화주식회사)의 휴대폰과 노트북 등에 2.2V 몰리셀이 사용되면서 큰 인기를 끌었다. 그러나 휴대폰에서 잦은 화재가 발생해 대대적인 리콜 조치를 했고, 리튬메탈 전지가 휴대용 기기에 적용되기에는 불안정하다는 결론을 내리며 1990년 몰리 에너지는 결국 파산에 이르게 됐다. 그로부터 1년 후인 1991년 소니는 기존 전지보다 전압이 3배나 높고, 충·방전 수명이 1,000회가 넘는 리튬 이온 전지Lithium-ion battery 상업화에 성공했다. 소니는 리튬이 원자가 아니라 이온의 형태로 있기 때문에 발화사고가 발생하지 않는다는 점을 강조했다. 소니가 자사의 제품을 '리튬메탈' 대신 '리튬이온 전지'라 부르게 된 이유다. 이 제품은 18650 형태의 원통형 전지*로 개발돼 휴대용 캠코더와 노트북 등 IT 기기에 많이 사용됐다.

2000년대 들어서는 전기차의 선두 주자이자 EV Electric Vehicle계의 아이돌인 테슬라가 전기차에 18650 원통형 리튬이온 전지를 사용하기 시작했다. 원통형 리튬이온 전지는 높은 에너지 밀도와 출력, 안정성, 그리고 낮은 가격이 장점으로, 테슬라의 전기차가 혁신을 이룰 수 있었던 주요 이유 중 하나였다. 2017년 출시한 테슬라의 모델3에는 전지의 형태를 개량한 21700(지름 21mm, 높이 70mm) 원통형 전지를 사용했다. 또한, 2020년 9월 진행된 테슬라 배터리데이Bettery Day(테슬라가 새로운 2차전지 배터리 기술을 소개하고 투자를 유치하는 행사)에서는 수년 내 46800(지름 46m, 높이 80mm) 규격의 원통형 배터리를 개발해 전기차의 출력과 주행거리를 늘릴 것이라고 발표하기도 했다.

테슬라와 몇몇 기업을 제외하고 2000년대 초반부터 현재까지 대다수의 전기차 기업은 원통형Cylindrical 전지 대신 파우치형Pouch이나 각형Prismatic 전지를 주력 배터리로 사용해왔다. 파우치형과 각형 전지는 원통형 전지보다 에너지 밀도가 높아 같은 양을 사용하더라도 주행거리가 길고 공간 활용에 유리하기 때문이다. 그런데 테슬라는 이미 30년 전부터 대중화된 18650 원통형 전지를 사용함으로써 시장의 선입견을 날려버렸다. 18650 원통형 전지는 개발된 지 오래된 제품으로 생산원가가 낮고, 규격

---

* 18650 전지는 우리가 일반적으로 사용하는 AA형 건전지와 유사한 형태로 지름 18mm, 높이 65mm의 크기다. 전압이 높고 수명이 길어서 전지의 사용 개수를 줄일 수 있는 장점이 있다.

테슬라의 21700 원통형 배터리(좌)와 46800 원통형 배터리(우)

화가 완벽히 돼 있어 대량 공급이 가능하다는 점을 이용한 것이다. 원가가 낮으니 전지를 더 많이 사용함으로써 주행거리를 늘리고, 차량의 고급화를 이룰 수 있다는 역발상이었다. 앞으로 전기차의 2차전지 분야는 테슬라의 원통형 전지와 기존 파우치형 전지가 공존하게 될 것으로 보인다.

내연기관차보다 오래된 전기차의 역사

• • •

전기차의 역사는 생각보다 오래됐다. 많이 오해하는 부분이지만, 사실 내연기관차보다 전기차가 먼저 발명됐다. 최초의 전기차는 약 200년 전인 1834년 등장했는데 스코틀랜드의 사업가 로버트 앤더슨Robert Anderson이 발명한 '원유전기마차'가 세계 최초의 전기차로 추정된다. 이는 독일 니콜라우스 오토Nikolaus Otto가 최초의 내연기관차를 발명한 1864년보다 30년이나 앞선 것이다. 전기차가 내연기관차보다 먼저 개발된 이유는 상대적으로 단순하고 간단한 구조 때문이다. 피스톤 엔진과 변속기, 시동을 걸기 위한 크랭크 핸들 등이 필요한 내연기관차의 복잡한 차량 구조와 불편한 시동 방식이 전기차에는 필요하지 않았다.

전기차가 상용화된 시기는 1880년대로 1881년 프랑스 파리에서 열린 국제전기박람회에서 삼륜 전기자동차가 소개되면서다. 삼륜 전기차는 손쉬운 시동과 운전법, 낮은 소음, 그리고 작은 진동으로 상류층과 여성들에게 인기가 많았다. 전기차의 첫 전성기는 1900년대 초 미국으로, 당시 미국 뉴욕에 등록된 차량 가운데 절반이 전기차였고, 시내의 택시와 경찰차, 버스 등도 전기차로 운행됐다. 또 전기차 충전 시설이 곳곳에 설치돼 짧은 주행거리(당시 최대 주행거리는 약 64km였음)에도 불구하고 전기차가 운행될 수 있는 인프라가 잘 갖춰져 있었다.

하이브리드 전기차의 상업화에 성공한 것은 잘 알려진 대로 일본 토요타의 프리우스PRIUS지만 세계 최초 하이브리드 전기차는 1900년 오스트리아의 페르디난드 포르쉐Ferdinand Porsche와 야콥 로너Jacob Lohner가 만든 '로너-포르쉐 믹스테-바겐Lohner-Porsche Mixte-Wagen(이하 로너 포르쉐)'이었다. 페르디난드 포르쉐는 포르쉐AGPorsche AG의 설립자로서 당대 최고의 기계공학자였다. 로너 포르쉐는 전기 모터로 구동되지만 여기에 사용하는 전기는 가솔린 엔진으로 발전·충전하는 원리였다. 각각의 바퀴에 전기모터가 내장된 사륜 구동 방식으로, 공차 중량은 1.5톤에 달하며 이 중 배터리 무게가 400kg이나 됐다. 로너 포르쉐는 이후 경주용차로 개조돼 최고속도가 무려 90km/h에 이르렀다.

그러나 전기차의 인기는 생각처럼 오래가지 않았다. 1908년 포드자동차가 가솔린 내연기관차 최초로 배터리를 이용한 시동 방식을 적용한 '모델TModel T'를 생산하면서 전기차 시장은 급격히 축소되기 시작했다. 전기차는 내연기관차보다 가격이 약 2배 가까이 비쌌으며, 무거운 배터리 무게와 긴 충전 시간, 짧은 주행거리라는 문제점을 극복하지 못해 대중들의 외면을 받았다. 1912년, 전기차는 결국 시장에서 퇴출당하기에 이른다. 내연기관차는 전기차의 단점을 상쇄하며 대중의 관심을 받았고, 1920년 대 미국 텍사스에서 대형 유전이 개발되면서 값싸고 풍부한 원료를 공급받은 덕에 빠른 속도로 자동차 시장을 독식했다. 이후 약 100년간 가솔린과 디젤 등 내연기관차 전성시대가 이어졌고, 화석연료를 태우며 운행하는 자동차들이 거리를 활보하는 가운데 지구의 이산화탄소 농도는 심각하게 증가했다. 100년 동안 우리는 내연기관차의 편리성을 누리며 살았지만, 현재는 내연기관차로 인해 발생한 지구온난화 방지에 막대한 비용을 지불해야 하는 현실을 마주하게 된 것이다.

유럽연합의 자동차 온실가스 배출 규제 강화

• • •

2017년 기준 분야별 온실가스(이산화탄소) 배출량을 살펴보면 전 세계 전력생산과 난방 분야에서 배출된 이산화탄소는 136억 톤으로 전체의 42%를 차지했다. 자동차를 포함한 수송 분야가 80.4억 톤으로 전체의 25%를 차지하며 그 뒤를 이었다. 전기자동차 활성화는 전 세계 온실가스 배출량 중 25%의 비중을 차지하는 이산화탄소 배출량을 줄이고자 하는 노력인 것이다. 2010년 이후 이산화탄소 배출 증가율을 산업별로 살펴보면 수송 분야가 연평균 2.0%로 가장 높다. 전력·난방 분야의 연평균 증가율 1.2%에 비해서도 0.8%p나 더 높은 수치이며, 이외 분야는 횡보하거나 감소하고 있으니 수송 분야의 온실가스 배출 증가율이 압도적으로 높다는 사실

2017년 전 세계 산업별 CO$_2$ 배출 비중

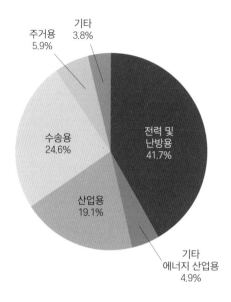

- 기타 3.8%
- 주거용 5.9%
- 수송용 24.6%
- 산업용 19.1%
- 전력 및 난방용 41.7%
- 기타 에너지 산업용 4.9%

출처: 산업자료

전 세계 기간별 CO$_2$ 배출 증가율

	1990년 대비 2017년 배출 증가량	연평균 증가율		
		1990~2017년	2000~2017년	2010~2017년
전력 및 난방용	78%	2.2%	2.2%	1.2%
기타 에너지 산업용	62%	2.9%	1.7%	-0.5%
산업용	57%	2.7%	2.8%	0.3%
수송용	75%	3.3%	2.0%	2.0%
주거용	6%	0.3%	0.3%	0.3%
기타	-17%	-1.1%	0.6%	-0.4%

출처: IEA

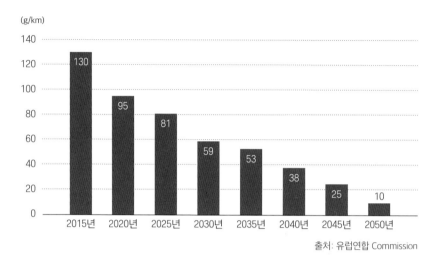

유럽의 승용차 이산화탄소 배출 규제 로드맵

(g/km)

출처: 유럽연합 Commission

을 알 수 있다.

　유럽연합은 2017년에 '저배출 이동성 전략Strategy for Low-Emission Mobility'을 통해 운송 부문의 온실가스 배출 저감 계획을 발표했다. 이 계획은 이후 유럽연합 국가 간 협의를 거쳐 2019년에 최종 합의됐는데 합의내용의 주요 골자는 유럽연합의 운송 부문 온실가스 배출량을 2030년까지 2005년 수준에서 30%를 감축한다는 것이다. 국제에너지기구International Energy Agency에 따르면 1990년부터 2017년까지 유럽연합의 다른 경제 부문의 온실가스 배출량은 감소했으나 운송 부문에서는 29%가 증가했다. 앞으로도 운송 부문의 온실가스 배출은 증가세가 유지될 것으로 전망되기 때문에 이를 강력하게 규제하겠다는 의사로 보인다. 전 세계 온실가스 배출량의 4분의 1을 차지하는 운송 부문의 규제는 온실가스 저감에 큰 효과를 발휘할 수 있을 것으로 기대된다.

사실 유럽의 승용차에 대한 이산화탄소 배출량 감축 목표 설정은 1998년부터 시작됐다. 유럽 자동차 제조업체는 신규 제조 승용차의 이산화탄소 배출량을 당시 186g/km에서 2008년까지 140g/km로 감축하기로 자발적으로 합의했다. 이는 1년에 2.1%씩 감축하는 것으로 기대보다는 낮은 수준이었다. 2007년 유럽연합 집행위원회는 자동차 제조업체의 자발적 약속을 강제적인 규제로 바꿔 2009년 승용차에 대한 유럽연합 최초의 이산화탄소 배출 기준을 채택했다. 2015년까지 이산화탄소 배출량을 130g/km 이하로 낮추기로 강제했고, 이를 초과할 경우 1g당 5유로의 벌금을 부과하기로 한 것이다. 2021년부터는 배출 기준이 승용차의 경우 95g/km 이하, 승합차의 경우 147g/km 이하로 강화됐고, 초과배출 1g당 벌금은 95유로로 상향돼 전보다 19배 많은 금액을 지불해야 한다. 이산화탄소 배출 기준과 벌금이 크게 강화됐으니 유럽에서는 전기자동차 판매량이 필연적으로 늘어날 수밖에 없는 환경이 도래한 것이다.

위 규정에 따라 2021년 1월 1일부터 유럽에서 신규 등록되는 차량이 만약 이산화탄소 평균 배출 목표를 초과할 경우 자동차 제조회사에 초과배출량할증료Excess Emissions Premium를 부과하도록 했다. 초과배출량이란 자동차의 이산화탄소 평균 배출량이 배출량 목표 대비 초과한 정도를 의미하며 거리(km)당 이산화탄소 초과배출량(g)으로 산정한다. 초과배출량할증료는 초과배출 1g당 벌금 95유로와 판매한 차량 수를 곱해 부과하며, 징수된 벌금은 유럽의 일반예산 세입으로 편입될 계획이다.

초과배출량할증료 = (초과배출량 × 95유로) × 판매 차량 수

폭스바겐을 예로 들어 부과해야 할 초과배출량할증료를 계산해보자. 2019년 폭스바겐이 판매한 승용차의 평균 이산화탄소 배출량은 119g/km 며, 이는 2021년 시작된 배출 기준보다 24g/km 높은 수치였다. 2019년 승용차 판매량은 178만 대로 부과해야 할 벌금은 **(119g/km-95g/km) × 95유로 × 178만 대 = 40억 6,000만 유로**(약 5조 5,000억 원)나 된다. 제조 원가가 다소 높더라도 전기차 판매량을 늘려 이산화탄소 평균 배출량을 낮춰야 하는 이유다.

유럽의 이산화탄소 배출 기준은 단계적으로 더욱 강화될 전망이다. 승용차의 경우 2021년부터 2024년까지는 95g/km 이하로, 2025년부터 2029년까지는 15% 감축한 81g/km 이하로 강화된다. 2030년에는 2021년 대비 37.5% 감축한 59g/km 이하며, 2050년에는 사실상 제로배출인 10g/km가 목표다. 이제 유럽에서 자동차를 판매하기 위해서는 전기자동차 비중을 늘리고 내연기관차 비중을 낮춰야만 벌금 부담을 줄일 수 있다.

다시 폭스바겐을 예로 들어 자동차 회사가 벌금을 방지하기 위해 전기자동차를 어느 정도 판매해야 하는지 가늠해보자. 앞서 언급했듯이 폭스바겐이 2019년 유럽연합 내에서 판매한 승용차는 총 178만 대였고, 이산화탄소 평균 배출량은 119g/km였다. 이를 95g/km 이하로 맞추기 위해서는 **178만 대 × (119g/km - 95g/km) / (119g/km - 10g/km) = 전기자동차 39만 대 이상**을 판매해야 한다. 즉, 전체 승용차 판매량 중 전기자동차 판매 비중이 22%가 돼야 벌금을 한 푼도 안 낼 수 있는 것이다. 같은 방식으로 계산하면 2025년에는 판매량 중 35% 비중이 전기자동차가 돼야 하며, 2030년에는 55% 비중으로 확대돼야 한다. 상황에 따라 위 계산이 조금은 달라질 수 있겠지만 이산화탄소 배출 규제에 따른 전기차 판매량 증가 정도는 비슷할 것으로 봐도 무방하다.

규제와 더불어 제로배출과 저배출 차량에 대한 인센티브 제도 또한 시행할 예정이다. 판매된 승용차의 이산화탄소 평균 배출량을 계산할 때 50g/km 미만일 경우 크레디트Credit를 부여한다. 이산화탄소 배출량 50g/km 미만 차량 1대에 대해 2021년에는 '1.67대'로 적용하며, 2022년에는 '1.33대', 2023년부터는 '1대'로 간주해 계산하는 방식이다. 앞으로 2년 동안 전기자동차 판매를 확대하기 위한 유인을 제공한 것으로 볼 수 있다.

유럽연합에서 자동차 온실가스 배출 규제가 가장 강력하게 시행되고 있지만 글로벌 각국의 규제도 강화되고 있는 추세다. 우리나라는 2021년 2월 '2021~2030년 자동차 온실가스 관리제도' 이행 기준을 발표했다. 10인 이하 승용·승합차에 대해 온실가스 배출 기준을 현재 97g/km에서 2년 뒤 2023년에는 95g/km로 낮추고 이후에도 단계적으로 적용해 2030년에는 70g/km로 하향할 예정이다. 배출가스 규제를 달성하지 못할 경우에는 이산화탄소 초과배출 1g/km당 5만 원의 과징금을 판매 대수만큼 부과하게 된다. 미국의 경우 우리나라보다 자동차 온실가스 배출 규제 기준이 약하다. 미국은 승용차에 대해 2021년 110g/km, 2025년 103g/km를 상한으로 규제하고 있으며, 2030년 배출 기준은 아직 제시돼 있지 않다. 물론 바이든 행정부가 출범했기 때문에 미국의 자동차 온실가스 배출 규제는 점차 강화될 것으로 전망된다.

200년 만에 찾아온 전기차 전성시대

• • •

2021년 현재, 우리는 전기차 전성시대로 접어드는 길목에 있다. 영국과 독일 정부는 2030년부터 휘발유와 경유를 사용하는 내연기관 신차 판매를 금지하기로 했다. 노르웨이와 네덜란드는 이에 앞서 2025년부터 내연기관 신차 판매를 금지키로 했고, 중국은 2035년부터, 프랑스는 2040년부터 금지키로 했다. 화석연료를 이용한 내연기관차 판매 금지 국가가 속속 늘고 있으며, 시간이 지나면서 금지 일정 또한 앞당겨지는 추세다.

　　이산화탄소와 메탄가스 등 대기오염 배출량이 많은 내연기관차 판매를 금지한다는 것은 당연히 앞으로 전기차와 수소전기차가 늘어날 수밖에 없다는 뜻이다. 특히 기술적 진보와 인프라 구축에서 앞서 있는 전기차의 판매가 먼저 빠르게 늘어날 것이다. 2021년에는 주요 자동차 기업들이 전기차 모델을 경쟁적으로 쏟아낼 전망이다. 이전에는 기존의 내연기관차 생산 라인을 활용하면서 부분 설계 변경을 통해 전기차를 생산했다면, 2021년부터는 많은 기업이 전기차 전용 생산 라인에서 전기차를 생산하게 된다. 다시 말해 전기차 특성에 맞게 모터와 배터리, 인버터, 컨버터 등을 최적화해 차량의 뼈대를 설계하고 이를 위한 생산 라인을 구축해 전기

내연기관 신차 판매 금지 국가 및 일정 (2021년 2월 기준)

2025년	2030년	2035년	2040년
노르웨이	영국	중국	프랑스
네덜란드	독일	미국 캘리포니아주	싱가포르
	이스라엘	캐나다 퀘벡주	
	인도	**한국 서울**	

차 전용 플랫폼을 구성한다는 것이다. 이를 통해 성능 향상 및 디자인 개선, 공간 증대 등 장점을 강화한 전기차 생산이 가능하고, 대량생산을 통한 원가 절감도 가능해진다. 애플 등 전기차 생산을 원하는 글로벌 IT 기업들은 이미 전기차 전용 플랫폼을 이용하길 원하고 있다.

내연기관차 생산 기업 중 가장 적극적으로 전기차 생산 전용 플랫폼을 개발 중인 기업은 독일의 폭스바겐그룹이다. 폭스바겐의 경우 MEB Modular Electric Drive Matrix 플랫폼을 통해 2020년부터 전기차 ID 시리즈 (ID.3, ID.4) 생산을 시작했다. 같은 그룹의 아우디와 포르쉐는 전기차 전용 플랫폼인 PPE Premium Platform Electric를 공동 개발해 전기차를 양산할 예정이다. 이외에도 토요타와 닛산, 피아트 크라이슬러그룹이 2020년 전기차 전용 플랫폼을 선보였다. 2021년에는 우리나라의 현대차와 기아가 E-GMP Electric Global Modular Platform를 통해 전기차 생산을 시작했다. GM은 BEV3 Battery Electric Vehicle3 플랫폼에서 전기차를 생산하고, 다임러는 MEA2 Modular Electric Architecture2 플랫폼에서 전용 전기차를 생산하게 된다.

전기차의 고급화와 대중화는 테슬라가 앞당겼다고 해도 과언이 아니다. 대량의 2차전지를 채용함으로써 주행거리를 400km 이상으로 늘렸고, 고급차량으로 포지셔닝함으로써 비싼 배터리 가격을 감당할 수 있었다. 2014년에는 테슬라가 보유한 제조 관련 특허를 누구나 사용할 수 있게 공개함으로써 시장 참여자를 늘려 전기자동차 시장이 보다 빨리 대중화하는 데 기여한 점도 높이 평가된다. 테슬라의 선전 이후 전 세계 자동차 생산 기업들은 소형차에서 고급 스포츠 차량까지 다양한 전기자동차 모델을 경쟁적으로 출시하고 있다. 물론 유럽의 이산화탄소 배출 규제에 따라 의무적으로 전기자동차 생산을 늘려야 할 필요성도 있지만, 디자인과 성능 측면에서 앞선 제품을 출시해서 시장 선점 효과를 노리는 것이기도 하다.

친환경 전기만 친환경 전기차를 만들 수 있다

• • •

전기자동차 광고를 보면 대개 깨끗하고 맑은 하늘 아래서 자동차가 푸른 숲을 부드럽게 달리는 장면이 나온다. 전기차야말로 친환경이며 탄소제로, 무공해임을 강조하는 것이다. 그러나 오해는 금물, 실상은 꼭 그렇지 않다. 내연기관차가 화석연료를 직접 태워 생산한 에너지를 사용하느냐 혹은 전기차가 발전소에서 화석연료를 태워 생산한 전기를 공급받아 사용하느냐의 차이일 뿐이기 때문이다. 결국 전기 생산 방식이 무엇인지, 최종 에너지 사용 단계까지 발전 효율이 어떠한지에 따라 전기자동차의 환경 파괴 영향은 유동적이다. 참고로 이는 수소차도 마찬가지로 수소 생산을 위한 에너지를 어디서 공급받는지에 따라 친환경이 될 수도 있고 그 반대가 될 수도 있다.

에너지 효율 측면에서는 내연기관차보다 전기차가 우수한 것으로 알려져 있다. 에너지 효율이란 에너지 투입량 대비 회수되거나 전달되는 에너지양의 비율을 말하는 것으로, 전기자동차의 에너지 효율은 전력발전소부터 자동차 동력까지 단계별로 전달되는 에너지 효율로 계산할 수 있다. 통상 전기자동차의 에너지 효율이 25~30%인 반면 가솔린 차량의 에너지 효율은 20~25%로 전기자동차의 에너지 효율이 살짝 높다. 물론 전력발전원에 따라 에너지 효율이 바뀔 수 있고, 발전소 규모나 거리, 날씨 등에 따라 에너지 효율은 달라질 수 있다. 또한 가솔린이나 디젤 등 하이브리드 자동차별로 에너지 효율이 모두 다르기 때문에 절대적인 수치는 아니다. 전기자동차의 에너지는 전력발전 회사로부터 공급받기 때문에, 공급원이 전기를 생산하는 방식에 따라 전기자동차의 친환경성이 결정될 수밖에 없다. 전과정평가Life-Cycle Assessment, LCA에 의하면 석탄발전으로 생산된 전기를 공급받을 경우 전기자동차의 온실가스 배출량은 내연기관을 운행할 때 발생하는 온실가스보다 많은 것으로 나타난다. 그렇기 때문에 풍력과 태양광, 수력 등 재생에너지를 통해 생산된 전기를 사용하는 전기자동차인 경우에만 전기자동차를 진정한 친환경 운송 수단으로 인정할 수 있는 셈이다.

각 나라의 발전 기반은 천차만별이기 때문에 내연기관 대비 전기자동차의 온실가스 저감 효과는 나라별로 상이하다. 예를 들어, 수력발전이 전체 발전량의 95%를 차지하는 노르웨이에서는 전력 생산 시 온실가스 배출이 없어 전기자동차가 진정한 친환경 수단이 될 수 있다. 2020년 하반기 노르웨이 전체 자동차 판매량 가운데 순수 전기자동차 판매량은 60%를 넘었고, 하이브리드 자동차까지 포함하면 80%에 달해 세계에서 전기자동차 판매 비중이 가장 높은 국가로 기록됐다. 선제적으로 국가 전력을 친환경 발전 형태로 전환한 덕분에 전력을 공급받는 전기자동차 판매가 늘어날수록 온실가스를 실질적으로 감축할 수 있게 된 것이다.

반면, 인도네시아, 인도 등 전력 생산에 석탄발전을 주로 사용하는 개발도상국은 내연기관차를 운행하는 것보다 전기자동차를 운행할 경우

- 전과정평가란 제품이나 서비스의 모든 과정, 즉 원료의 가공부터 제조, 유통, 사용, 재활용, 폐기 관리 과정에 드는 에너지와 물질의 양을 정량화해 이들이 환경에 미치는 영향을 총체적으로 평가하는 것을 말한다.

온실가스 배출량이 오히려 더 높다. 전기자동차 판매와 이용이 늘수록 전력 생산도 늘려야 하기 때문에 석탄발전소를 추가로 건설하면 온실가스 배출이 더 늘어나는 악순환이 생기는 것이다. 전과정평가에 의하면 인도네시아의 현재 전력 생산구조하에서는 자동차를 15만km 운행할 경우 전기자동차의 온실가스 발생량은 내연기관차보다 7.5% 더 많은 것으로 나타났다. 그러나 2025년 인도네시아 에너지믹스 계획에 따라 재생에너지 비중이 23%로 확대될 경우 전기자동차의 온실가스 발생량은 내연기관차보다 2.6% 감소하게 된다. 전력의 발전 방법에 따라서 전기자동차의 온실가스 기여도가 변하기 때문에 재생에너지 확대는 친환경 전기자동차 운행의 필수 불가결한 전제 조건이 된다.

또한 전기자동차를 폐기하지 않고 2차전지 등 자동차를 구성했던 소재를 재활용할 경우 온실가스 배출을 최대 17%까지 줄일 수 있다. 2차전지 생산 과정에서 발생하는 온실가스를 줄일 수 있기 때문이다. 일반적으로 사람들은 구매 5년 후부터 자동차를 교체하기 시작하는데, 전기자동차 판매량이 급증하는 만큼 앞으로 폐기되는 전기자동차도 많이 늘어날 수밖에 없다. 따라서 온실가스 감소 및 폐기물 문제 방지를 위해 2차전지를 적극적으로 재활용할 필요가 있으며, 관련 사업은 앞으로 주목받는 분야가 될 전망이다.

자율주행 전기차에 돈이 모인다

• • •

전기차가 화석연료 대신 전기와 2차전지를 이용해 탄소 저감에 기여한다는 점 외에 주목해야 할 사실은 전기차에 필수 옵션처럼 여겨지는 자율주행 기술이다. 자율주행 기술은 전기자동차에 최적화돼 있는 기술이라고 말할 수 있는데, 자율주행을 위해서는 운전자가 주변을 살피고 운전하듯 자동차가 주변을 인지하고 위치를 파악할 수 있어야 한다. 이를 위해 다양한 센서와 다수의 카메라, 알고리즘 구동을 위한 반도체 회로 등의 작동이 필요하다. 내연기관차에 일부 자율주행 기술이 적용되기도 했지만, 이는 운전을 보조해주는 역할 정도에 머무는 수준이다. 완전한 자율주행을 위해서는 이런 부품들이 더욱 정교해져야 하고, 복잡한 안전장치가 추가돼야 한다. 또한 주변의 정보를 실시간으로 입력받아서 미리 안전하게 주행 방향을 설정할 수 있어야 한다. 여러 가지 경우의 수를 따져 미처 대비하지 못한 부분을 보완해 사고를 방지하는 것이 자율주행 기능의 핵심이라 할 수 있다.

자율주행을 적용할 때 운전자의 눈 역할을 해주는 기능을 라이다 LiDAR 시스템이라고 한다. 라이다는 레이저를 발사하고 그 빛이 주변의 물체에서 반사돼 돌아오는 것을 받아 거리를 측정하고 주변의 모습을 그려내는 장치다. 이것을 주행을 위한 알고리즘으로 해석하고, 자동차 운행으로 이어지게 하는 것이 바로 라이다 시스템이다.

전기자동차는 이미 모든 동력과 전장부품(자동차에 쓰이는 전기 장치·시스템)이 전기에너지로 작동되고 있기 때문에 전기에너지를 이용하는 라이다 시스템과 호환성이 좋다. 또한 전기자동차의 부품 수는 내연기관차의 절반 수준으로 여유 공간이 많아 자율주행 시스템을 구비하기 위한 충분한 공간이 존재한다. 부품 교체와 정기적인 수리 빈도 측면에서도 전기자동차가 훨씬 유리하기 때문에 자율주행은 내연기관차에 비해 전기자동차에서 보다 원활하게 구현될 수밖에 없다.

　자율주행 기술과 관련해 주목해야 할 또 다른 솔루션은 바로 테슬라의 OTA Over the Air (소프트웨어 무선 업데이트) 시스템이다. 만약 우리가 스마트폰 운영체제를 업그레이드할 때마다 대리점을 방문해야 한다면 얼마나 번거로울까? 자동차도 마찬가지다. 기존 내연기관차의 경우에는 직접 서비스센터를 방문해야만 차량의 전자제어 장치 소프트웨어 업데이트가 가능했다. 그런데 테슬라의 완성차는 차량 제조 단계에서부터 OTA 시스템을 적용해 무선통신으로 소프트웨어 업데이트를 할 수 있게 만든 것이다. 소프트웨어 업데이트를 자주 해야 하는 자율주행차의 입장에서 시간과 비용을 고려했을 때 OTA는 가장 합리적인 선택이다. 테슬라는 OTA를 통해 꾸준히 차량 시스템의 오류를 개선하고 새로운 기능을 추가하면서 서비스 만족도를 높여 충성 고객을 확보하는 데 주력하고 있다. 최근 포드도 머스탱 마하-E Mustang Mach-E 시리즈에 OTA 시스템을 도입했으며, GM과 폭스바겐 역시 새 전기차 모델에 OTA를 적용할 계획이다.

　이외에도 자동차 업계는 자율주행 시대를 맞이해, 기존의 패러다임에서 벗어나 인공지능과 소프트웨어 등 IT 기술을 선제적으로 확보하기 위해 총력을 다하고 있다. 젠슨 황 Jensen Huang 엔비디아 NVIDIA아 대표는 2021년 1월 유럽 언론과의 인터뷰에서 "자동차 업계의 돈 버는 방식이 바뀌었다. 이제 소프트웨어가 자동차를 정의하고 이윤 창출을 이끌게 될 것"이라고 언급했다. IT 기술이 자동차 업체의 수익성을 좌우하게 될 것이라고 보는 시각이 점차 많아지고 있는 것이다.

　미국 교통 컨설팅 기관 페르 앤 피어스 Fehr&Peers는 완전 자율주행이 상용화된다면 도로 위 교통량은 이전 대비 약 30% 증가할 것으로 예측했다. 운송 부문 종사자에는 타격이겠지만 자율주행차는 운전사가 필요 없기 때문에 저렴한 가격으로 택시를 이용할 수 있고, 이동 중 업무를 보거나 취미생활을 즐길 수 있어서 장거리 운행 부담도 줄어들 수 있다. 자율주행으로 인해 차량 수요가 증가하고 교통량이 급증하는 상황에서 내연기관차가 계속 운행된다면 지구온난화에는 치명적일 수밖에 없다. 다행히 점차 전기자동차가 확산될 전망이고 여기에 자율주행 기능이 탑재된다면 자동차 업계는 온실가스 문제에서 한층 자유로울 수 있을 것이다. 물론 석탄을 이용한 화력발전으로 전기를 공급받는다면 문제가 되겠지만 세계 각국이 풍력과 태양광, 수소 등 재생에너지로 전력발전의 체질 개선을 위해 노력하고 있다는 점이 고무적이다.

자율주행 기술을 가진 기업에 투자하라

• • •

2020년 12월 23일 LG전자의 주가가 30% 상승해 상한가를 기록했다. LG전자가 세계 3위 자동차 부품 기업인 마그나 인터내셔널Magna International Inc과 전기자동차 파워트레인 분야 합작법인을 설립하기로 발표했고, 그 결과 2008년 10월 상한가 이후 12년 만에 상한가를 기록하게 된 것이다. 2008년 당시에는 가격 제한폭이 15%이었고 글로벌 금융 위기로 인한 주가 급락장 이후 미국과 통화스와프 체결로 대형주들이 줄줄이 상한가를 기록하던 터라, 이번 상한가는 그 의미가 더 크다고 볼 수 있다. 곧 설립될 합작법인 '엘지마그나 이파워트레인LG Magna e-Powertrain Co.,Ltd'은 LG전자의 자동차 부품 사업본부 일부를 물적분할하고 인수하는 형태가 될 예정이다. 관할 사업 분야는 전기차 모터와 배터리 히터, PRA_{Robotic Process} Automation(로봇 프로세스 자동화), DC충전박스 등 전기차 구동계 전반이 포함된다. LG전자가 기존의 휴대폰이나 가전 중심에서 자동차 전장 기업으로 사업의 축을 확대한다는 의사결정으로 해석할 수 있다.

전장 사업은 전기자동차 시대에 자율주행이 본격화하면 가장 크게 성장할 수 있는 분야 중 하나다. 마그나 인터내셔널은 1957년 설립된 자동차 부품 회사로 캐나다에 본사를 두고 있다. 주목할 만한 점은 마그나의 자회사 마그나 슈타이어_{Magna Steyr}가 벤츠 G클래스와 BMW 5시리즈, Z4 등 유럽 자동차를 연간 약 25만 대 생산할 수 있는 세계 최대 자동차 위탁 생산 기업이라는 점이다. 마그나의 사업 분야를 보면 자동차 프레임부터 실내·외장재, 파워트레인과 라이다 시스템을 구비하고 있으며, 이를 결합한 자동차 위탁 생산까지 할 수 있다. 애플 역시 마그나와 전기자동차 제

출처: LG전자

LG전자는 마그마 인터내셔널과의 합작을 통해 미래 자율주행차 산업의 사업 분야를 꾀하고 있다.

조에 대해 논의한 적이 있었던 것으로 알려져 있다. LG전자가 이러한 기업과 협업을 시작했다는 것은 그룹사가 보유한 모터와 인버터, 2차전지 등 부품 판매를 확대하겠다는 의미도 있겠지만 자율주행과 관련한 신사업에 진출하겠다는 또 다른 의미로도 해석될 수도 있어 흥미롭다.

한동안 세계 최대 IT 기업인 애플의 자율주행 전기차 '애플카' 출시에 대한 소문이 무성했다. 2021년 연초에 현대자동차그룹과 애플이 자율주행 전기차 개발에 대한 협의를 하고 있다는 소식에 현대차와 현대모비스, 현대위아 등 관련 주가가 급등하기도 했다. 현대차를 비롯한 계열사는 공시를 통해 "다수의 기업으로부터 자율주행 전기차 관련 공동 개발 협력을 요청받고 있으나 초기 단계로 아직 결정된 바는 없다"며 애플과 자율주행차량 개발에 대해 협의하고 있지 않다고 밝혀 공동 개발에 대한 소문은 일단락됐다. 기아는 3월 22일 열린 주주총회에서 애플과 자율주행차량 관련 협의가 없음을 재차 밝혔는데, 이로써 현대자동차그룹과 애플의 협의는 잠정 중단된 것으로 보인다. 소프트웨어를 사용하는 다른 전자기기와는 다르게 자동차의 경우 모델별로 차별화된 맞춤형 자율주행을 구현해야 하므로 신중하게 파트너를 찾을 수밖에 없다. 하지만 다수의 기업이 현대차의 전기차 기술력을 인정하고 공동 개발을 제안하고 있다는 것, 특히 IT 분야의 공룡기업인 애플이 현대차와 협력한다는 소문은 그 자체로 시장에서 현대차의 전기차와 수소차 제조 기술력에 대해 높게 평가하고 있다는 방증일 것이다.

애플은 '타이탄Titan'이라는 프로젝트를 통해 이미 2014년부터 차세대 자동차 개발을 시작했다. 타이탄 프로젝트를 진행하는 과정에서, 애플은 자율주행 시스템을 주도적으로 개발하며 전기차는 기존의 자동차 업체와 제휴해서 외주 생산하는 것으로 자동차 개발 전략이 수정됐다. 이를 위해 여러 자동차 기업과 협력을 고려하고 있다. 축적된 기술력을 바탕으로 2024년경 애플은 획기적인 배터리 기술과 자율주행 기술을 접목한 전기자동차를 출시할 예정이다.

전기자동차의 아이콘, 테슬라의 시가총액은 710조 원(2021년 3월 기준)으로 전 세계 자동차 기업 중 1위를 차지하고 있다. 테슬라의 주식이 급상승하면서 CEO인 일론 머스크의 재산은 약 2,090억 달러(약 231조 원, 2021년 1월 기준)로 아마존 설립자 제프 베이조스를 제치고 세계 1위 부자에 등극했다는 뉴스가 나오기도 했다. 미국 GM도 새로운 로고를 공개하며, 전기차 시장의 선두 주자가 되겠다는 포부를 밝혔다. 글로벌 자동차 기업들은 앞다투어 전기차 전용 플랫폼을 개발하고, 전기차 시장에서 주도권을 잡기 위해 투자를 늘리는 중이다. 앞서 살펴보았듯 시가총액 약 2,330조 원(2021년 3월 기준)의 세계 최대 기업 애플도 자율주행에 기반한 전기자동차 시장에 진입하려고 준비 중이다. 전통의 자동차 기업 이외에 구글과 바이두, 네이버, 카카오 등 국내외 IT 기업들도 자율주행 시스템 개발에 적극적으로 뛰어들고 있다.

출처: 구글, 애플

테슬라 이외에, 애플이나 구글같은 IT 기업들도 자율주행에 기반한 전기자동차 시장에 진입을 시도하고 있다. 구글 자율주행차(좌)와 애플의 애플카 콘셉트(우).

온실가스 저감과 기후변화의 방지를 위해 전기자동차가 부상하고 있는 시대, 자율주행 시스템을 결합한 전기자동차는 단순한 이동 수단을 넘어 차량 안에서 휴식하고, 즐기고, 일하는 등 새로운 가치를 창출하게 될 것이다. 그렇기에 글로벌 IT 기업들까지도 전기차 시장 진출에 도전하고 있는 것이다. 앞으로 수많은 투자 기회가 전기자동차와 자율주행 분야에서 쏟아져 나오리라 예상된다. 투자할 이유가 차고 넘치지만, 특히 성장세가 뚜렷하면서도 환경까지 살릴 수 있다는 점에서 전기차 분야는 각국 정부와 글로벌 투자자들이 모두 환호할 수밖에 없는 사업이다.

테슬라 TSAL.US

전기차의 아이콘, 테슬라는 2003년 마틴 에버하드Martin Eberhard와 마크 타페닝Marc Tarpenning이 창립했다. 2020년에만 약 50만 대의 전기차를 판매해 전년 대비 판매량이 35.8% 증가했다. 모델3는 누적 판매량 기준 50만 대 이상(2020년 7월 기준)으로 현재까지 전 세계에서 가장 많이 팔린 전기차가 됐다. 머스크는 2004년 650만 달러를 테슬라에 기부하며 이사회 의장이 됐고, 2009년에는 5인 공동 창업자의 지위를 얻게 됐다. 테슬라는 첫 번째 전기차 모델인 최고급 스포츠카 로드스터Roadster를 출시했고, 이후 모델S와 모델X, 모델3를 내놓으며 전기차의 아이콘으로 부상했다. 2010년 나스닥에 상장됐는데 미국 자동차 기업으로는 1956년 포드자동차 이후 처음이었다. 2021년 3월 테슬라의 시가총액은 710조 원으로 자동차 기업으로는 세계에서 가장 큰 시가총액을 기록하고 있다. 2016년에는 솔라시티Solar City라는 태양광발전 회사를 인수해 에너지 사업으로 영역을 확장했다. 화석연료로 만든 에너지를 사용하는 전기차는 진정한 의미의 친환경이 아니기 때문에 테슬라가 진정한 친환경 기업으로 완성되기 위해서는 에너지 공급을 친환경으로 전환할 필요가 있기 때문이다. 현재 솔라시티의 태양광발전 사업 모델은 간단하다. 솔라시티는 외부로부터 투자받은 자체 자본 및 금융권 대출 자본을 통해 고객에게 태양광발전 시스템을 설치해 준다. 고객은 이 시스템에서 발전한 전기의 양만큼 기존 지역 발전 업체에 비해 현저히 저렴한 전기료를 솔라시티에 지불한다. 솔라시티의 태양광발전 사업은 아직까지는 수익이 크지 않은 상황이다. 초기 태양광 시스템 설치비용이 많이 발생해 부채가 크며, 장기간에 걸쳐 투자금을 회수하게 되는 구조이기 때문이다. 하지만 전기차와 연관지어 볼 때, 결국 태양광으로 전기를 생산하고 그 전력으로 달리는 자동차를 만든다는 것이 테슬라가 솔라시티를 인수한 목적일 것이다. 이밖에도 주택이나 건물에 태양광 패널을 설치해 전기를 생산하고, 남은 전기로는 전기자동차를 충전하는 등 태양광발전을 통해 앞으로 테슬라가 재생에너지 사업으로 진출하고자 함

출처: 테슬라

테슬라 재생에너지 산업의 큰 그림, 솔라루프. 테슬라는 솔라시티를 인수한 이후 태양광 산업 첫 제품으로 태양광 충전이 가능한 지붕 타일 형태의 솔라루프를 출시했다.

을 기대할 수 있다. 한편 '기가 팩토리Giga Factory'로 불리는 테슬라의 전기
차 생산 공장은 미국 프리몬트와 중국 상하이, 독일 베를린, 미국 오스틴
에 건설되는데, 이미 완료된 곳도 있고 아직 건설 중인 곳도 있다. 이후에
도 인도 등 다양한 지역에 기가 팩토리를 확대해 전기차 수요 증가에 맞춰
생산능력을 늘릴 예정이다.

테슬라는 전기차의 핵심이 되는 배터리 개발에도 공을 들이고 있
다. 2020년 9월 테슬라 배터리데이에서 2차전지의 자체 생산 가능성을 이
야기했고 공정 혁신을 통해 빠르게 가격을 낮춰 가겠다고 밝혔다. 동시에
2차전지 생산 기업이 최대 속도로 공급을 확대해 나가도 2022년 이후로
는 심각한 공급 부족이 발생할 것이라며, LG와 파나소닉, CATL 등으로부
터 2차전지 구매를 확대해 나갈 계획이라고 발표하기도 했다. 전기자동차
의 혁신뿐만 아니라 차별화된 자율주행 기능과 핵심 부품인 2차전지에 대
한 개발 의지, 친환경 에너지 공급 노력 등으로 테슬라는 단순한 제조 기
업 이상의 가치를 인정받고 있다.

현대차 005380.KS

현대차는 한국의 대표 자동차 기업으로 글로벌 브랜드 컨설팅 업체 인터
브랜드Interbrand가 발표한 2020 글로벌 브랜드 순위에서 자동차 부문 5위
를 차지했다. 최근에는 전기차와 수소차 개발에 기업 역량을 집중하고 있
으며, 자율주행을 접목한 친환경 모빌리티 회사로 변화를 시도하고 있다.
전기자동차 판매량에서는 2020년 전 세계 4위를 기록했다. 2021년부터는
전기차 전용 플랫폼 E-GMP를 통해 최적화된 전기차를 생산할 예정이며,
2025년까지 총 23종의 전기차를 출시할 계획이다. E-GMP를 처음으로 적

용한 전기차 모델 '아이오닉 5IONIQ 5'는 2021년 2월 전 세계 판매를 시작했는데 차량의 기술력과 판매량, 인기도를 통해 E-GMP의 경쟁력을 확인할 수 있어 시장의 관심이 높다.

지금까지 검증된 현대자동차그룹의 전기차 생산능력을 기반으로 글로벌 IT 기업들의 공동 개발 제안이 늘고 있다. 2021년 초에는 애플의 자율주행을 접목한 전기차 생산 협의가 있었던 것으로 알려져 차세대 자동차 생산 기술력이 높다는 것을 입증하기도 했다. 다만 각 기업이 보유한 기술의 공유 범위와 판매 전략이 다르며, 애플의 비밀주의로 인해 협상은 잠정적으로 중단된 것으로 알려졌다. 현대자동차그룹이 앞으로 전기차 모델을 잇따라 출시하고, 차량의 완성도를 입증하게 된다면 매력적인 파트너로서 애플과의 협상은 언제든지 재개될 수 있다.

한편 애플 등 빅테크Big Tech 기업과의 협업 논란과 별개로 그룹 내 소프트웨어 계열사인 현대오토에버를 통해 소프트웨어 역량을 강화함으로써 자체적으로 자율주행 전기차 생태계를 구축할 예정이다. 현대차의 차량용 소프트웨어를 개발하는 현대오토에버는 테슬라의 OTA 시스템 등과 같이 현대차 자율주행 소프트웨어의 핵심 역할을 담당할 것으로 기대된다.

또 다른 친환경차인 FCEVFuel Cell Electric Vehicle(수소차) 분야에서는 현대차가 세계 최고의 경쟁력을 보유하고 있다. 수소전기차는 친환경 원료인 수소를 이용해 전기를 만들고 그 전기를 이용해 모터를 움직이는 전기차의 일종이다. 현대차는 SUV 넥쏘NEXO와 카운티 일렉트릭COUNTY electric FCEV 버스, 엑시언트XCIENT FCEV 트럭을 출시해 승용차부터 상용차까지 수소전기차 라인업을 고루 갖추고 있다. 2013년 1세대 수소전기차 투싼 IXTucson IX을 출시했고, 2018년에는 2세대 수소전기차인 넥쏘를 출시했다.

넥쏘는 2020년 누적 기준 세계에서 가장 많이 판매된 수소전기차로 기록됐으며, 2021년에도 그 기세를 몰아갈 전망이다. 2020년 7월에는 세계 최초로 대형 수소 상용 전기차 트럭 엑시언트 FCEV를 양산하고 우선적으로 스위스에 10대를 수출했다. 향후 2025년까지 스위스에 수소 트럭 1,600대를 공급하는 것을 필두로 독일과 네덜란드, 오스트리아, 노르웨이 등 유럽 전역에 수출할 예정이며 수소 상용 트럭 시장에서도 주도권을 강화해나갈 계획이다. 현대차는 2020년 전 세계 수소전기차 시장점유율 70%를 웃돌아 높은 시장지배력을 보여주고 있다. 2025년 11만 대, 2030년에는 50만 대의 수소전기차 판매를 목표로 하고 있다.

전기차와 수소차를 제외하고 현대차의 새로운 역점 사업을 하나의 키워드로 정리한다면 바로 '미래 모빌리티'를 들 수 있다. 기술 진화로 인해 새롭게 등장하는 교통수단을 의미하는 미래 모빌리티는 현대차가 'UAMUrban Air Mobility'이라는 이름하에 개발하고 있는 도심 항공 모빌리티와 궤를 같이하는 것이다.

현대차의 UAM 시스템은 승객 및 화물 운송, 공공 수요 분야 등에서 커뮤니티가 서로 긴밀하게 연결되는 새로운 지역 항공 모빌리티를 의미한다. 앞으로 드론, 무인항공기UAV, 걸어 다니는 로봇 '타이거' 등을 통해 안전하고 경제성 있으며 소음을 유발하지 않는 '비행의 대중화'를 이루겠다는 비전을 가지고 연구에 박차를 가하고 있다. 정의선 현대자동차그룹 회장은 2019년 사내 타운홀 미팅에서 "앞으로 현대차의 사업은 50%가 자동차, 30%가 UAM, 20%가 로보틱스가 될 것"이라고 말하기도 했다.

세계 최초의 대형 수소 상용 전기차 트럭인 현대차의 엑시언트 퓨얼셀.

현대차의 역점 사업인 미래의 도심 항공 모빌리티, UAM.

NIO NIO.US

니오는 2014년 윌리엄 리William Li와 리홍 킨Lihong Qin이 창업한 중국의 전기 자동차 제조 기업이다. 2014년 중국 베이징에서 시작된 전기차 레이싱 대회인 포뮬러E 챔피언십FormulaE Championship에서 2014년과 2015년 니오의 포뮬러E팀이 우승하면서 기술력을 인정받게 됐다. 창립 이후 텐센트와 테마섹Temasek, 바이두, 레노버Lenovo 등 다수 기업이 투자에 참여해 성장 기반을 닦았고, 2018년 9월 미국 뉴욕증시에 상장했다. 2021년 1월 기준 시가총액이 885억 달러(약 97조 원)로 미국 GM의 시가총액 715억 달러(약 79조 원)를 추월했으며, 현대차(약 51조 원)와 기아(약 29조 원)의 시가총액을 합한 금액보다도 높다. 포뮬러E팀 기반으로 고급 스포츠카 EP9을 양산했고, 이어서 SUV ES8, ES6, SUV EC6를 출시했다. 일명 중국의 테슬라로 불리며 중국 전기차 시장의 대표 기업으로 성장 중인 니오는 2차전지와 자율주행 분야에도 많은 투자를 하고 있다.

출처: NIO

중국의 테슬라로 불리는 니오의 전기차. 왼쪽 위부터 시계 방향으로 EP9, ES6, EC6, FormulaE.

전 세계 전기차(EV+PHEV) 시장 점유율

기업명 (점유율순)	판매량(천 대)		점유율	
	2019년 1~9월	2020년 1~9월	2019년 1~9월	2020년 1~9월
테슬라	264	316	16.1%	17.5%
폭스바겐그룹	82	233	5.0%	12.9%
르노-닛산	155	148	9.5%	8.2%
현대차그룹	93	130	5.7%	7.2%
BMW그룹	110	123	6.7%	6.8%
GM그룹	73	91	4.4%	5.1%
지리(볼보)그룹	94	87	5.7%	4.8%
다임러그룹	32	86	1.9%	4.8%
비야디그룹	166	86	10.1%	4.8%
푸조그룹	5	77	0.3%	4.3%
기타	567	427	34.6%	23.7%
합계	1,640	1,804	100.0%	100.0%

출처: SNE리서치

급증하는 2차전지 시장 규모

• • •

전기자동차 판매 증가에 따라 차량용 배터리인 2차전지 또한 수요가 크게 증가하고 있다. 긴 주행거리를 원하는 소비자의 요구와 2차전지 가격의 하락으로 자동차 1대에 필요한 2차전지의 용량이 늘어날 것으로 예상돼, 앞으로 전 세계 전기차용 2차전지 수요는 더욱 높아질 것이다. 시장조사 기관 SNE리서치는 전기차용 2차전지 수요가 2019년 118GWh에서 2025년에는 1,160GWh로 증가해 연평균 증가율CAGR이 58%에 달할 것으로 전망했다. 금액 기준으로는 2020년 약 16조 원에서 2025년 100조 원으로 증가하고, 2030년에는 210조 원으로 확대될 것으로 전망하고 있다. 실제 기업의 매출액을 고려하면 이마저도 보수적인 수치이며, 2차전지의 시장 규모와 증가 속도는 앞으로 더욱 확대되고 빨라질 것으로 보인다.

국내 2차전지 생산 3사인 LG에너지솔루션과 삼성SDI, SK이노베이션의 2020년 전기차용 2차전지의 글로벌 시장점유율은 40%에 육박한다. 같은 해 이 기업들의 전기차용 2차전지 매출액은 약 12조 원으로 추정되는데 전기자동차 시장의 성장에 따라 매출액도 빠르게 증가할 전망이다. 중국의 대표적인 자동차용 2차전지 제조 기업 CATL의 경우 2020년 매출액은 8조 5,000억 원, 시장점유율은 24.2%로 업계 1위를 차지하고 있으며, 영업이익률은 13%에 달해 실적 면에서 전 세계를 선도하고 있다. 전기자동차와 2차전지 시장의 빠른 성장에 대한 기대감으로 2021년 1월 CATL의 시가총액은 무려 160조 원에 달한다. 2021년 CATL의 예상 매출

전 세계 전기차용 2차전지 판매량 전망

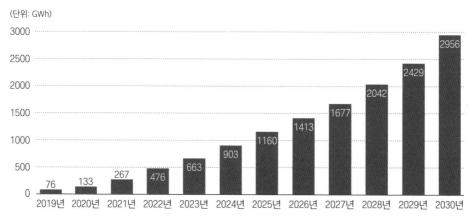

(단위: GWh)

연도	판매량
2019년	76
2020년	133
2021년	267
2022년	476
2023년	663
2024년	903
2025년	1160
2026년	1413
2027년	1677
2028년	2042
2029년	2429
2030년	2956

자료: SNE리서치

전기차용 2차전지 생산 기업 순위

순위	업체명	2020년 1~9월(GWh)	YoY(%)	시장점유율(%)
1	CATL	28.1	3.1	26.8%
2	LG에너지솔루션	26.4	142.0	25.1%
3	파나소닉	22.3	-8.5	21.2%
4	삼성SDI	6.8	74.1	6.5%
5	SK이노베이션	6.5	244.7	6.2%
6	비야디	6.3	-36.4	6.0%
	Total	105	17.8	100%

자료: SNE리서치

액은 11조 5,000억 원으로 주가매출비율Price Selling Ratio, PSR(매출액 대비 시가총액)은 약 14배에 이른다. 매출액의 급격한 확장과 그에 따른 이익증가 기대감을 반영하고 있는 것이다.

LG에너지솔루션 LG화학 051910.KS

LG에너지솔루션은 2차전지 셀을 제조하는 기업으로 2020년 12월 LG화학에서 물적분할(LG화학의 100% 자회사 형태)한 신설 법인이다. 빠르면 2021년 하반기에 기업공개를 통해 증권시장에 상장될 전망이다. 급성장하는 전기차용 2차전지 사업의 특성상 짧은 시간 안에 대규모 투자가 이뤄져야 시장지배력을 유지하고 수익성을 올릴 수 있다. 기존 LG화학의 석유화학 사업으로는 대규모 투자 자금 확보가 어려워 물적분할 후 IPO 방법을 택했고, IPO에 성공하면 대규모 투자 자금 유치로 공격적인 사업 확장이 가능할 것으로 예상된다.

LG화학은 1995년 리튬이온 전지 개발을 시작했다. 1999년에는 국내 최초이자 일본에 이어 세계 두 번째로 리튬이온 전지 양산에 성공했다. 2000년부터 자동차용 2차전지 개발을 시작해 2007년 현대 아반떼 하이브리드AVANTE HEV에 공급했고, 2010년부터 GM의 쉐보레 볼트Chevolet Volt에 공급하며 자동차용 2차전지 사업이 가시적인 성과를 내기 시작했다. 현재는 폭스바겐과 다임러, 르노, GM 등 전 세계 주요 자동차 브랜드 대부분과 2차전지 납품 계약을 하는 등 제품 기술력과 신뢰성, 고객 저변 측면에서 글로벌 1위 기업으로 인정받고 있다.

LG화학이 2차전지 산업에서 정상에 오르기까지는 많은 역경을 겪어야 했고 오랜 인내가 필요했다. 1995년 이후 긴 시간 투자에도 불구하고, 일본과 비교해 품질이 부족하고 양산성이 떨어져 2차전지 사업에서 뚜렷한 성과가 나타나지 않았다. 2005년에는 2차전지 사업에서만 2,000억 원에 가까운 영업적자를 기록하기도 하는 등 2차전지 사업을 접어야 한다는 의견도 많았다. 그러나 2차전지 사업을 지시했던 구본무 전 회장은 "2차전지 사업은 미래의 성장 동력이며, 끈질기게 하면 반드시 성과가 나올 것"이라는 믿음으로 지속적인 투자와 사업 확장을 독려했다. 그결과 사업 시작 20년 만인 2020년 하반기부터 전기차용 2차전지가 영업흑자를 기록하게 됐고, 앞으로는 출하량이 점차 증가하면서 영업이익률이 상승할 전망이다. 2024년에는 전기차용 2차전지에서만 30조 원 이상의 매출액 달성을 목표로 설정했다.

생산제품으로는 원통형, 각형, 폴리머Polymer 등으로 구분되는 소형전지와 ESSEnergy Storage System(에너지 저장 시스템)용, 전기차용으로 구분되는 대형전지가 있다. 앞으로 투자가 집중되고 급격한 성장이 예상되는 분야는 전기차용 2차전지 시장이다. LG화학의 전기차용 2차전지 사업의 경우 에너지 밀도 등 기술력과 생산 능력, 출하량과 매출액, 수주 잔고 측면에서 전 세계 1위의 역량을 보유하고 있다. 생산공장은 한국과 폴란드, 미국, 중국에 있으며, 전기차용 2차전지 생산능력은 2020년 말 기준 120GWh 수준이다. 이는 생산능력 2위인 일본 파나소닉(85GWh)과 3위인 중국 CATL(65GWh)보다 월등히 큰 규모를 자랑하는 것이다. 2021년부터 전기 자동차 시장이 급성장할 것으로 예상되면서 전기차용 2차전지를 공급하는 이들 기업의 주가는 아래 그래프와 같이 크게 상승했다.

2020년 이후 2차전지 제조 기업 주가는 크게 상승

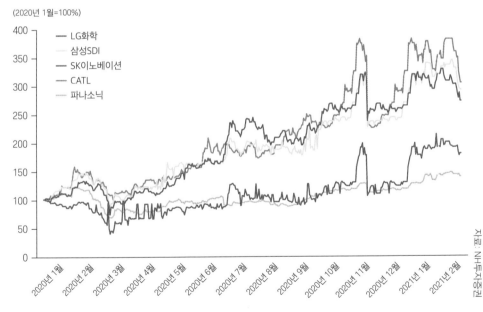

각 기업의 2020년 1월 주가를 100%로 잡았을 때, 2021년 2월 말 기준 각 기업의 주가는 LG화학이 272%, 삼성SDI 291%, SK이노베이션 179%, CATL 303%, 파나소닉은 138% 수준이다. 5개 기업 모두 주가가 크게 상승했다.

삼성SDI 006400.KS

삼성SDI는 2차전지 셀과 전자 재료 사업을 영위하는 기업이다. 2019년 전체 매출액은 10조 원이었는데 이 중 7조 7,000억 원이 2차전지 부문이었고, 2조 3,000억 원이 반도체와 디스플레이 소재 중심의 전자 재료 부문에서 발생했다. 영업이익 규모는 전자 재료 부문이 더 크지만 2021년부터는 2차전지 부문 매출액이 크게 늘어 영업이익 규모가 역전될 것으로 전망된다. 2차전지의 경우 삼성전자 휴대폰과 노트북 등 소형 전지 분야에서 가장 앞서 있어 안정적인 매출액과 10%대의 영업이익률을 유지하고 있다. 전기차용 2차전지 분야에서는 수익성 위주의 보수적인 투자 전략으로 생산설비 증설 속도가 경쟁사보다 다소 느리다. BMW와 폭스바겐, 아우디 등 다수의 유럽 자동차 기업으로부터 2차전지를 수주했으며, 현대차와 기아, 포드 등의 수주량이 늘고 있다. 유럽계 자동차 기업 수주량 증가에 대응하기 위해 헝가리에 전기차용 2차전지 공장을 건설했고, 수주량 증가추세에 따라 공장을 더 확장해 대응할 전략이다.

한편 ESS용 2차전지 분야에서는 높은 사용 안정성을 기반으로 시장점유율 1위를 기록하고 있다. 세계적으로 온실가스 감축을 위해 태양광과 풍력 등 재생에너지 설비 설치가 늘고 있는데, 불규칙한 전력발전으로 인해 ESS 설치를 병행하는 경우도 증가하고 있다. 향후 재생에너지 설치 확대에 따라 ESS 출하량과 실적도 증가할 전망이다. 삼성SDI는 삼성디스플레이 지분 15.2%를 보유하고 있는데, 2020년 말 기준 장부가치는 6조 9,000억 원으로 평가된다. 보유 지분 자체의 가치 상승을 기대할 수 있으며, 새로운 투자 분야가 있을 시 투자 재원으로 활용할 수도 있다.

SK이노베이션 096770.KS

SK이노베이션은 국내 배터리 3사 중 가장 늦게 전기차용 2차전지 양산 라인을 구축했지만, 집중적인 투자로 가파른 성장세를 보이는 기업이다. 자동차 연료 등을 생산하는 정유업이 주력 사업이었지만 저탄소 사회를 향한 대전환 속에서 2차전지의 개발 필요성이 커졌다. 1996년부터 리튬이온 전지 개발을 시작했고, 2012년 충청남도 서산에 배터리 양산 라인을 건설했다. 2016년 신규 양산 라인을 증설해 국내에 총 4.7GWh 규모의 생산설비를 확보했다. 해외 공장 건설도 적극적으로 추진해 2020년 헝가리와 중국에 각각 7.5GWh 규모의 생산설비를 완공했고 2공장을 건설 중이다. 미국에도 공장 건설을 진행하고 있는데 2022년 1공장, 2023년 2공장 완공을 목표로 하고 있다. 다임러그룹과 현대자동차그룹 등 글로벌 자동차 고객으로부터 수주가 늘어나는 추세다. 2차전지 소재인 분리막도 제조해 자체적으로 사용하는 동시에 외부 판매도 병행한다. 분리막 사업은 자회사 SKIET(SK아이테크놀로지)에서 진행하는데 세계 최고 수준의 기술력과 생산능력을 보유하고 있다. SKIET는 2021년 IPO를 진행할 예정이며, IPO를 통해 유입된 자금은 분리막과 2차전지 사업에 사용될 전망이다.

CATL 300750.CN

보통 닝더스다이로 불리는 CATL은 2011년 설립된 중국의 최대 전기차용 2차전지 생산 기업이다. 2011년 2차전지 업체인 ATLAmperex Technolgy Limited의 전기차용 2차전지 부문을 분사해 설립한 회사로 전기차용 2차전지와 ESS, BMSBattery Management System(배터리 관리 시스템)를 사업 분야로 한다.

중국 정부는 2010년부터 전기차에 사용되는 배터리, 그중에서도 중국 내에서 생산되는 배터리에 많은 보조금을 지급하기 시작해 중국의 2차전지 산업이 빠르게 성장했다. CATL과 파라시스Farasis, 리센Lishen 등 중국계 2차전지 기업들은 중국 정부의 전기차 확대 전략으로 내수 판매량이 대폭 증가했다. CATL의 경우 2015년 BMW의 중국 내 조인트 벤처Joint Venture(특정 목적 달성을 위한 2인 이상의 공동 사업체)에 2차전지를 납품하게 되면서 제품 신뢰성을 높였고, 기술개발을 더욱 적극적으로 진행하는 계기가 됐다. 2016년에는 사드THAAD 문제로 인한 정치적 이유로 한국 2차전지 기업이 공급업체 리스트에서 제외되면서 CATL의 성장이 가속화될 수 있었다. 2021년부터 중국 정부의 2차전지에 대한 보조금이 많이 축소됐으나 지난 5년간 보호 정책을 펴는 동안 외형적인 측면과 기술적인 면에서 크게 성장해 글로벌 최상위 기업으로 부상하게 됐다.

초기에 중국 내수 전기자동차 시장을 중심으로 성장한 CATL은 최근에 BMW와 다임러, 폭스바겐, 테슬라 등 글로벌 자동차 기업과 사업 협력이 늘어나고 있으며, 해외 공장 건설로 시장을 확대하고 있다. 2020년 기준 영업이익률은 13%로 경쟁사 중 가장 높다. 그러나 생산 능력과 에너지밀도, 안정성, 수주 잔량 측면에서는 LG에너지솔루션 대비 열위에 있다.

주식시장에는 2018년 6월 중국 선전증권거래소深圳证券交易所에 상장됐다. 거래 첫날 시초가(증권시장에서 당일 중 최초로 형성된 가격) 대비 43.99% 상승해 시가총액 123억 달러(약 13조 2,000억 원)를 기록하는 등 상장 시 전 세계의 주목을 받았다. 상장을 통한 신규 모집 자금은 약 1조 원으로 추정되며, 이를 설비 증설에 투자해 외형 성장에 일조할 수 있었다. 2021년 1월 기준 시가총액은 1,445억 달러(약 159조 원)로 상장 첫날 대비 12배 상승했다. 중국 창업판Chi-Next(나스닥, 코스닥과 같이 중국의 중소기업

기업별 전기차용 2차전지 생산능력 변화

(단위: GWh)

		2019년	2020년	2021년	2022년	2023년	2024년
한국	LG화학	75	100	120	177	200	211
	삼성SDI	22	32	42	56	69	85
	SK이노베이션	5	21	50	65	85	85
일본	파나소닉	54	85	126	137	137	137
	프라임어스EV에너지	2	7	7	7	9	9
중국	CATL	43	65	109	115	143	179
	비야디	28	35	56	73	80	81
	패러시스	15	35	35	35	39	42
	리센	20	21	24	35	37	37
유럽 연합	노스볼트	-	-	-	6	11	11
	테라 E	-	-	-	7	14	14
	폭스바겐	-	-	-	-	10	10

출처: SNE리서치

및 벤처기업들이 사업자금을 원활히 조달할 수 있도록 하는 주식시장)에 상장돼 아쉽게도 외국인들은 CATL에 직접 투자할 수 없다. 하지만 CATL을 포함하고 있는 ETF 투자를 통해 CATL에 대한 간접 투자가 가능하다. 5장 'ETF로 시작하는 그린 투자' 편에서 설명하겠지만 CATL을 포함하는 ETF 종목 코드로는 미국의 'LIT'와 'BATT'가 있고, 국내에는 'Tiger 차이나 전기차 Solactive' 등이 있다.

전고체 전지는 언제쯤 상용화될까?

• • •

지금은 리튬이온 전지가 전기차의 주류를 이루고 있지만 전고체 전지Solid-state Battery의 개발이 완료된다면 지금까지 구축한 리튬이온 전지의 생태계는 무용지물이 될 수 있다는 두려움이 있다. 그렇기에 전고체 전지의 상용화가 언제쯤 가능할지 가늠해보는 것은 매우 중요한 일이다.

전기자동차에서 일반적으로 사용하고 있는 전지는 리튬이온 전지다. 전기를 발생시키려면 리튬이온이 양극과 음극 사이를 이동해야 하는데, 리튬이온 전지는 이동 통로가 액체 전해질로 구성되고 양극과 음극 사이는 분리막으로 구분된 구조다.

전고체 전지란 액체 전해질 대신 고체 전해질을 사용하는 전지를 말한다. 액체 전해질은 불이 잘 붙어 온도가 올라가거나 불꽃이 튈 경우 폭발 위험이 있다. 그러나 고체 전해질은 상대적으로 안정적인 물질이기 때문에 폭발이나 불에 탈 가능성이 매우 낮다는 장점이 있다. 또한 분리막과 음극재를 사용하지 않아도 되기 때문에 배터리를 얇게 만들 수 있고, 짧은 시간 안에 충전이 가능하며, 배터리 용량도 증대할 수 있는 등 많은 장점이 있다고 알려져 있다. 그러나 아직은 이론에 불과할 뿐 상용화 단계까지는 도달하지 못한 상태다.

2020년 3월 삼성전자 종합기술원에서 음극의 안정성을 높일 수 있는 기술을 개발해 전고체 전지의 상용화에 한 걸음 다가섰다고 발표했다. 이 기술이 실현될 경우 1회 충전을 통해 기존 전기차의 2배 수준인 800km를 주행할 수 있으며, 1,000회 이상 충·방전이 가능해진다. 그러나 이 기술을 안정적으로 적용하기 위해서는 복합적인 다른 기술 몇 가지가 추가 개발 및 보완돼야 한다. 하나의 문제 해결을 위해 새롭게 나타나는 2~3가지의 문제를 또다시 해결해야 하는 셈인데 이러한 과정에서 결국 생산원가는 올라가고 이론적으로 가능하다고 알려졌던 성능이 조금씩 약해지는 등 상용화 가능성에서 멀어질 수도 있다.

1980년대, 전고체 전지의 개념이 처음 발표된 당시에도 상용화에는 부정적 의견이 많았다. 기존 리튬이온 전지와 달리 전해질로 고체를 사용할 경우 이온 전도도가 매우 떨어지기 때문이었다. 그러나 일본 토요타가 2010년 황화물Sulfides을 전해물질로 사용한 전고체 전지를 개발해 이온 전도도를 획기적으로 향상시켰다. 이후 잊혔던 전고체 전지 개발이 다시 활기를 띠기 시작했고, 대부분의 기술 개발은 황화물 전해질을 기반으로 계속 이어지고 있다. 하지만 아직까지 황화물은 전도도가 액체 전해질 수준만큼 높지 않으며, 습기에 취약해 생산공정이 까다로운 단점을 가지고 있다. 습도가 0.1% 이하로 유지되는 제습 공장에서 생산돼야 하는데 이는 공장 유지 비용을 크게 상승시킨다. 바뀐 소재를 만들기 위한 비용 발생이 더 크기 때문에 전고체 전지로 전환한다고 해서 생산비용 절감이 가능할지는 의문이다. 전고체 전지가 '아직은 먼 당신'인 이유다.

2020년 12월 일본《니혼게이자이신문》1면에 "일본 전고체 전지 실용화가 가속화되고 있다"는 제목의 기사가 실렸다. 전고체 전지를 통해 한국과 중국에 밀렸던 2차전지 산업에서 일본이 다시 주도권을 찾아오겠다는 결의를 느낄 수 있는 기사였다. 일본은 세계 최초로 2차전지 상용화에 성공했지만 정작 전기자동차 시장이 크게 열리는 지금은 그 존재감이 사라진 상태다. 전지의 형태 변화에 대응하거나 적자 산업에 대한 선제적 투자에 나서지 못하는 등 폐쇄적인 사업 전략으로, 전기차용 2차전지 시장에서 전통적인 원통형 전지를 납품하는 파나소닉을 제외하고는 두각을 나타내지 못하고 있다. 리튬이온 전지 산업에서는 사실상 더 승산이 없어 천문학적으로 커질 시장을 당분간은 구경만 해야 하는 입장이다. 그러나 차세대 기술에서는 반드시 주도권을 잡겠다는 일념으로 대학, 기업, 연구소가 힘을 모아 전력으로 전고체 전지를 연구하고 있는 것이다. 토요타는 2030년 전고체 전지 생산 비용과 충전 시간을 현재 리튬이온 전지와 비교해 3분의 1 이하로 낮추는 것을 목표로 프로젝트를 진행 중이다. 일본과 국내의 전고체 전지 전문가들의 의견을 종합하면 전고체 전지가 상용화돼 전기자동차에 사용되려면 적어도 2030년은 돼야 할 것으로 보인다.

전고체 전지는 소형·모바일 기기에서 먼저 상용화되고, 전기자동차는 그 이후 상용화될 것으로 전망되고 있다. 소형·모바일 용도의 작은 전고체 전지는 전류량이 크지 않아도 되기 때문에 비교적 제조가 간단하며, 전해질로 안정한 산화물계oxide 물질을 사용할 수 있다. 산화물계 전해질은 많은 전류를 흘리지 못해 대용량 전지로는 사용하기 어렵지만 안정성이 높기 때문에 모바일 기기나 웨어러블 기기에 사용하기 용이하다. 전기자동차에는 많은 전류를 흘릴 수 있는 황화물계sulfide 전해질을 사용해야 하는데 여전히 현재 수준보다 더 많은 전류의 이동이 필요하다. 지금보다 기술이 훨씬 더 많이 진보되고, 생산성이 향상돼 제조 단가가 하락해야 현재의 리튬이온 전지를 대체할 수 있게 된다. 간단하다고 알려진 소형 전고체 전지마저도 아직 주변에서 찾아볼 수 없는데 제작 난이도가 높은 자동차용은 언제쯤 상용화가 가능할지는 확실히 알 수 없는 일이다.

퀀텀스케이프Quantumscape는 전기차용 리튬이온 전고체 전지를 개발하는 미국계 기업이다. 2010년 자그딥 싱Jagdeep Singh과 스탠퍼드대학교 프리츠 프린즈Frits Prinz 교수가 창업했고, 2012년부터 폭스바겐과 협업을 시작했다. 폭스바겐은 두 차례에 걸쳐 3억 달러를 투자함으로써 퀀텀스케이프의 최대주주가 됐다. 2020년 11월 켄싱턴 캐피탈 에퀴지션Kensington Caital Acquisition과 기업인수목적회사를 통해서 뉴욕 증시에 상장됐다. 상장 후 주가는 급상승해 시가총액 482억 7,000만 달러(약 54조 5,000억 원)를 기록하기도 했는데 이는 미국 포드자동차의 시가총액을 훌쩍 넘어 세계 최대 자동차 부품 업체인 독일 컨티넨탈Continental의 시가총액 239억 7,000만 유로(약 32조 3,000억 원)도 뛰어넘는 수준이었다. 퀀텀스케이프는 2020년 12월 자사의 전고체 전지는 15분 만에 80%를 충전할 수 있는 수준에 도달했으며, 800회 충전 후에도 용량의 80% 이상을 유지한다고 발표했다. 폭스바겐은 2025년경 퀀텀스케이프의 전고체 전지를 장착한 전기자동차를 내놓을 계획을 밝혔다.

한편 상장 초기의 시장 기대와는 달리 성장 가능성에 대한 회의적인 시각도 확산돼 이후에는 주가가 큰 폭으로 하락했다. 아직 매출액이 전무하며 빨라야 2025년에야 매출이 발생할 수 있다는 전망이다. 퀀텀스케이프의 전고체 전지는 아직 실험실 개발 단계에 머물러 있으며, 상용화까지 시간이 얼마나 걸릴지, 안정성에 대한 기술적 해결이 가능할지, 추가 개발 비용이 얼마나 소요될지 등에 대한 의문이 제기되고 있다. 그러나 여전히 시가총액은 2021년 3월 기준 217억 5,000만 달러(약 24조 6,000억 원)를 유지하고 있어 차세대 전지를 개발하는 스타트업으로서 성장성에 대한 시장 기대감이 큰 상황이다.

솔리드파워Solid Power는 2014년 미국 콜로라도에서 설립된 전고체 전지 개발 회사다. 파일럿 생산 라인을 만들어 20Ah ampere-hour용[*] 전고체 전지를 시험 생산했으며, BMW와 포드, 현대차, 삼성전자 등 글로벌 8개 회사와 전고체 전지 개발을 협력 중이다. 2018년 삼성전자와 현대차가 총 2,000만 달러(약 225억 원)를 솔리드파워에 투자해 전고체 전지 개발 협력에 박차를 가하고 있다.

2차전지 구성 요소와 기회

• • •

리튬이온 전지의 구동 원리는 다음과 같다. 2차전지가 외부 전력을 받아 충전할 시에는 리튬 원자가 음극재 안쪽에 자리 잡게 된다. 충전을 끝내고 전지를 사용할 때 리튬 원자는 리튬이온Li+과 전자e-로 분리되는데, 전자는 전력을 공급하기 위해 전선을 통해 외부로 나가게 되고 리튬이온은 2차전지 내부에서 반대쪽인 양극재로 이동하게 된다. 즉, 음극재에 있던 리튬이온이 전해질을 타고 분리막을 통과한 다음 반대편 양극재로 이동해 자리를 잡으면 전력이 공급되는 것이다.

2차전지를 충전할 때는 그 반대의 흐름을 거치게 된다. 양극재에 홀

• 전기량의 단위. 1암페어시는 1암페어의 전류가 1시간 동안 흐르는 전기량이다.

로 자리 잡은 리튬이온은 외부에서 공급되는 전자를 만나러 전해질을 타고 분리막을 통과한 다음 음극재로 이동한다. 여기서 리튬이온과 전자가 결합해 리튬 원자가 되면 충전이 완료된다. 리튬 이온이 양극재에서 오가는 이동 수단과 머무는 곳이 2차전지의 주요 소재가 되는데 리튬이온 전지의 4대 소재가 바로 양극재와 음극재, 전해질, 분리막이다.

2차전지의 성능 향상은 4대 소재의 품질을 얼마나 개량할 수 있느냐에 달려 있다. 4대 소재의 효율성을 높여야 에너지 저장용량을 늘리고, 충전을 빠르게 하며, 충전 횟수를 늘리고, 출력을 높이는 일련의 과정이 가능해진다. 안전성 향상도 4대 소재의 품질에 달려있음은 물론이다. 원재료 비용은 양극재가 약 35%, 음극재가 약 20%, 분리막이 약 20%, 전해질이 약 13%, 기타 소재가 12%의 비중을 차지한다.

양극재Cathod Materials는 리튬이온을 저장하는 소재로 지지체가 되는 알루미늄박에 접착물질인 바인더를 이용해 양극활물질을 코팅하고, 압연해 만든다. 전기차의 2차전지용 양극활물질 소재로는 주로 니켈Ni과 코발트Co, 망간Mn을 결합한 NCM 삼원계를 사용한다. 제조원가를 낮추기 위해 고가의 코발트 사용량을 줄여야 하지만 그러면 전지의 안정성이 떨어지는 단점이 있다. 기존에는 니켈:코발트:망간 비중을 5:2:3으로 제조한 NCM523을 사용했으나 안정성을 높이기 위해 망간 비중을 줄이고 니켈의 비중을 늘린 NCM622를 많이 사용하게 됐다. 앞으로는 기술력 향상으로 NCM811, NCM9½½이 개발돼 생산 원가가 낮아질 전망이다. 국내 양극활물질 생산 기업으로는 에코프로비엠 및 엘앤에프, 코스모신소재, 이엔디 등이 있다. 해외 기업으로는 벨기에의 유미코어Umicore, 중국의 닝파샨샨Ningbo Shanshan이 대표적이다. 양극활물질을 지지해주고 전자의 이동 통로가 되며, 열을 전지 밖으로 빠르게 방출하는 역할을 하는 알루미늄박 생산 기업은 국내에는 DI동일과 롯데알미늄, 삼아알미늄이 있다. 모두 주목해야 할 기업들이다.

음극재Anode Materials는 에너지가 충전된 상태의 리튬을 저장하는 부분이다. 음극재는 동으로 만든 얇은 막에 음극활물질을 코팅하고 압연해 제조한다. 충전 속도를 높이기 위해서는 음극활물질의 크기와 모양, 배열이 중요하다. 흑연을 주요 소재로 제조하며 원료로는 천연흑연과 인조흑연을 모두 쓰지만 제품의 균일성을 높이기 위해 인조흑연의 사용이 늘어나고 있다. 음극활물질의 지지체가 되는 동박(전지박)은 2차전지의 핵심 소재로 전지의 성능을 향상시키는 데 매우 중요한 역할을 한다. 음극재 내에서도 차지하는 재료비 비중이 높고 생산 공정이 까다로운 동박은 얇으면서도 강도를 유지하도록 제조하는 것이 핵심이다. 동박을 제조하는 기업으로는 SKC(자회사 SK넥실리스 생산) 및 일진머티리얼즈, 솔루스첨단소재가 있으며, 고려아연도 신규 사업으로 준비 중이다. 해외 기업으로는 일본의 후루카와Furukawa와 닛폰덴카이Nippon Denkai, 중국의 왓슨Wason 등이 있다. 음극활물질은 생산원가 경쟁력이 높은 중국 기업의 제품들이 전 세계 시장점유율을 많이 차지하고 있다. 중국의 녕파삼삼, 일본의 도카이카본Tokai Carbon 등이 있고, 국내에서는 포스코케미칼이 대표적인 기업이다.

분리막Seperator은 양극과 음극을 분리해 2차전지의 안정성을 높이는데 매우 중요한 소재다. 화학원료인 폴리에틸렌HDPE을 주요 소재로 사용하는 분리막은 리튬이온의 이동이 원활해야 하고, 강도가 높아야 한다. HDPE를 녹이고 얇게 가공해서 기공을 형성해 분리막을 만들며 열과 기계적 강도를 높이기 위해 분리막 표면에 세라믹 코팅 공정을 거치기도 한다. 분리막 제조 기업으로는 국내 SK이노베이션(자회사 SKIET 생산)이 대표적이며, 한국과 중국, 홍콩에 지사를 둔 일본의 더블유스코프W-Scope가 있다. 일본의 도레이와 아사히카세이Asahi Kasei가 분리막 시장에서 가장 오래된 회사들이고, 기술력도 앞서 있다. 그 뒤를 중국 기업들이 바짝 추격하고 있는데 중국의 창신신소재Yunnan Energy New Material는 세계에서 가장 큰 분리막 생산능력을 보유하고 있다. 분리막의 원재료가 되는 HDPE의 경우 우리나라의 대한유화가 시장점유율 40%로 전 세계 1위 기업이다. 그 외 한화종합화학이 후발로 참여해 중국으로 납품을 시작했고, 롯데케미칼은 그 뒤를 이어 분리막용 HDPE 생산을 준비 중이다. 해외 기업으로는 미국의 셀라니즈Celanese와 일본의 미쓰이화학Mitsui Chemicals, 아사히카세이가 분리막용 HDPE를 생산하고 있다.

전해질Electrolyte이란 물처럼 극성을 띠는 용매에 녹아서 이온을 형성함으로써 전기를 통하게 할 수 있는 물질을 말한다. 2차전지에서는 전해질을 녹인 전해질 용액이 사용되며, 리튬이온은 전해질 용액을 통해 양극과 음극 사이를 이동하게 된다. 리튬이온이 빠르게 이동할 수 있고, 낮은 온도에서도 원활히 작동될 수 있도록 하는 고효율 전해질과 기능성 첨가제 개발이 필요하다. 전해질 생산 기업으로는 국내 천보와 후성, 동화기업 등이 있고, 해외 기업으로는 중국의 천사첨단신소재Guangzhou Tinci Materials Technology, 캡켐기술Shenzhen Capchem Technology, 다불다화학Do-Fluoride Chemicals 등이 있다.

전기자동차 및 2차전지 분야 밸류체인

분류	기업명(국가명)	종목코드	기업명(국가명)	종목코드
전기차	현대차	005380.KS	비야디(중)	002594.CN
	기아	000270.KS	샤오펑(중)	XPENG.US
	테슬라(미)	TSLA.US	리오토(중)	LI.US
	니오(중)	NIO.US	상해자동차(중)	600104.CN
2차전지	LG화학	051910.KS	파나소닉(일)	6752.JP
	삼성SDI	006400.KS	비야디(중)	002594.CN
	SK이노베이션	096770.KS	국헌하이테크(중)	002074.CN
	CATL(중)	300750.CN		
양극재	에코프로BM	247540.KQ	녕파삼삼(중)	600884.CN
	앨엔에프	066970.KQ	당승과기(중)	300073.CN
	코스모신소재	005070.KS	중국보안(중)	000009.CN
	이엔드디	101360.KQ	GEM테크톨로지(중)	002340.CN
	유미코어(벨)	UMI.BE		
음극재	포스코케미칼	003670.KS	미쓰비시케미칼(일)	4188.JP
	대주전자재료	078600.KQ	녕파삼삼(중)	600884.CN
분리막	SK이노베이션	096770.KS	창신신소재(중)	002812.CN
	더블유스코프(일)	6619.JP	성원재질(중)	300568.CN
	대한유화	006650.KS		
전지박	SKC	011790.KS	두산솔루스	336370.KS
	일진머티리얼스	020150.KS		
전해액	천보	278280.KQ	천사첨단신소재(중)	002709.CN
	후성	093370.KS	캡켐기술(중)	300037.CN
	동화기업	025900.KQ	다불다화학(중)	002407.CN
부품	신흥에스이씨	243840.KQ	상신이디피	091580.KQ
	이에피더블유	312610.KQ		
장비	엠플러스	259630.KQ	피엔티	137400.KQ
	코윈테크	282880.KQ		
리튬/코발트	감봉리튬(중)	002460.CN	한예코발트(중)	300618.CN
	천제리튬(중)	002466.CN	낙양몰리브덴(중)	603993.CN
	화우코발트(중)	603799.CN		

02

진정한 친환경은
그린수소에서

탄소경제에서 수소경제로의 대전환 시대가 열린다

• • •

기후변화가 심화되는 지금, 전 세계는 탄소 시대에서 수소 시대로 필연적인 에너지 전환을 예고하고 있다. 2018년 일본을 시작으로 2020년 독일, 미국, 유럽연합 등이 수소경제 로드맵을 마련했고, 한국 역시 2019년 수소경제 활성화 로드맵을 발표했다. 한국은 이를 본격적으로 실행하기 위한 일환으로 2020년 2월에 '수소경제 육성 및 수소 안전관리에 관한 법률(수소법)'을 제정했고, 2021년 2월 5일부터 수소법이 시행됐다. 2020년 7월에는 한국판 뉴딜정책을 발표했으며, 9월에는 뉴딜펀드를 출시하고

10월에는 K-뉴딜 ETF를 출시하는 등 수소경제로의 빠른 행보를 이어 나가고 있다. 이제 풍력, 태양광 등 재생에너지 분야는 물론이고 지구온난화라는 범지구적 문제의 근본적 해결책인 수소 시대를 열기 위한 그린수소 투자의 문도 활짝 열리기 시작했다.

수소가 에너지원으로 주목받는 이유는 무엇일까? 수소는 주기율표의 첫 번째에 위치한 원자번호 1번으로, 원소 중 가장 가벼우며 우주 질량의 75%를 차지할 정도로 풍부한 원소다. 아직은 에너지화에 기술적 어려움이 있지만 어디든 존재하는 보편적 에너지원이고, 온실가스 배출이 없는 친환경 에너지원이라는 장점이 분명하다.

많은 이들이 대부분 수소의 친환경성에만 주목하고 있지만, 지역적으로 편중되지 않은 수소의 보편성 역시 중요하다. 과거 석유에 의존하던 에너지 패권 싸움에서는 중동이, 셰일가스 혁명 이후에는 미국이 에너지 헤게모니를 독점해 왔다. 에너지의 지역적 불균형은 많은 정치·경제적 문제들을 양산했고 특히 한국과 일본처럼 에너지 자급률이 낮은 국가에서 수소 산업 육성에 대한 필요성이 커지게 됐다.

물론 기존의 자원 강국인 중동, 호주 역시 수소 산업 발전에 박차를 가하고 있다. 석탄이 풍부한 호주의 경우 2019년에 카타르를 제치며 세계 1위 천연가스 수출국이 됐지만 수소경제로의 변화를 준비하는 일도 게을리하지 않고 있다. 호주의 남서쪽 해안지역은 풍력, 내륙지역은 태양광발전에 적합한 지리적 이점이 있다. 풍력과 태양광으로 발전한 에너지 여분을 수소로 전환해 저장 및 수출하는 사업을 국가 차원에서 계획 중이다.

호주의 수소 수출 전략에서 알 수 있듯이, 수소는 최근 에너지 운반체Energy Carrier로 주목받고 있다. 풍력 및 태양광으로 많은 전력을 생산해 낼 수는 있지만, 생산된 전력을 다른 국가로 수출하기는 어렵다. 그래서 신재생에너지로 생성된 전력은 수용할 수 있는 전력계통이 없을 때는 버려지기도 한다. 따라서 이런 유휴 전력을 수소라는 중간체로 변환해 저장하면 장거리 운송이 가능해지고, 이를 상용화한다면 재생에너지의 전력 생산 불안정성을 해결하고 화석연료 사용을 줄일 수 있다는 측면에서 일석이조의 효과를 기대할 수 있는 것이다. 더욱이 수소는 어디에나 존재하는 보편적 원소로서 안정적인 수출입이 가능하기에 중동 등 특정 지역에 국한된 에너지 의존도를 낮추는 장점이 있어 에너지 안보 차원에서도 의미가 있다.

여기서 나오는 개념이 바로 P2GPower to Gas다. P2G란 풍력, 태양광 등의 재생에너지에서 생산된 전기를 이용해 물에서 수소를 생산하거나 생산된 수소를 이산화탄소와 반응시켜 메탄 등의 연료 형태로 저장해 이용하는 것을 말한다. P2G 방식으로 저장한 연료는 이후 발전 연료나 수송 연료로 사용하게 된다. P2G 기술 개발이 중요한 이유는 현재 신재생에너지 보급이 확대되고 있긴 하지만 지금의 기술력으로는 출력 변동성이 심해 전력계통의 안정적 운영에 문제가 생길 수 있기 때문이다.

참고로 P2G는 전력을 전력 자체로 저장하는 ESS와 달리 전력을 수소나 메탄 등의 연료 형태로 변환해 저장한다. ESS는 설비용량이 최대 20MWh에 불과하지만 P2G는 ESS의 50배인 1GWh에 달해 대용량 설비에 더 적합하다.

수소는 생산 방식에 따라 그레이Grey수소, 블루Blue수소, 그린Green수소로 구분한다. 그레이수소는 석유화학 및 제철 산업의 공정과정에서 나오는 부생수소, 또는 천연가스를 고온고압에서 분해해 생산하거나 석탄을 고온에서 가스화한 추출수소를 말한다. 블루수소는 그레이수소 중 추출수소를 만들 때 발생하는 이산화탄소를 포집 후 저장하는 CCS_{Carbon Capture and Storage} 공정을 적용해 생산한 수소를 말한다. 마지막으로 그린수소는 순수 재생에너지 전력에서 발생하거나 물을 전기 분해해서 수소를 생산하는 수전해 방식으로 생산된 수소를 의미한다.

진정한 의미에서 친환경 수소는 이산화탄소가 발생하지 않는_{CO2-free} 그린수소뿐이다. 하지만 그린수소는 그레이수소 대비 가격 경쟁력이 떨어지기 때문에 상용화를 위해서는 상당한 시간과 투자가 필요하다. 국내의 경우 그린수소를 위한 투자와 더불어 해외에서 생산된 CO_2-free 수소를 수입하기 위한 인프라 구축이 병행돼야 할 것으로 판단된다.

주목해볼 만한 부생수소 기업들
• • •

그린수소 생산이 본격화되기 위해서는 상당한 시간이 필요하기 때문에 당분간은 부생수소를 많이 사용할 것으로 생각된다. 부생수소는 석유화학이나 제철 공정상에서 발생하는 부산물이기 때문에 부생수소 생산은 단가가 가장 저렴한 경제적 수소 제조 방법이다.

국내 수소 생산능력은 약 192만 톤으로 울산(50%), 여수(34%), 대산(11%) 등 석유화학단지에서 대부분 생산하고 있다. 수소는 반도체 및 디스플레이 제조, 암모니아 제조, 광섬유 제조, 석유 정제, 화학비료, 전지 제조, 제철, 우주선 및 로켓연료(액체수소) 등 다양한 분야에서 사용되는 중요한 산업용 원료다. 2019년 에너지경제연구원 및 산업통상자원부의 〈수소경제 활성화 로드맵 수립연구〉자료에 따르면 산업 내 사용량을 제외한 수소의 여유 생산능력은 약 5만 톤이다. 이는 수소차 25만 대를 운행할 수 있는 수소량이다. 같은 자료에서 수소차 운행량은 2022년 8만 1,000대, 2040년 620만 대 이상을 목표로 하고 있다. 참고로 국내의 유일한 수소차 제조사인 현대차가 2020년 10월까지 수소전기차 5,097대를 판매했으며, 글로벌 누적 판매량 1만 대를 넘어섰다. 국내외 부생수소 관련 기업으로는 덕양, 에스피지수소, 린데Linde, 에어프로덕츠 앤드 케미컬스Air Products & Chemicals, 에어리퀴드Air Liquide 등이 있다.

덕양 · 에스피지수소 비상장

덕양은 1982년 법인을 설립해 국내 수소 생산량의 60% 이상을 차지하고 있는 국내 최대 산업용 가스 제조·판매 업체다. 울산, 여수, 서산, 군산 등 국내에 9개 생산공장을 보유하고 있으며 반도체 공정, 금속 열처리나 용접, 자동차 연료 등에 사용되는 수소, 탄산가스, 질소 등 산업용 가스를 제조해 SK에너지, 롯데케미칼, 에어리퀴드코리아 등에 공급하고 있다.

에스피지수소 역시 산업용 가스 제조업체로 국내 2위의 수소 생산 업체다. 에스피지수소의 주요 고객사는 에쓰오일, SK실트론, SK에어가스, 이수화학 등이다. 2019년 기준 매출액은 덕양이 약 3,572억 원, 에스피지수소는 약 1,660억 원에 이르며 3위 업체부터는 매출액이 1,000억 원 미만이다. 덕양의 경우 2015년 적자에서 실적이 지속적으로 개선돼, 2019년에는 영업이익률이 8.7%로 상승했다. 이를 통해 수소 및 산업가스에 대한 업황 호전을 간접적으로 확인할 수 있다.

린데 LIN.US

린데는 다국적 수소 생산기업으로, 2019년 독일의 린데와 미국의 프렉스에어Praxair의 합병을 통해 세계 최대 규모의 산업용 가스 생산, 유통 업체가 됐다. 또한 2019년 10월 영국의 수전해 전문기업 ITM 파워ITM Power 지분 20%를 인수해 그린수소 생산 분야로 사업 확장을 꾀하고 있다. 수소의 부피를 800분의 1로 줄일 수 있는 액화 설비와 약 200개의 충전소도 보유 중이다. 국내에서는 효성화학 용연공장에서 생산되는 부생수소에 린데의 수소 액화 기술을 이용해 액화수소를 생산할 계획이다. 투자 규모는 2022년까지 총 3,000억, 생산량은 연간 1만 3,000톤으로 단일 설비 기준으로는 세계 최대 규모다.

에어프로덕츠 앤드 케미컬스 APD.US

에어프로덕츠 앤드 케미컬스는 2019년 매출 89억 달러의 산업용 가스 메이저 업체다. 2020년 7월에는 사우디의 미래형 신도시 네옴NEOM에 총 70억 달러 규모의 친환경 수소 기반 암모니아 생산 및 분해 시설 계약을 체결했다. 일일 650톤의 수소와 연간 120만 톤의 암모니아가 생산될 수 있는 규모이며, 이는 매년 300만 톤 이상의 CO_2 배출량과 70만 대 이상의 차량에서 배출되는 온실가스를 줄이는 효과다.

에어리퀴드 AI.PA

에어리퀴드는 프랑스의 산업용, 의료용 가스 생산업체로, 2019년 매출액이 219억 유로에 달하며, 지난 5년간 연평균 7.4%씩 성장하고 있는 기업이다. 주요 제품은 액체질소, 아르곤, 이산화탄소, 산소 등이며, 온실가스 감축 및 석유 의존도를 낮추기 위한 방안으로 수소에 집중하고 있다. 파리 시내 최초의 도심형 패키지식 수소 충전소를 설치했고, 수소 관련 핵심기술인 액화수소 충전기술을 보유하고 있다. 이 액화수소 기술은 현재 프랑스 에어리퀴드, 미국 에어프로덕츠 앤드 케미칼스, 독일 린데 등 소수의 기업만 보유하고 있다. 또한 에어리퀴드는 국내에서는 한국가스공사, 현대차, 효성 등 13개 업체가 참여한 특수목적법인 하이넷Hydrogen Network, Hynet (국내 수소 충전소 확대 컨트롤타워)을 설립해 2022년까지 100기의 수소 충전소를 구축할 계획이다.

과도기 단계엔 추출수소 업체를 주목하라

• • •

그레이수소에는 부생수소 이외에 추출수소가 있다. 그린수소가 시장에 나오려면 시간이 걸리기 때문에 그 과정에서 부생수소, 추출수소 업체들이 과도기적으로는 더 부각될 가능성이 있다. 추출수소 관련 기업으로 제이앤케이히터와 현대로템 등이 있다. 추출수소란 천연가스 등을 개질(천연가스를 고온·고압의 수증기로 분해해 화학적 구조를 변형하는 것)하거나, 석탄을 고온에서 가스화해 추출한 수소이다. 다만 수소를 생산하는 과정에서 수소의 10배에 해당하는 이산화탄소가 발생하기 때문에 이산화탄소를 포집 및 저장하는 CCS 방식(블루수소)으로 활용하는 방안이 논의되고 있다. 궁극적으로는 그린수소를 생산하는 방향으로 가야 하겠지만, 아직 재생에너지의 발전량이 부족한 국내에서는 추출수소와 그린수소의 병행수입이 현실적인 대안이 될 것이다.

제이엔케이히터 126880.KQ

제이엔케이히터는 1998년 대림엔지니어링 히터사업부에서 분사됐으며, 석유화학 플랜트에 사용되는 산업용 가열로를 생산하는 업체다. 신규사업으로 현지공급On-site 수소 충전소 구축 사업을 계획하고 있으며, 여기에 국책과제수행으로 확보한 수소추출 기술을 접목할 것으로 보인다. 한국은 메탄이 주성분인 천연가스 공급 인프라가 가장 잘 갖추어진 국가이고, 수소추출기를 이용한 현지공급 수소 충전소의 경우 튜브 트레일러로 수소를 공급받는Off-site 수소 충전소에 대비해 운송비를 상당 부분 절감할 수 있다.

현대로템 064350.KS

현대로템은 1977년 설립된 철도 전문 기업이다. 철도 이외에 방산과 플랜트 사업도 영위하고 있으며 현재 수소 분야 사업 확장에 힘쓰고 있다. 수소 모빌리티 생태계 구축을 위해 수소 충전 설비공급 사업에 진출했으며, 최근에는 수소리포머 2대를 수주하기도 했다. 수소리포머는 액화천연가스에서 고순도 수소를 뽑아내는 수소 추출기를 말한다. 해당 기술은 해외에서 이전받고 있으며, 완료 시 해외 수소리포머 대비 15% 이상의 비용 절감이 예상된다. 국내 공장에서는 연간 20대의 수소 추출기 제작이 가능하며, 수소생산량은 연간 약 4,700톤으로 넥쏘 기준 85만여 대의 수소차에 연료를 가득 채울 수 있는 규모다. 또한 도심형 교통수단인 수소전기트램도 개발 중인데 전선과 변전소 등의 설비가 필요 없어 전력 인프라 건설이나 유지보수 비용을 절감할 수 있는 장점이 있다. 한편 하이넷에서 추진하는 당진 수소출하센터의 공사도 수주를 받아 완공할 예정이다.

현대로템은 2021년 상반기 내 수소전기트램의 개발을 완료하고 영업에 들어갈 계획이다. 이로써 현대자동차그룹의 수소연료전지 활용 분야가 철도차량으로도 확대된다.

진정한 클린 수소는 그린수소

• • •

그린수소 시대로 전환하는 과정에서 결국 가장 중요하고 필요한 것은 그린수소와 관련된 기술 확보일 것이다. 최근 SK그룹이 미국 플러그파워를 인수한 것 외에도 현대차, 한화, 포스코그룹 등의 기업이 그린수소 기술 확보를 위한 투자와 미래 비전을 제시하고 있다.

친환경 수소인 그린수소는 재생에너지의 전력을 이용해 물을 분해해서 수소를 생산하는 수전해 기술을 필수로 한다. 수전해 방식은 전해질의 종류에 따라 알카라인AEC과 고분자 전해질막PEM, 고체산화물SOFC로 구분된다. 우리나라 정부는 2022년까지 MW급 재생에너지와 연계한 수전해 기술을 개발하고 100MW급 재생에너지 연계 실증을 추진하고 있다. 그린수소 관련 기업으로는 넬 하이드로젠NEL Hydrogen, 아사히카세이, 지멘스Siemens, 하이드로제닉스Hydrogenics, ITM 파워 등이 있다. 알칼라인 쪽에서는 노르웨이의 넬 하이드로젠과 일본의 아사히카세이, 고분자 전해질막에서는 독일의 지멘스, 캐나다 하이드로제닉스, 영국의 ITM 파워 등이 대표기업이다.

넬 하이드로젠은 알카라인, 고분자 전해질막 수전해 설비를 개발했고, 커민스Cummins와 에어리퀴드가 하이드로제닉스의 지분을 각각 약 81%, 19% 확보했으며, 독일 린데가 ITM 파워의 지분 20%를 취득하는 등 글로벌 기업들이 중심이 돼 수전해 기술 확보에 적극적으로 뛰어들고 있다. 하이드로제닉스는 캐나다 퀘벡주에 세계 최대인 20MW 규모의 고분자 전해질막 기반 수전해 설비를 구축하고 있고, 린데는 ITM 파워와의 조인트 벤처를 통해 10MW급 수전해 생산 프로젝트를 진행 중이다.

국내 업체로는 비상장 업체인 엘켐텍이 2003년부터 그린수소 관련 개발에 착수해 여러 실증 사업에 참여하고 있으며, 3,000cm² 대형 스택Stack과 1MW 수전해 기술을 확보했다. 해외에서 그린수소 관련 기업들이 이미 활발하게 움직이고 있는 데 반해 국내에서는 이제서야 대기업 중심으로 본격적인 수소 관련 투자 및 미래 비전을 제시하고 있다는 점이 다소 아쉽다.

SK 034730.KS

SK는 자회사 SK E&S를 통해서 LNG 밸류체인(천연가스를 생산하는 가스전, 액화플랜트, LNG 수송, LNG 터미털, 발전 등)을 완성했고, 국내외에서 태양광과 풍력발전 등 재생에너지 사업을 진행하고 있다. 또한 수소 사업 확장을 위해 'SK수소사업추진단'을 신설했고, 2023년부터 연간 3만 톤 규모의 액화수소 생산 설비를 건설해 수도권에 액화수소를 공급할 계획으로, SK이노베이션에서 부생수소(그레이수소)를 공급한다. 연간 300만 톤 이상의 LNG를 직수입하는 SK E&S를 통해서는 블루수소 25만 톤을 생산할 계획이다. 또한 SK는 수소 생산, 유통, 공급을 아우르는 국내 수소 생태계 구축을 위해 2025년까지 총 28만 톤의 블루수소 생산능력을 갖출 계획이다.

2021년에 들어서는 SK E&S와 함께 미국 수소에너지 기업인 플러그파워의 지분 9.9%를 인수해 수소 시대를 준비하고 있다. 플러그파워는 차량용 연료전지PEMF, 수전해 핵심 설비인 전해조, 액화수소플랜트와 수소 충전소 건설 기술 등 수소 사업 밸류체인 내의 많은 핵심기술을 보유하고 있어 세계적인 주목을 받고 있다.

SK가스 018670.KS

SK디스커버리의 자회사인 SK가스는 SK디앤디와 SK어드밴스드의 지분을 각각 31%, 45% 보유하고 있다. SK가스는 기존의 액화석유가스LPG 충전소를 활용해 수소 충전소를 구축하는 방안을 추진하고 있다. SK어드밴스드의 프로필렌을 만드는 공정에서 연간 3만 톤의 부생수소가 나오는데 이를 수소 충전소를 통해 판매·유통할 계획이다. 기체수소를 액화하는 기술을 개발한 스타트업 하이리움산업과 양해각서MOU를 체결해, 2024년 울산 LNG 터미널에서 발생하는 냉열을 활용한 액화수소 생산도 검토하고 있다.

포스코 005490.KS

포스코는 명실상부한 국내 철강 산업 1위 사업자로, 제품을 만들기 위한 고로(용광로)의 주원료가 석탄이기 때문에 탄소배출의 원흉으로 낙인찍혀 왔다. 포스코 역시 그린의 흐름에 따르기 위해 수소 산업 진출 본격화를 밝히고 있다. 2050년까지 수소 500만 톤 생산체제를 구축, 수소 사업에서 매출 30조 원을 달성하는 중장기 수소 사업 로드맵을 발표했다. 현재 포스코는 철강 공정에서 생산되는 부생가스와 LNG를 이용해 연간 7,000톤의 수소를 생산할 수 있으며, 이 중 3,500톤을 자체적으로 사용 중이다. 2025년까지 부생수소 생산능력을 7만 톤으로, 2030년까지는 블루수소 50만 톤, 2040년까지 그린수소 200만 톤으로 갖춰나갈 계획이다. 2050년까지는 그린수소 기반 수소환원제철소(석탄 대신 수소를 환원제로 사용)를 구현해 탄소중립을 달성할 예정이다.

한화솔루션 009830.KS

한화솔루션은 OCI와 함께 국내 대표적인 태양광 업체다. 한화솔루션 역시 수소 시대에 대비하며, 2021년 들어 신재생에너지 발전 프로젝트를 담당하는 GESGreen Energy Solution 사업부를 확대 개편했다. P2G의 핵심기술인 수전해 기술을 바탕으로 그린수소 대량 생산체제를 위한 기술력 조기 확보에 나서고 있다. 2020년 12월에는 1조 2,000억 원의 유상증자를 통해 2021년부터 5년간 2조 8,000억 원을 차세대 태양광과 그린수소에 투자하기로 했다. 또한 미국항공우주국NASA의 사내벤처로 출발한 미국의 고압 수소탱크 업체 시마론Cimarron을 인수해 초대형 수소 탱크 사업을 추진할 계획이다. 대규모 유상증자 이후 첫 인수로 수소탱크 업체를 선택했다는 것은 그만큼 그룹 차원에서 수소 사업 확대에 온 힘을 기울이고 있음을 보여주는 것이다.

효성중공업 298040.KS

효성중공업은 2018년 6월 효성에서 중공업, 건설 사업 부문을 인적 분할해 설립됐으며, 초고압 변압기 등 송배전 설비와 건설업, ESS 사업을 영위하고 있다. 효성중공업은 압축천연가스CNG 충전소 사업 경험을 기반으로 수소 충전 사업을 확대하려고 한다. 정부의 수소경제 로드맵에 따르면 2021년 237개, 2022년 310개의 충전소를 건립할 계획이다. 효성중공업이 정부의 수소 충전소 신규 사업 및 수소버스 충전소, 수소생산기지 충전소 등을 2020년에 수주함에 따라 2021년부터는 본격적으로 수소 관련 사업의 성장이 예상된다. 또한 효성중공업은 2020년 4월 린데그룹과 3,000억을 투자해 울산에 세계 최대규모의 액화수소공장을 설립하기로 했다. 울산 효성화학의 PDH공장(프로필렌 생산)에서 생산되는 부생수소를 액화시키는 사업으로 연간 1만 3,000톤의 규모다. 완공 시점에 맞추어서 전국에 21개의 수소 충전소를 건립할 계획을 하고 있다.

글로벌 TOP2 현대차 VS 토요타 수소차 전쟁

• • •

수소가 가장 긴요하게 사용될 분야는 바로 운송일 것이다. 이미 각국 정부는 앞다투어 수소 모빌리티, 특히 수소차 활성화를 위한 로드맵을 발표했다. 미국의 경우는 2030년 기준 수소차 120만 대, 수소 화물차 30만 대, 수

주요 국가들의 수소차, 수소 충전소 현황 및 보급 전망

구분		2018년 2월 현황	2025년(누적)	2030년(누적)
수소차(대)	일본	1,800	20만	80만
	중국	60	5만	100만
	독일	-	65만	180만
	미국	-	-	120만
	한국	900	10만	63만
수소 충전소(개)	일본	92	640	900
	중국	5	300	1,000
	독일	50	400(2023년)	1,000
	미국	-	-	4,300
	한국	39	400	600

출처: 국토교통부

소 충전소 4,300개를 목표로 하고 있다. 일본의 경우는 2030년 기준 수소차 80만 대, 수소버스 1,200대, 수소 충전소 900개를 계획하고 있다. 우리나라는 2040년 누적 기준 수소차 620만 대, 수소 충전소 1,200개 이상을 로드맵으로 제시하고 있다.

내연기관차의 신규 판매 금지 규제는 점차 확대되는 추세다. 2017년 기준 전 세계 자동차 시장은 약 2조 달러 수준으로, 그중 약 10%만 수소차로 전환된다고 하더라도 수소차 시장의 규모는 전 세계 디스플레이 시장(1,300억 달러)보다 크고, 반도체 시장(4,200억 달러)의 절반 수준이 될 것이다.

현재까지 승용차 부문에서는 전기차가 수소차보다 가격 경쟁력이 뛰어나다고 할 수 있다. 하지만 차량의 크기가 커지면 이야기는 달라진다. 주행거리를 늘리기 위해서 전기차에서는 배터리양을, 수소차에서는 수소통 개수를 늘려야 하는데 수소통이 배터리보다는 가벼워 대형 트럭에서는 수소차가 전기차보다 주행거리와 충전시간 측면에서 모두 유리해지기 때문이다. 주로 물류를 담당하는 대형 트럭 등은 특정 구간을 이동할 가능성이 많기 때문에 충전소 인프라만 잘 갖춘다면 대형 운송 수단 부문에서 수소차가 크게 성장할 것으로 기대된다.

수소차의 글로벌 플레이어로 현대차, 토요타, 혼다 등이 있다. 특히 2020년 현대차의 수소전기차 넥쏘는 주요 경쟁사를 따돌리며 판매량 1위를 차지했다. 2020년 1~9월 글로벌 시장에서 판매된 수소차 6,664대 중 현대차 넥쏘가 4,917대(74%), 토요타 미라이Mirai 767대(11%), 혼다 클래리티Clarity 187대(3%)로 현대차가 압도적인 승리를 거두었다. 2020년 말, 토요타가 성능을 대폭 개선한 미라이 2세대 모델을 선보여 앞으로 경쟁은 더욱 치열해질 전망이다.

현대차 005380.KS

현대차는 2020년 12월 수소연료전지 브랜드 HTWOHydrogen+Humanity(H가 2개라는 뜻)를 공개하면서 수소 비즈니스를 3대 핵심 사업으로 격상했다. 현대자동차그룹은 전통적인 글로벌 자동차 제조사 중에서도 전기차뿐 아니라 수소차까지 생산하는 극소수 그룹에 속한다. 2018년 12월 현대모비스 수소연료전지 시스템 2공장 착공을 시작으로, 수소차용 연료전지 스택 생산능력CAPA을 연 3,000대에서 2022년 연 4만 대까지 확대할 계획이다. 2030년까지는 연 50만 대 생산능력을 갖추겠다는 비전도 발표했다. 이를

현대차의 연료전지 기술

출처: 현대차

위해 연구개발과 설비 확대에 7조 6,000억 원을 투자할 예정이다. 또한 현대자동차그룹은 중국 광둥성 광저우시에 수소연료전지 시스템 공장 설립도 추진하고 있다.

현대차는 2013년 투싼IX를 세계 최초로 양산했고, 2018년 2세대 수소전기차인 넥쏘를, 2020년에는 엑시언트 퓨얼셀이라는 세계 최초 수소트럭을 개발, 스위스로 수출했다. 또한 연료전지 기술을 바탕으로 자동차뿐만 아니라 비 자동차 영역인 선박, 기차, 비상발전용, 도심 항공 모빌리티까지 영역을 확장할 계획이다.

현대차는 사우디의 대표 정유기업 아람코와 수소 공급 및 수소 충전소 확대, 그리고 수소탱크의 소재인 탄소섬유 개발을 위한 MOU를 체결했다. 미국의 커민스와는 북미 상용차 시장에 수소연료전지 시스템을 공급하고, 데이터센터의 비상발전용 수소연료전지 시스템 진출을 위한 MOU를 체결하는 등 글로벌 수소 네트워크 확장에 힘쓰고 있다. 이를 통해 현대차의 자체 내연기관을 연료전지로 점진적으로 대체하고 지게차, 굴삭기 등 특수차, 도심 항공 모빌리티와 같은 타 수송 수단으로도 수소연료전지 시스템을 공급할 예정이다. 이를 위해 2025년까지 4조 1,000억 원을 투자할 계획이다. 이렇듯 현대자동차그룹은 전기차 이외에도 수소차 등 미래 모빌리티에 가장 적극적으로 대비하고 있는 기업이다.

토요타 7203.JP

토요타는 현대차와 함께 수소차 시장을 주도해 나가고 있다. 2020년 12월 수소차 미라이2를 공식 출시했다. 주행거리는 기존 미라이1보다 30% 증가한 850km이며, 수소탑재 용량은 20% 늘어났다. 미라이1의 경우 현대차의 투싼IX과의 경쟁에서는 앞섰으나, 2018년 현대차가 넥쏘를 출시하면서 전세가 역전됐다. 이에 맞서 토요타가 신형 미라이를 출시했기 때문에 2021년 수소차 시장에서의 두 플레이어의 경쟁을 흥미롭게 주목할 만하다. 글로벌 자동차 기업의 열띤 경쟁은 아직 초기 단계인 수소차 시장을

출처: 토요타

토요타가 CES에서 발표한 우븐시티. 후지산 기슭에 조성되는 친환경 수소도시다.

열어가는 데 긍정적일 것으로 판단한다.

　　토요타는 중국에서 연료전지 개발 합작사를 통해 시장 확대를 노리고 있다. 토요타가 65% 지분을 가지고, 중국의 칭화대와 4개 자동차 기업(베이징·제일·둥펑·광저우)이 각각 5~15%의 지분을 출자한 형태다. 이 합작회사가 개발한 수소차 시스템을 2022년까지 중국 트럭과 버스에 제공한다는 계획이다.

　　한편 토요타는 2020년 라스베이거스 국제전자제품박람회CES에서 우븐시티Woven City로 명명된 프로토타입의 수소도시 조성 계획을 밝혔다. 우븐시티는 후지산 기슭에 위치한 토요타 자동차 공장터를 재개발해 구현한다. 건물의 전력 공급원에는 수소연료전지와 태양광을 사용하고, 주도로에는 무공해 차량만 운행한다. 로봇공항, 자율주행, 스마트홈, 개인 이동성, 인공지능 등의 기술이 접목되며 2021년 착공할 예정이다.

수소연료전지의 부품은 누가 만드나?

● ● ●

수소연료전지에서 가장 핵심부품은 스택이다. 스택은 수소차의 심장에 해당하는 부분으로, 수소와 공기 중의 산소를 결합해 전기를 만드는 장치를 말한다. 수소차의 생산비용에서 약 40% 정도를 차지할 정도로 중요한 부품이다.

　　스택은 막전극접합체Membrane Electrode Assembly, MEA와 기체확산층Gas Diffusion Layer, GDL, 분리판, 개스킷Gasket 등으로 이뤄진 셀이 여러 장 직렬로 연결돼 구성된다. 스택 중에서는 막전극접합체, 기체확산층, 분리판 순으로 원가가 높으며 그중 막전극접합체 가격이 스택 가격의 약 40%를 차지한다. 막전극접합체는 PEM 연료전지°의 핵심 역할을 하는 부품으로 수소가 전기에너지로 전환되는 전기화학 반응을 촉진해준다. 산화전극Anode에 투입된 수소는 촉매제와 반응해 양성자와 전자로 분해된다. 양성자는 막전극접합체를 통과해 환원전극Cathode으로 이동하여 산소와 결합하고 촉매제의 도움으로 물을 생산한다. 막전극접합체를 통과하지 못한 전자는 연료전지에서 흘러나와서 전기에너지가 되는 것이 주 원리다. 여기서 알 수 있듯 막전극접합체는 수소이온만 통과시켜야 하기에 높은 기술력이 요구돼 신규기업의 진입장벽이 높다.

상아프론테크 089980.KQ

상아프론테크는 국내 유일의 불소수지 기반 제품을 생산하는 기업이다. 생산한 제품을 디스플레이, 2차전지, 반도체 등 다양한 전방산업에 공급하고 있다. 최근 주목받는 이유는 자체 ePTFE(확장형 폴리테트라플루오로에틸렌) 특허를 기반으로 수소연료전지 스택의 분리막(막전극접합체용 전해질막)을 개발했기 때문이다. 막전극접합체 소재인 ePTFE는 의류, 의료, 필터 등 다양한 분야에서 사용된다. 수소연료전지의 막전극접합체는 수소차 소재 중 기술적 난이도와 진입장벽이 높아, 그동안 미국의 고어GORE사가 독점해 왔는데, 상아프론테크가 국산화에 성공한 것이다. 약 3년의 개발 과정과 테스트를 거쳤고, 양산 체제를 준비해, 2021년 실질적인 상용 매출

• PEM 연료전지는 양성자교환막Proton Exchange Membrane 혹은 고분자 전해질막Polymer Electrolyte Membrane 연료전지로 다른 연료전지 대비 운전온도가 낮고, 가동시간이 짧아 가정용, 수송용 등에 널리 쓰인다.

을 기대하고 있다.

수소차용 막전극접합체는 연료전지의 스택 내에서 핵심소재이고, 수소차 원가의 약 15% 수준으로 알려져 대량생산 체제에 들어갈 경우 높은 성장성이 예상된다. 또한 그린수소를 생산하기 위해서는 고분자 전해질막 수전해 시설이 필요한데, 여기에도 막전극접합체가 주요 소재로 사용된다. 수소차에 들어가는 막전극접합체에 비교해 수전해 설비에 들어가는 막전극접합체의 사이즈가 훨씬 크기 때문에 사업의 장기 성장성 측면에서도 주목해볼 만하다.

현대제철 004020.KS

현대제철은 국내 2위 철강사로 현대자동차그룹 계열사를 통해 안정적으로 차량용 강판을 공급하고 있다. 또한 그룹사의 수소 산업 확대 전략에 맞춰, 현대제철도 부생수소와 수소전기차의 금속분리판을 생산하고 있다. 금속분리판이 스택 원가에서 차지하는 비중은 약 18%다. 또한 전기차용 스틸 배터리 케이스도 개발하고 있다. 스틸로 제작하면 알루미늄 케이스 대비 중량은 증가하지만, 내구성이나 충돌성능 등 사양을 높일 수 있고, 각종 법규를 만족시키기 용이하다. 또한 수소 인프라 사업도 강화하고 있다. 현재 현대제철의 부생수소 생산능력은 3,500톤인데, 약 2,500억의 투자를 통해 연간 최대 3만 7,200톤으로 생산량을 늘리는 것을 검토하고 있다.

효성첨단소재 298050.KS

효성첨단소재는 타이어 보강재와 에어백용 원사 부문에서 글로벌 시장 점유율 1위 회사다. 또한 최첨단 소재인 아라미드 원사와 탄소섬유에 대

에너지 효율성을 증대시키는
첨단소재로 주목받는 탄소섬유.

한 투자도 강화하고 있다. 특히 탄소섬유는 강철과 비교해 무게는 25% 수준으로 가볍지만 강도는 10배 이상이기 때문에, 경량화로 에너지 효율성을 증대시키는 첨단소재로 주목받고 있다. 전 세계 탄소섬유 시장은 매년 10% 이상 성장 중이며 수소전기차와 수소연료탱크에도 탄소복합소재가 사용된다.

탄소섬유는 수소차 이외에도 다양한 분야에 사용되고 있다. 풍력발전에서는 용량 증대로 블레이드 길이가 길어짐에 따라 이 무게를 견딜 수 있는 물성을 맞추기 위해 탄소섬유 소재의 수요가 증가하고 있다. 또 연비 개선을 위해서 항공용으로도 사용되는 등 소재의 경량화 및 높은 강도가 요구되는 분야에서 탄소섬유 수요는 더욱더 빠르게 증대할 것으로 예상한다. 아직은 일본의 도레이가 이 시장을 독식하고 있으나, 효성첨단소재도 점차 시장점유율을 높여갈 것으로 기대된다. 생산능력은 2019년 연간 2,000톤에서 2020년 4,000톤으로 2배 증가했으며, 최종적으로 2028년까지 총 1조 원 투자를 통해 세계 최대규모의 생산량인 2만 4,000톤까지 증설한다는 계획이다.

일진다이아는 공업용 합성다이아몬드를 제조하는 기업이다. 이 회사가 주목받고 있는 것은 86.9% 지분을 보유하고 있는 자회사 일진복합소재(비상장) 때문이다. 일진복합소재는 1999년 설립된 한국복합재료연구소가 모태로, 2011년에 일진그룹이 인수했다. 제품으로는 고압 CNG 탱크, 수소탱크, 매연 저감장치 등을 제작하고 있고, 수소연료전지차용 수소탱크를 국내에서 유일하게 공급하는 업체이기도 하다.

정부의 수소경제 로드맵에 따른 수소 인프라 확대 정책과 현대차의 수소차 라인업 확대가 지속될 것으로 예상됨에 따라 중장기 영업환경은 긍정적이다. 2019년 710억 원의 유상증자로 설비를 증설했고, 향후 수소탱크 제조 공장과 연구개발센터 건설 자금 조달을 위해 2021년 중 상장할 것으로 예상된다.

일진복합소재는 현대차의 첫 수소차인 투싼IX에 이어, 넥쏘에도 수소탱크를 독점 공급하고 있으며 기술적으로는 Type4 수소탱크를 제작하고 있다. 참고로 고압가스는 취급하는 용기 구조에 따라 Type1~4로 나뉘는데 Type1은 용기 전체가 금속 재질(스틸·알루미늄) 라이너로 구성된 것

출처: 일진복합소재

700바의 고압에도 견디는 일진복합소재의 수소탱크.

이고 Type2는 금속재질 라이너에 탄소섬유 복합재료로 몸통 부분만 보강한 것이다. Type3는 알루미늄 라이너 전체에 탄소섬유 복합재료를 보강한 것이고, Type4는 플라스틱과 같은 비금속 라이너에 탄소섬유 복합재료로 용기 전체를 보강한 형태를 말한다.

Type1~4에서 버틸 수 있는 압력은 각각 200, 300, 400, 700바bar(압력 단위)로 자동차용 수소 저장 용기로는 Type4 수소탱크를 사용한다. 즉 고강도 초경량 연료탱크를 위해서는 Type4 기술이 꼭 필요한데, 현재 Type4 관련 생산기술은 토요타와 일진복합소재만 보유하고 있다.

현대자동차그룹의 미래 모빌리티에서 살펴보았듯이, 향후 물류업계에서 주목받고 있는 수소드론, 수소트럭, 수소버스 등으로 애플리케이션이 확장됨에 따라 수소탱크의 적용 범위도 넓어지고 있다. 코로나19의 영향에도 불구하고 향후 고압 전력선, 건축물, 대규모 파이프라인 등에 수소드론의 사용이 증가할 것으로 예상되기에 수소탱크 분야는 긍정적 전망이다.

세종공업 033530.KS

세종공업은 기존 내연기관차 배기 시스템 부문 1위인 자동차 부품 업체다. 배기가스를 정화하는 컨버터와 소음·진동을 줄여주는 머플러가 주력 제품이다. 이런 내연기관 위주의 매출구조에서 벗어나기 위해 2014년 휠속도 센서Wheel Speed Sensor, WSS 전문업체인 아센텍(지분율 100%)을 인수했다. 전장업체인 아센텍은 2019년 11월 베트남 공장을 완공해 연간 1,000만 대 규모의 생산능력을 갖췄으며, 현대차와 기아의 동남아 시장 확대 전략에 따른 수요 증가가 예상된다.

42%의 지분을 보유하고 있는 모비어스앤밸류체인은 자율주행 무인 지게차Autonomous Fork Lift, AFL, 자율주행 무인 반송차Automated guided Vehicle, AGV, 자율이송장비 관리 시스템 등을 사업으로 영위하고 있다. 전자상거래 시장의 급성장으로, 풀필먼트 서비스Fulfillment Service(고객의 주문에 따라 물류센터

친환경 고효율 자동차 전장부품

수소 압력 릴리프밸브
(수소 공급 시스템)

수소 센서
(수소 공급 시스템)

수소 센서
(차량 실내)

압력 센서
(수소 공급 시스템)

수소 센서
(수소 저장 탱크)

수소 센서
(연료전지 스택)

휠 속도 센서
(자동차 바퀴)

압력 센서
(수소 가스 라인)

냉각수 압력 온도 센서

Urea-SCR 시스템

수위 센서

워터 트랩

배기 시스템용 센서

● 배기 시스템 전장　　● 지능형 스마트카　　● 수소연료전지 자동차

출처: 세종공업

에서 제품을 찾아 포장하고 배송하는 모든 과정)에서 무인 자율주행이 가능한 지게차 수요가 증가할 것으로 예상된다.

세종공업은 2020년 5월 현대모비스에 수소연료전지차 전용 부품을 공급하기 위한 세종이브이(지분율 100%)를 설립했다. 현재 현대차용 금속 분리판은 현대제철이 공급하고 있으나, 수소차 볼륨 증가에 대비한 이원화로 세종이브이가 수소차 부품에 본격 진출하게 된 것이다. 이베스트 증권의 추정에 따르면 현대차의 수소차 판매량은 2020년 1만 대 수준에서 2025년 5만 대 수준까지 급격히 증가할 것으로 예상되므로, 세종공업도 현대차의 수소차 볼륨 증가 수혜를 볼 수 있는 것이다. 제품 위상 측면에서도 수소차의 핵심부품은 스택이고 스택의 주요부품이 앞서 살펴본 막전극접합체, 기체확산층, 금속분리판 등이기 때문에 세종공업 역시 수소차의 주요부품을 담당하게 되는 것이다.

HPS 제도 도입은 발전용 연료전지 분야의 새로운 기회

• • •

친환경·고효율 에너지원인 발전용 연료전지가 분산 전원 방식의 최적 에너지원으로 부상하면서 전 세계적으로 그 시장이 커지는 추세다. 국내에서는 대규모 발전 사업자에게 총발전량에서 일정 비율을 신재생에너지로 공급하도록 의무화하는 제도인 신재생에너지 의무할당제Renewable energy Portfolio Standard, RPS를 바탕으로 2020년 3분기 말 기준으로 606MW 규모의 발전용 연료전지가 설치됐다. 발전 공기업을 포함해 21개 발전 사업자들이 이 RPS제도를 따라야 하며, 공급의무 비율은 지속적으로 증가해 2030년에는 28%까지 높여야 한다.

한편 한국에너지관리공단은 발전 사업자가 신재생에너지 설비를 이용해 전기를 생산 및 공급했음을 확인하는 신재생에너지 공급인증서 Renewable Energy Certificate, REC를 발급하는데, 전력거래소를 통해 1,000원 단위

신재생에너지 의무공급량 비율 추이

년도	2017년	2018년	2019년	2020년	2021년	2022년	2023년	2026년	2030년
비율(%)	4	5	6	7	9	10	10	16	28

출처: 산업통상자원부

로 거래되는 REC 측면에서 연료전지는 태양광보다도 유리하다. 태양광의 가중치는 용량과 설치 위치에 따라 0.7~1.5를 받고 있으며, 태양광을 에너지 저장 장치인 ESS와 연계한 경우 5.0으로 높았으나 2020년 7월부터 12월까지는 4.0이고, 2021년부터는 일몰이 되어 효력이 사라진다. 반면 설치가 까다로운 해상풍력은 연계 거리에 따라 가중치가 2.0~3.5로 높고, 연료전지 역시 2.0으로 높은 가중치를 받고 있다.

수소법에 따라서 2020년 7월 출범한 수소경제위원회는 수소연료전지 보급 확대를 위해 수소발전 의무화제도Hydrogen energy Portfolio Standard, HPS를 도입했다. HPS는 2022년부터 수소경제 확대를 위해 전력시장에서 수소연료전지로 생산된 전력을 일정량 구매하도록 의무화한 것이다. 이렇게 기존의 RPS에서 수소연료전지만 따로 분리해 별도의 의무 공급시장을 조성하는 이유는 수소 산업을 더욱 활성화시키기 위함이다. RPS 제도에 따라 발전 사업자는 전력의 7%를 신재생에너지로 생산해야 하는데, 이 신재생에너지 중에서 수소가 차지하는 비중은 13%밖에 되지 않는다. 하지만 HPS에 따라 2022년부터 한국전력은 전체 전력 중 일정 비율을 수소연료전지로 생산한 전력으로 구매해야 하고, 이로 인해 수소연료전지 발전 사

수소발전 의무화제도 도입

출처: 수소경제위원회

수소경제 활성화 국가 비전과 연료전지 성장 목표

구분		2018년	2022년	2040년
발전용 연료전지	전체	307MW	1.5GW	15GW
	(내수)	-	(1GW)	(8GW)
가정·건물용 연료전지		7MW	50MW	2.1GW
수소 공급(연간)		13만 톤	47만 톤	526만 톤 이상
수소 가격(kg당)			6,000원	3,000원

출처: 관계부처 합동

업자에게 새로운 기회가 생길 것으로 기대된다.

이와 함께 도시가스 사업자에게만 공급이 가능했던 기존 천연가스 공급체계도 변경된다. 한국가스공사가 도시가스 회사가 아닌 대규모 수소 제조 사업자에게도 천연가스를 직접 공급할 수 있도록 허용해주는 것이다. 이를 위해 필요한 경우 고압 도시가스 배관 설치도 허용한다. 정부는 2040년까지 연료전지 보급량을 총 15GW(내수 8GW, 수출 7GW)로 늘리고, 20년간 25조 원을 투자하는 것을 목표로 한다고 밝혔다. 또한 정부는 지방자치단체, 기업과 함께 특수목적법인인 '코하이젠Korea Hydrogen Energy Network, Kohygen'을 설립해 상용차용 수소 충전소를 구축할 계획이다. 참여기업으로는 현대차, SK에너지, GS칼텍스, 에쓰오일, 현대오일뱅크, E1, SK가스, 한국지역난방공사 등이 있다.

이처럼 수소연료전지의 높은 REC 가중치와 수소 산업 부흥을 위해 신규로 도입될 HPS 제도, 정부의 연료전지 중장기 성장 로드맵 발표 등은 발전용 연료전지 시장의 성장을 이끌 것으로 기대된다.

두산퓨얼셀은 정부의 강력한 수소 산업 지원정책 드라이브에 힘입어 큰 성장의 기회를 잡았다. 2040년까지 수소연료전지 8GW(내수 기준) 설치 목표를 위해 HPS제도와 그에 따른 구체적인 방안이 제시됐기 때문이다. 이 수치를 달성하기 위해서는 연평균 350~400MW의 수소연료전지 발전소를 건설해야 한다. 두산퓨얼셀은 국내 발전용 연료전지 시장점유율 70% 이상으로 수소연료전지 시장 평균 성장률을 훨씬 웃돌 가능성이 크다. 발전용 연료전지 시장에 대한 우호적 제도가 2022년부터 실시됨에 따라 발주시장 전망치는 상향될 수 있다.

두산퓨얼셀은 2020년 유상증자한 3,360억 원으로 기존 인산형 연료전지PAFC 연간 생산 능력을 63MW에서 260MW로 증설할 계획이며, 제품 포트폴리오 다변화를 위해 기존 인산형 연료전지 외에 고체산화물 연료전

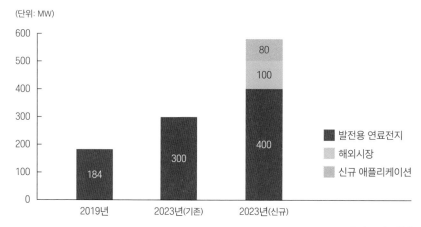

수소연료전지발전 관련 발주 시장 전망

(단위: MW)

출처: 두산퓨얼셀

지도 생산하고 있다. 또 고체산화물 연료전지 기술개발 관련 국책과제를 수행하고 있고, 기술적으로는 영국의 세레스 파워Ceres Power와 스택 양산기술을 공동개발해 2021년 공장 설립에 착공할 예정이다.

미래산업으로는 고분자 전해질막 연료전지 기술을 활용해 현지공급용 수소 충전소 설비를 계획하고 있다. 또 인산형 연료전지 기술을 활용해 천연가스 저장소에서 전기, 열, 수소를 판매할 수 있는 트리젠Tri-Gen(삼중발전)이라는 제품 개발을 추진하고 있으며 2022년 상용화 계획이다. 또 고분자 전해질막 기술 기반으로 대형 모빌리티(버스·트럭) 시장에 진출한다. 아직 수소 승용차 대비 버스와 트럭의 보급은 더딘 상황이나 OEM 사와 대형 모빌리티용 수소 파워팩 시장에 진입해 2024년 이후 사업화를 추진 중이다. 또 고체산화물 연료전지 기술을 활용해 선박용 연료전지 시장 진출을 준비하고 있다. 현재까지는 온실가스 배출량을 줄이기 위해 LNG

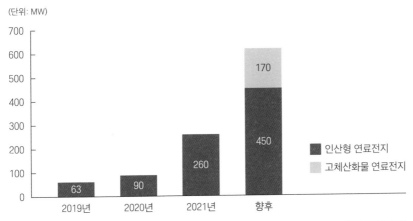

두산퓨얼셀 연료전지 증설 계획

(단위: MW)

출처: 두산퓨얼셀

전해질 종류와 작동 온도에 따른 연료전지 분류

구분	고온형 연료전지		저온형 연료전지	
	용융탄산염 MCFC	고체산화물 SOFC	인산형 PAFC	고분자전해질 PEMFC
용도	발전용, 가전·건물용	수송용, 가정·건물용	발전용, 가정·건물용	수송·휴대용, 건물용
촉매	페로브스카이트	니켈	백금	백금
전해질	용융탄산염	고체산화물	인산염	고분자전해질
전기효율	45~60%	50~60%	40~45%	< 40%
작동온도	550~700℃	600~1,000℃	150~250℃	50~100℃
특징	발전효율 높음 내부 개질 가능 열병합 대응 가능	발전효율 높음 내부 개질 가능 복합발전 가능	CO 내구성 큼 열병합 대응 가능	저온 작동 고출력 밀도

출처: 한국에너지공단

연료 사용이 확대되고 있지만, 궁극적으로는 진정한 그린십Green ship인 무탄소 청정연료(암모니아·수소)를 적용한 수소연료전지 시스템 개발을 추진 중이다.

플러그파워 PLUG.US

플러그파워는 1997년 설립된 미국 수소 회사로 차량용 연료전지Proton-Exchange Membrane Fuel Cell, PEMFC, 수전해 핵심 설비인 전해조, 액화수소 플랜트와 수소 충전소 건설 기술을 보유하고 있다. 2024년까지 그린수소 생산을 위해 5개 공장을 건설할 예정이다. 2022년까지 2개 공장을 가동 목표로 하고 있고 이는 수전해 500MW, 스택 6만 개를 생산할 수 있는 규모다.

한편 영국 석유회사 BP와 그린수소 프로젝트를, 독일 린데와 차량용 연료전지를 공동으로 개발 중이다. 또한 수소 지게차를 아마존, 월마트 등에 공급하고 있으며, 수소트럭 등 수소 기반 모빌리티 사업도 하고 있다.

최근 SK와 SK E&S가 각각 8,000억 원을 출자해 15억 달러(약 16조 원) 가치인 플러그파워 지분 9.9%를 인수했다. 플러그파워는 바이든 대통령 당선과 SK그룹 인수 등의 호재를 등에 업고 주가가 2020년 말 33.91달러에서 2021년 1월 기준 53.78달러, 시가총액은 238억 달러(약 26조 원)로 급등했다. 애초에 16조 원이라는 인수금액 자체가 플러그파워의 높은 밸류에이션Valuation(기업가치평가)을 인정한 것이라고 볼 수 있다. 플러그파워는 2019년 매출 2억 3,000만 달러에서 2020년에 약 3억 달러로 실적은 성장했지만, 여전히 영업이익은 적자를 내고 있는데 SK와 SK E&S는 플러그파워의 미래 성장성을 보고 인수한 것으로 판단된다.

반면 두산퓨얼셀의 실적은 2019년 매출 2,200억 원, 영업이익 190억 원이고 2020년은 매출 4,620억 원, 영업이익 260억 원 수준이다. 증권사 애널리스트들이 추정하는 매출액, 영업이익 등 기업의 미래 실적 전망치인 컨센서스Consensus는 2021년 연간 매출액 5,264억 원, 영업이익 330억 원 수준이다. 연료전지 활용 분야가 조금 다르긴 하지만 현재 두산퓨얼셀(발전용 연료전지)이 플러그파워(차량용 PEMFC, 수소를 생산하는 전해조 기술 보유)보다 실적은 더 좋은 반면 시가총액은 더 낮은 상황이다. 플러그파워는 북미라는 큰 시장의 플레이어이고 제품 구성이 다양해 프리미엄이 붙은 것으로 보이는데, 동종 업종에 있는 회사가 높은 가치를 평가받고 인수된 점은 해당 분야에 대한 시장의 관심도를 보여준다는 점에서 두산퓨얼셀의 입장에서도 긍정적이라 할 수 있다.

수소 분야 밸류체인

분류		기업명(국가명)	종목코드	기업명(국가명)	종목코드
수소생산	생산계획	SK	034730.KS	포스코	005490.KS
		SK가스	018670.KS	한화솔루션	009830.KS
		효성중공업	298040.KS		
	부생수소	덕양	(비상장)	린데(독)	LIN.GR
		SPG	(비상장)	에어프로덕츠(미)	APD.US
		현대제철	004020.KS	에어리퀴드(프)	AI.FP
	추출수소	제이엔케이히터	126880.KQ	현대로템	064350.KS
	수전해 알칼라인	넬 하이드로젠(노)	NEL.NO	히타치조선(일)	7004.JP
		아사히카세이(일)	3407.JP	이엠코리아	095190.KQ
	수전해 PEM	지멘스(독)	ENR.GR	도시바(일)	6502.JP
		ITM 파워(영)	ITM.LN	두산퓨얼셀	336260.KS
				엘켐텍	(비상장)
수소연료 전지차	완성차	현대차	005380.KS	토요타(일)	7203.JP
	주요부품	현대모비스	012330.KS	세종공업	033530.KS
		효성첨단소재	298050.KS	모토닉	009680.KS
		코오롱인더	120110.KS	유니크	011320.KQ
		한온시스템	018880.KS	인지컨트롤스	023800.KS
		우리산업	215360.KQ	디케이락	105740.KQ
		일진다이아	081000.KS		
연료전지		발라드파워(미)	BLDP.US	퓨얼셀 에너지(미)	FCEL.US
		플러그파워(미)	PLUG.US	두산퓨얼셀	336260.KS
		블룸 에너지(미)	BE.US	에스퓨얼셀	288620.KQ
연료전지 스택	MEA	상아프론테크	089980.KQ		
	촉매층	교세라(일)	6971.JP		
	GDL	도레이(일)	3402.JP		
	분리판	현대제철	004020.KS		
수소탱크		엔케이	085310.KS	일진다이아	081000.KS
		효성첨단소재	298050.KS		
수소 충전소		효성중공업	002980.KS	GS	078930.KS
		이엠코리아	095190.KQ		

03

그린수소를 만들어줄
전 세계의 신바람, 풍력에너지

풍력은 발전 단가와 효율성 측면에서 재생에너지 중 가장 경쟁력 있다고 평가되는 에너지원이다. REN21 Renewable Energy Policy Network for the 21st Century (국가재생에너지정책네트워크)의 자료에 따르면 2018년 기준 글로벌 풍력발전 누적 설치량은 591GW로 전체 재생에너지 누적 설치량 2,378GW의 25%를 차지한다. 풍력발전은 온실가스를 감축하고 기후변화에 대응하기 위한 국가적 차원의 정부 주도형 산업이면서 건설, 단조, 철강, 기계, 전기·전자 등 전후방 산업과 연관 효과가 높은 노동 및 기술 집약적 종합 산업이라는 특징이 있다. 또한 대규모 자금이 투입되고 다양한 중소기업이 동반 성장할 수 있는 미래 산업이다.

풍력발전은 터빈과 타워, 블레이드, 하부구조물 등으로 이뤄진다. 발전 원리는 다음과 같다. 블레이드가 바람의 운동에너지를 기계적 회전

블레이드

터빈

타워

하부구조물

풍력발전기는 크게 바람을 맞고 회전하는 블레이드와 지지대 역할을 하는 타워, 블레이드와 타워를 연결하는 부분에 위치한 터빈, 그리고 타워를 지면(해상풍력의 경우 해저)에 단단히 고정하는 하부구조물로 구성된다. 에너지를 생성하는 역할의 터빈은 바람이 블레이드를 돌리는 회전력을 전기로 바꿔주는 모터와 회전축의 마찰을 최소화하는 베어링 등의 부품으로 구성된다.

력으로 변환하면, 이를 증속기로 증폭시킨 후 다시 발전기를 통해서 전기 에너지로 변환하는 것이다.

　　풍력발전은 육상Onshore풍력과 해상Offshore풍력으로 나누어진다. 초창기에는 육상풍력이 주를 이뤘으나, 육상풍력은 입지 조건에 많은 제약이 따르며 소음으로 인한 민원 및 대형화의 어려움 등 문제가 발생하기 때문에 넓은 용지 확보가 가능하고 사회적 수용성이 높은 해상풍력으로 점차 옮겨가는 추세다. 다만 발전소를 해양에 설치하는 해상풍력 역시, 사업면적이 넓고 초기설치 및 유지보수 비용이 많이 드는 단점이 있어, 초기 육성을 위해서는 발전차액지원제도Feed in Tariff, FIT나 RPS 등과 같은 정부의 정책적 보조가 필요하다.

해상풍력은 다시 근해에 설치가 가능한 전통적인 고정식 발전과 심해의 부유식 발전으로 나뉜다. 초기에는 고정식 발전에서, 향후 부유식 발전으로 점차 전환해 나갈 것으로 예상된다.

세계풍력에너지협의회Global Wind Energy Council, GWEC의 〈GWEC 2019 풍력발전 보고서〉에 따르면 전 세계 누적 풍력 보급량은 2010년 198GW에서 2019년 651GW으로 꾸준히 증가했으며, 연간 50GW 내외의 증가 추세를 보인다. 특히 2019년의 신규 설치량은 60.4GW로 2015년 63.8GW 이후 가장 큰 규모다. 주목할 점은 풍력 시장에서 미래 성장 동력으로 보고 있는 해상풍력이 2년간 신규 설치량의 10.2%에 해당하는 6.1GW가 설치되면서 역대 최고치를 달성했고, 그 비중이 2021년 현재까지 점진적으로 의미 있게 증가하고 있다는 것이다.

지역별 설치 현황을 살펴보면, 2019년 기준 육상풍력 누적 및 신규 설치량이 많은 국가는 중국, 미국, 인도 등이다. 해상풍력의 경우 누적 설치량이 많은 국가는 영국, 독일이며 신규 설치는 중국, 영국, 독일 순이다. 육상풍력은 넓은 대륙을 가진 국가를 중심으로 발달했고, 미래 성장 사업으로 부각 받는 해상풍력은 중국이 신규 설치량을 급격히 늘리며 영국과 독일을 추격하는 신흥 강자로 떠오르고 있다. 중국의 해안지대 길이는 1만 8,000km에 달해, 해상풍력발전 규모 1,000GW 이상의 잠재성을 가진 엄청난 시장이다. 2019년 말을 기준으로 중국에서 건설 중인 해상풍력의 규모는 10GW 이상이고, 허가받은 프로젝트는 무려 30GW에 달한다.

국제재생에너지기구International Renewable Energy Agency, IRENA에 따르면 해상풍력 시장은 2030년 228GW의 규모로 향후 10년간 연평균 20.6% 성장할 것으로 전망된다. 그동안 유럽 중심의 성장을 넘어 2021년부터 2050년

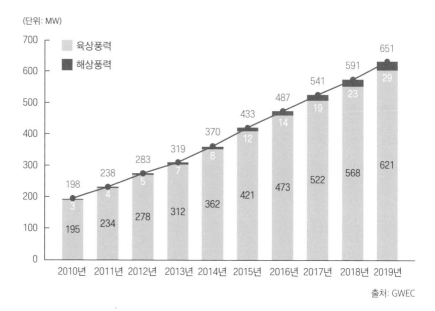

전 세계 육상·해상풍력 누적 설치량

(단위: MW)

출처: GWEC

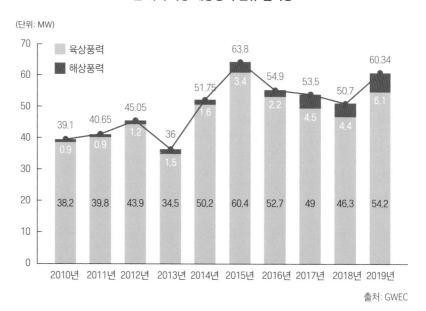

전 세계 육상·해상풍력 신규 설치량

(단위: MW)

출처: GWEC

사이에는 아시아 시장이 크게 확대될 예정인데, 구체적으로는 아시아의 글로벌 해상풍력 점유율이 2018년 20.8%에서, 2030년 55%, 2050년에는 61.3%로 높아질 것으로 예측된다.

각 국가는 풍력발전 활성화를 위해 이미 여러 정책을 내놓았다. 유럽의 경우 그린수소 생산을 위한 전력발전에 80~120GW 규모의 재생에너지 투자를 밝혔고, 이 중 대부분을 해상풍력으로 채울 계획이다. 미국은 2021년 바이든 시대를 맞아 2035년 전력 부문 탄소배출 제로를 목표로 120~180GW 규모의 재생에너지 설치를 공약으로 내세우고 있다.

아시아에서는 대만이 해상풍력 누적 설치 목표량을 2025년 5.7GW,

2019년 국가별 육상·해상 누적 및 신규 설치 분포율

육상풍력				해상풍력			
누적		신규		누적		신규	
중국	37%	중국	44%	영국	33%	중국	39%
미국	17%	미국	17%	독일	26%	영국	29%
인도	9%	인도	4%	중국	23%	독일	18%
스페인	6%	스페인	4%	덴마크	6%	덴마크	6%
스웨덴	4%	스웨덴	3%	벨기에	4%	벨기에	6%
프랑스	3%	프랑스	2%	기타	8%	기타	23%
멕시코	3%	멕시코	2%				
독일	2%	독일	2%				
아르헨티나	2%	아르헨티나	2%				
호주	2%	호주	2%				
기타	16%	기타	18%				

출처: GWEC

2030년 10.5GW, 2035년 15.7GW로 설정했다. 일본 정부는 2020년 12월 말 해상풍력 누적 설치 목표량을 2030년 10GW에서 2040년 최대 45GW로 대폭 상향해서 발표했다. 시기는 일부 차이가 있으나, 이는 미국 북동부 2035년 28GW, 영국 2030년 40GW의 목표량과 비교하면 가장 높은 수치다.

국내의 경우 2020년 12월 제9차 전력수급기본계획안에서 8차 계획이었던 '재생에너지 2030 이행계획(2030년까지 재생에너지 발전 비중 20% 달성)'을 기본 계획대로 유지한다고 발표했다(2025년 중간 목표치는 상향했다). 풍력과 태양광을 정확히 나누지는 않았으나 풍력의 경우 누적 설치량이 2017년 1.2GW에 불과했던 것을 2030년에는 약 17.7GW로 확대할 전망이다. 국가별 계획을 종합하면 향후 10년간 전 세계 해상풍력 시장이 연간

풍력은 발전 단가와 효율성 측면에서 가장 경쟁력이 있는 재생에너지로 평가된다. 그 중에서도 넓은 용지 확보가 가능하고 사회적 수용성이 높은 해상풍력이 앞으로 재생에너지 발전의 대세가 될 것이다.

20GW 규모로 성장할 것으로 전망된다. 전 세계에 불고 있는 새로운 바람, 즉 풍력에너지 열풍은 이제부터 시작인 것이다.

해상풍력에선 하부구조물이 튼튼해야 해

• • •

육상풍력과 달리 해상풍력은 육지가 아닌 바다라는 환경의 특성상 하부구조물을 튼튼하게 건설해야 한다. 윈드유럽Wind Europe(전 유럽풍력에너지협회)에 따르면 해상풍력의 투자 비용 비중은 터빈이 28%, 타워 및 하부구조물이 24%, 설치 및 시운전이 20%를 차지한다. 타워와 하부구조물 중에서는 하부구조물이 더 큰 비용을 차지한다.

하부구조물은 초대형 구조물임에도 불구하고 아주 미세한 오차범위 내로 만들어야 하므로 제작을 위한 기술적 진입장벽이 높다. 하부구조물 설치 방법은 근해의 고정식과 심해의 부유식으로 나뉘는데, 육상에서는 필요 없는 하부구조물이 해상에서는 중요해지므로 고정식과 부유식 하부구조물 시장의 규모는 타워 시장 대비 각각 4배, 16배로 확대될 전망이다.

향후 전 세계 해상풍력의 신규 설치 규모가 10년간 매년 평균 약 20GW라면, 지난 3년간 5.6GW의 시장을 구축해온 것과 대비해 4배 정도 큰 규모의 시장이 열린다는 뜻이다. 즉 지금부터 매년 20GW가 설치된다고 가정했을 때, 그중 하부구조물 시장 규모는 매년 10조 원(GW당 약 5,000억 원)에 달하는 큰 시장이 된다고 볼 수 있다.

삼강엠앤티 100090.KQ

1999년 설립된 삼강엠앤티는 당시 전량을 수입에 의존하던 후육강관의 국산화에 성공한 업체다. 후육강관은 최대 지름 3~4m, 강관 두께 60mm에 이르는 대형 강관으로 석유 및 천연가스 시추 등 해양플랜트와 조선 업계에서 사용되는 산업용 파이프를 말한다. 후육강관 사업 이외에 대규모 골리앗 크레인을 통해서 선박용 블록을 만들어 조선사에 납품하고, 조선사는 납품받은 블록으로 선박을 조립만 하는 구조인 메가블록Mega Block 사업으로 확장했다. 또 STX조선해양의 고성조선해양을 인수해 선박 수리 시장에 진출했으며 2019년에는 대만 해상풍력의 고정식 하부구조물을 수주했다. 특히 글로벌 1위 해상풍력 개발 회사인 오르스테드의 대만 프로젝트에 납품을 하면서 단숨에 해상풍력 분야의 강자로 인식됐다. 삼강엠앤티가 오르스테드 대만 프로젝트의 하부구조물에서 50% 이상의 점유율을 차지할 정도로 경쟁력을 키울 수 있었던 배경에는 2009년 삼성중공업에 메가블록 생산·납품으로 해양 모듈을 제작해봤던 경험이 큰 역할을 했다고 생각된다.

하부구조물은 부피가 매우 크기 때문에 설비 제조를 위한 공장 용지 확보가 관건인데 삼강엠앤티는 삼강S&C 인수를 통해 추가로 부지 15만 1,000평을 확보하는 데 성공했다. 앞서 살펴본 대로 매년 10조 원의 하부구조물 시장이 열릴 것으로 기대되는 상황에서 기존 납품 업체가 있는 유럽, 중국을 제외한 아시아 시장이 삼강엠앤티의 주요 무대가 될 전망이다. 그뿐만 아니라 2021년 3월 24일, 삼강엠앤티는 세계 최대 그린 에너지 투자 운용사인 덴마크의 CIPCopenhagen Infrastructure Partners와 해상풍력 사업 업무협약을 체결했다. 약 20조 원 규모의 펀드를 조성해 전 세계를 상대로 그린 에너지 개발을 하는 CIP를 통해 국내를 비롯한 아시아 지역 전반의 해상풍력단지에 고정식·부유식 해상풍력 하부구조물을 공급할 예정이다. 2024년까지는 아시아의 해상풍력 신규 설치는 주로 대만을 중심으로 이뤄지지만, 2025년부터는 한국, 일본, 베트남이 가세하면서 풍력 시장은 더욱 성장할 전망이다. 일본이 해상풍력발전 목표를 대폭 상향해 발표한 것도 긍정적 영향을 줄 것으로 판단된다.

세진중공업 075580.KQ

세진중공업은 조선기자재 부품과 플랜트 사업을 영위한다. 자회사 일승과 에코마린텍도 조선기자재 업체다. 주요 제품은 선실의 데크하우스, LPG선에 장착되는 LPG 탱크, 상갑판Upper Deck Unit, 해양구조물 등이다. 주요 고객은 현대중공업과 현대미포조선이다.

세진중공업이 주목받는 이유는 신규 사업으로 해상풍력 변전설비Offshore High Voltage Station, OHVS와 부유식 하부구조물TRI-floater 진출을 계획하고 있기 때문이다. 동해1 가스전과 울산을 포함한 동남권에 총 6GW 규모의 부유식 해상풍력 단지를 개발할 예정이며, 부유식 하부구조물 제작을 위해 네덜란드 구스토엠에스씨GustoMSC와 MOU를 맺었다. 고정식 하부구조물보다 시장이 더 큰 부유식으로의 진출은 의미가 크다고 판단된다. 다만 2025년 동해1의 200MW 상업 운전(모든 시운전 시험을 성공적으로 마치고 정부의 승인을 받아 상업 목적으로 발전설비를 운전하는 것) 이후 6GW의 개발 계획이 타임 스케줄에 맞춰 예정대로 잘 진행되는지는 체크해 봐야 할 것이다.

세아제강 306200.KS

세아제강은 생산 능력 150만 톤을 소유한 국내 최대 강관 업체다. 수출 비중은 생산 능력의 절반 수준으로 주로 미국을 대상으로 한 송유관과 유정관 등이다. 세아제강이 생산하는 강관은 해상풍력발전의 하부구조물(모노파일Monopile · 재킷Jacket 타입 등) 소재로 사용되고 있다. 아직은 해상풍력 관련 매출이 미미하지만, 유럽 및 대만의 해상풍력 프로젝트에 참여했던 이력을 가지고 있기 때문에 시장 성장과 함께 매출 비중은 점차 늘어날 전망이다.

세아제강의 모회사인 세아제강지주도 영국에 연산 16만 톤의 해상풍력용 모노파일 공장 건설 계획을 발표하는 등 그룹 전체가 해상풍력을 새로운 성장동력으로 삼고 있다. 최근 미국을 중심으로 세계적 규모의 LNG 터미널 프로젝트가 진행되고 있어 기존 사업인 LNG용 스테인리스 후육관, 스파이럴 강관 매출도 증가할 수 있다. 물론 기존 사업 중 에너지용 강관 제작은 유가 변동에 따른 수요 변화와 2018년 미국의 무역확장법 232조에 의한 수입할당제 시행에 따라 달라질 가능성이 있으므로 향후 실적을 면밀히 검토해봐야 할 것이다.

풍력발전의 몸체인 타워는 국내 기업이 최상

• • •

풍력발전에서 주요한 시장 중의 하나가 타워다. 터빈 대비 높은 기술력을 요한다고 볼 수는 없으나, 다양한 국가의 고객 니즈를 맞춰줄 수 있어야 한다. 부피가 큰 부품이기 때문에 고객사와 거리가 멀 경우 운송비 지출이 증가해, 수요처에 생산 기지를 보유하는 것이 경쟁력이 될 수 있다. 국가별로 수출입 규제와 관세 등이 다르기 때문에 수요처에 생산 공장이 있다면 제품의 원활한 공급 역시 가능하다.

씨에스윈드 112610.KS

씨에스윈드는 특이하게도 국내 공장 대신 베트남, 중국, 말레이시아, 터키, 대만 등에 생산 공장을 가지고 있는 시장점유율 약 16%의 글로벌 1위 풍력 타워 전문 업체다. 생산기지가 여러 국가에 분산돼 있지만 각 국가별 다양한 정책과 관세 등에 맞춰 유연하게 대응할 수 있는 능력을 갖추고 있다.

씨에스윈드를 주목해야 할 이유는 풍력 시장이 커지고 있는 가운데 글로벌 풍력 터빈 메이저 업체인 베스타스, 지멘스가메사Siemens Gamesa 등을 고객사로 가지고 있기 때문이다. 씨에스윈드는 지난 10년간 풍력발전 시장이 2배 성장하는 동안 회사 가치가 5배 가까이 성장해 왔는데, 향후에도 고객사 효과로 인해 풍력 시장 평균 성장률 이상의 성과를 보여줄 가능성이 높다. 기술 발전에 따라 육상, 해상풍력 터빈의 규모가 커지고 있고 이에 비례해서 타워 사이즈도 같이 커져야 하므로 풍력발전의 기술적 진보는 씨에스윈드에게 큰 호재다.

씨에스윈드는 2020년 11월 20일 3,500억 원 규모의 유상증자를 발표했다. 이는 미국 북동부 해안에 해상풍력 타워 공장을, 중부지역에 육상 풍력 타워 공장을 건설하기 위해서다. 바이든 정부의 정책에 따라 풍력 설치 수요가 증가할 것에 대비한 선제적인 대응으로 보인다. 씨에스윈드의 유상증자 이후 미국 정부가 12월에 발표한 경기 부양안에 풍력과 태양광

미국 동부 연안의 해상풍력 프로젝트

출처: BOEM, AWEA, GWEC

에 대한 연방 보조금을 필수 통과 항목으로 지정한 것을 보면 이것은 탁월한 행보였다고 판단된다.

　미국의 태양광 에너지 투자세액공제인 ITCSolar Investment Tax Credit와 더불어 풍력 에너지 생산세액감면제도 PTCProduction Tax Credit 등 재생에너지로 생산된 전력 규모에 따라 보조금을 주는 제도는 신재생에너지 수요에 가장 주요한 변수 중 하나다. 과거 파리기후변화협약까지 탈퇴했던 미국이

트럼프의 재임 동안에도 자국의 신재생에너지 산업을 성장시킬 수 있었던 주요 원인 중 하나가 바로 오바마 정권 때 결정된 ITC와 PTC 보조금 5년 연장 효과로 분석되기 때문이다. 바이든 역시 트럼프와 마찬가지로 바이 아메리카BUY AMERICA*를 주장하고 있기에 씨에스윈드의 미국 현지 공장 신설은 긍정적이라 판단된다. 참고로 5장에서 다룰 친환경 ETF 중 씨에스윈드는 FAN ETF에 약 2%의 비중으로 편입돼 있어 ETF로 자금 유입 시 수급상으로도 긍정적인 효과가 기대된다.

동국S&C 100130.KQ

동국S&C는 2001년 동국산업에서 물적 분할된 풍력발전 타워 제조업체다. 타워 이외에도 자회사 DK동신을 통해 컬러강판, 풍력단지 개발 사업을 영위하고 있다. 윈드 타워의 수출 비중이 93%에 이르고, 수출국 대부분이 미국이다. 수출 제품은 주로 육상풍력에 사용되는데 동국S&C의 미국 내 육상 타워 시장점유율은 약 15% 수준이다. 고객사는 GE, 지멘스 가메사, 베스타스, 노르덱스Nordex 등 메이저 터빈 업체다. 향후 해상풍력으로 중국, 대만, 한국, 일본, 베트남 등 아시아 시장이 커질 가능성이 농후한 가운데 일본과 국내 시범 해상풍력단지에 납품한 이력이 있는 동국S&C도 동반 성장할 수 있을지 지켜볼 만하다.

●　　바이 아메리카는 미국 정부의 재정 지원을 받아 추진하는 공공사업에는 미국산 철강과 공산품만을 사용하도록 규정한 보호 무역주의 조항이다.

스페코는 1979년 설립된 아스팔트 플랜트, 콘크리트 플랜트, 함안정조타기 등 방산 설비 생산업체다. 국내 충북 음성, 중국 상해, 멕시코에 공장을 두고 있으며 2008년에 출자해 설립한 멕시코 법인(지분율 86.4%)으로 최근 주목을 받고 있다. 멕시코 법인에서 풍력 타워를 제조해 베스타스, 지멘스 가메사 등 메이저 업체에 납품하고 있는데, 멕시코 풍력에너지협회AMDEE 에 따르면 멕시코 풍력 시장은 2018년 기준 4GW(글로벌 12위) 수준에서 2031년까지 5배 이상 규모가 커질 것으로 전망된다. 또한 멕시코의 입지는 미국 텍사스와 가까워 지리적 이점이 부각된다. 미국풍력에너지협회 American Wind Energy Association, AWEA에 따르면 2020년 미국 전역에 설치된 풍력

미국에서 건설 중인 풍력발전 설치 규모(2020년 이후에도 텍사스주가 주도)

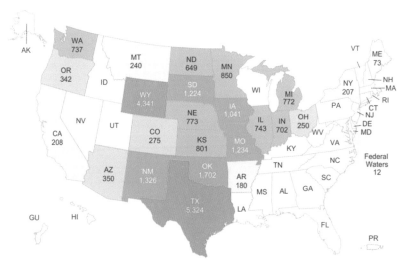

1 to 250MW　　>250MW to 500MW　　>500MW to 1,000MW　　>1,000MW to 2,000MW　　>2,000MW

출처: AWEA

터빈 중 텍사스가 차지하는 비중이 28%에 달하기 때문이다. 또한 향후 잠재적인 풍력 용량을 보더라도 텍사스는 2020년도 미국에너지청 발표 기준으로 13%의 비중을 차지하는 미국 내 1위 지역으로 꼽힌다. 따라서 스페코 멕시코 법인의 매출에서 미국이 차지하는 비중이 2020년부터는 멕시코를 넘어설 것으로 기대된다.

영업 외 사항으로는 스페코의 최대 주주인 김종섭 회장과 스페코가 각각 지분 18%, 13%로 삼익악기를 지배하고 있다.

씨에스베어링 297090.KQ

씨에스베어링은 앞서 살펴본 글로벌 풍력 타워 1위 업체 씨에스윈드의 계열사로 풍력 베어링(피치 베어링, 요 베어링) 업체다. 풍력용(3MW 기준) 베어링은 직경 3m, 수명 20년 이상, 그리고 150톤 이상의 하중을 지지해야 하는 등 고품질과 신뢰성이 요구되는 고난도 제품으로 알려져 있다. 씨에스베어링은 2018년에 글로벌 메이저 풍력 터빈 업체들을 대부분 고객으로 삼고 있는 씨에스윈드의 자회사로 편입됐다. 모회사 씨에스윈드의 네트워크를 활용한 시너지 창출에 주력하며, 생산관리 시스템 도입을 통한 생산성 향상에 힘쓰고 있다.

씨에스베어링의 제품은 2018년 두산중공업의 3MW급 육상풍력용, 5MW급 해상풍력용으로 승인 및 초도수주를 받았고, 2019년에는 지멘스 2MW급 요 베어링 초도수주를 받았다. 최근에는 GE에 12MW급 해상풍력용을, 지멘스에는 3MW 혹은 4MW급 육상풍력용과 8MW급 해상풍력용 납품을 준비하고 있다. 2019년 기준으로 보면 GE 내에서 씨에스베어링의 풍력 베어링 점유율은 37%에 달한다. 이러한 메이저 업체의 핵심 파트너

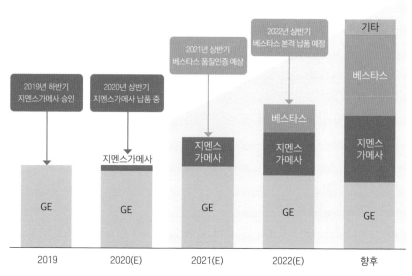

출처: 씨에스베어링

사로서의 입지를 바탕으로 지멘스가메사와 베스타스로 거래를 확대해 나
갈 계획이다.

씨에스베어링은 풍력의 리파워링(구형 발전기를 대용량, 고효율의 발전
기로 교체) 시장 개화도 준비하고 있다. 최근에는 우수한 발전효율, 출력 성
능 향상으로 발전비용 대비 리파워링 비용이 감소해 15~20년 된 풍력발
전기의 교체 수요가 증가하고 있다. 발전기 교체 시에는 발전기의 핵심 연
결 부위인 피치 베어링도 교체해야 하므로 씨에스베어링의 성장 가능성은
크다. 글로벌 대응 능력 강화를 위해 베트남 공장을 증설해 해외 생산 능
력을 2020년 3,000pcs에서 2023년에는 8,000pcs 이상으로 늘려갈 계획
(국내 생산 능력은 현재 7,500pcs)이다.

가장 중요한 기술력은 터빈

• • •

풍력 터빈 발전기는 기계적인 회전 동력을 전력으로 전환해주는 장치를 말하며, 풍력 시스템 효율을 결정해주는 핵심부품이다. 해상풍력이 확대됨에 따라 점점 대형화되는 추세이고, 에너지 저장장치와 연계해 발전 단가를 낮추는 노력을 하고 있다. 베스타스, 지멘스가메사, 금풍과기 등 주요 업체들이 시장점유율을 절반 가까이 차지하고 있다. 국내에는 두산중공업, 유니슨 등이 있으며, 아직은 유럽 업체 대비 기술력이 뒤쳐져 있지만, 정부의 지원과 아시아 풍력 시장의 성장과 맞물려 빠른 성장을 기대해본다.

2019년 풍력 터빈 시장점유율

순위	풍력 터빈(종합)		육상풍력 터빈		해상풍력 터빈	
	기업명(국가명)	M/S	기업명(국가명)	M/S	기업명(국가명)	M/S
1	베스타스(덴)	18.0%	베스타스(덴)	20.1%	지멘스가메사(스페)	39.8%
2	지멘스가메사(스페)	15.7%	금풍과기(중국)	13.6%	MHI 베스타스(덴·일)	15.7%
3	금풍과기(중)	13.2%	지멘스가메사(스페)	13.0%	상해전기(중)	10.0%
4	GE 리뉴어블 에너지(미)	11.6%	GE 리뉴어블 에너지(미)	12.5%	인비전(중)	9.5%
5	인비전(중)	8.6%	인비전(중국)	8.6%	금풍과기(중)	9.4%
6	밍양(중)	5.7%	밍양(중)	5.6%	밍양(중)	7.3%
7	노르덱스 악시오나(독)	4.9%	노르덱스 악시오나(독)	5.5%	GE 리뉴어블 에너지(미)	4.3%
8	에너콘(독)	3.0%	에너콘(독)	3.3%	CSIC Haizhuang(중)	2.3%
9	저장윈디(중)	2.5%	저장윈디(중)	2.8%	센비온(독)	1.6%
10	동방전기(중)	2.1%	동방전기(중)	2.4%	XEMC(네)	0.1%

출처: GWEC

베스타스 VWS.CO

베스타스는 글로벌 1위 풍력 터빈 제조회사로 특히 현재 시장이 큰 육상 풍력 분야 1위 사업자다. 향후 시장 성장성이 높을 것으로 예상되는 해상 풍력 분야에서는 지멘스가메사가 우위에 있으며, 그 다음으로 2위가 일본 미쓰비시중공업MHI과 베스타스의 합작사인 MHI 베스타스다. 2020년 10월에는 베스타스가 MHI 베스타스 지분을 전량 취득하기로 해 향후 해상풍력 시장에서 공격적인 행보가 기대된다.

금풍과기 2208.CN

금풍과기Goldwind는 중국 심천과 홍콩 거래소에 상장한 중국 1위 풍력발전 사업자다. 2019년 기준 육상풍력 터빈 시장에서 글로벌 2위, 해상에서는 5위를 차지하는 메이저 기업이다.

중국은 2019년 글로벌 풍력 설치 규모 60.4GW 중 26.15GW(시장점유율 43%, 1위)를 차지할 정도로 시장이 급속도로 커지고 있다. 또한 중국 정부가 2060 탄소중립을 발표함에 따라 2025년까지 연간 50GW, 이후에는 연간 60GW의 신규 풍력발전 시장이 열리게 된다. 해상풍력 측면에서는 중국의 동부 연안 지역을 위주로 66.5GW 규모의 풍력발전 설치를 목표로 하고 있다.

한편, 중국의 풍력 시장은 앞으로도 계속 성장할 전망이지만 중국은 자국 업체들 위주로 사업자를 선정하기 때문에 해외나 우리나라 업체로의 낙수효과는 별로 없다. 다만, 중국 업체들은 내수 시장만으로도 충분히 큰 규모라 사실상 해외에서 치열하게 경쟁할 필요가 없다는 점에서 국내 부품 업체들은 중국 외 해외 시장에서 기회를 노려볼 수 있다.

중국의 고성장 풍력 시장이 매력적이라면 중국 내 1등 사업자인 금풍과기에 직접 투자하거나, 5장에서 다룰 미국 ETF인 FAN을 통해서 간접적으로 투자할 수 있다. FAN ETF에서 금풍과기의 비중은 대략 2.6% 수준이다.

두산중공업 034020.KS

두산중공업의 사업 포트폴리오는 과거와 미래를 모두 품고 있다. 우선, 원래 주력 사업이 원전, 석탄발전 사업이었기 때문에 국내외 탈원전, 탈석탄 흐름의 영향으로 힘든 시간을 보내고 있는 중이다. 이를 1조 1,700억 원의 유상증자, 자회사 두산인프라코어 매각, 오너로부터 두산퓨얼셀 지분 23% 수증, 국책은행 자금지원 등으로 극복하고 있다.

어려운 가운데서도 한국판 뉴딜정책 및 그린펀드 등으로 반전의 기회를 노려볼 수 있다. 두산중공업은 국내에서는 유일하게 육상풍력과 해상풍력 실적을 모두 가지고 있는 회사다. 풍력 관련 이력은 육상풍력 143.5MW, 해상풍력 196MW로 총 339.5MW의 계약실적을 가지고 있다. 현재는 8MW급 터빈을 2022년에 개발 완료하는 것을 목표로 하고 있다. 한편 두산중공업은 수소연료전지발전 사업을 하는 두산퓨얼셀을 자회사로 보유 중이다.

유니슨 018000.KQ

유니슨은 2020년이 터닝포인트였다. 대주주가 일본 도시바에서 국내 사모펀드로 변경된 것이다. 도시바는 2006년 인수한 미국 원전회사 웨스팅하우스Westinghouse 부도 이후 막대한 손실로 자회사들을 정리하게 됐다. 그 일환으로 도시바가 보유한 유니슨 지분을 매각했고 삼천리자산운용은 사모펀드의 특수목적법인 아네모네를 통해 해당 지분을 취득했다.

국내 풍력 시장이 어려워지면서 국내의 풍력 터빈 업체는 이제 두산중공업과 유니슨만 남은 상태다. 유니슨은 풍력 관련 국내외 439MW 설치 실적을 가지고 있으며 풍력 터빈 내 발전기와 타워를 자체 개발 및 제작하고 있다. 울산시와 함께 부유식 5MW급 해상풍력발전 기술을 개발 중이고, 그뿐만 아니라 2023년 시험 및 인증 목표로 해상풍력용 10MW급 터빈도 개발하고 있다.

그린 뉴딜정책으로 2030년까지 국내에 17~18GW의 신규 풍력발전 시장이 열리고, 대주주가 일본 도시바에서 국민연금이 대부분의 자본을 투자하고 있는 삼천리자산운용의 사모펀드로 변경됐기 때문에 향후 성장을 잘할 수 있을지 지켜볼 만하다.

해상풍력에 꼭 필요한 해저케이블
• • •

해저케이블은 전선에서도 가장 난이도가 높은 제품으로 전선의 꽃이라 할 수 있다. 해저케이블 시장은 국가 간의 전력망 연계를 통한 발전 비용을 절감하려는 정책 추진과 함께 해상풍력 시장이 급격히 성장함에 따라 해저케이블 수요도 지속적으로 증가하는 추세다. 수중에서 장거리 초고전압 전기를 전송하는 역할을 하기 때문에 지상케이블보다 강한 내구성이 요구되며, 따라서 진입장벽이 높다고 할 수 있다. 제조뿐만 아니라 설치도 해저에서 오차 없이 이어붙여 전력 손실이 없어야 하고, 설치선에 실어 이동해 수중 로봇으로 매설하면서도 암반이나 자연재해 등 돌발 변수까지 고려해야하는 어려운 작업이다. 따라서 글로벌 해저케이블 시장은 4대 업체인 프랑스 넥상스Nexans, 이탈리아 프리즈미안Prysmian, 일본 스미토모 Sumitomo, 한국의 LS전선을 중심으로 형성돼 있다.

LS 006260.KS

LS는 자회사 LS전선(지분율 89.31%)을 통해서 해상풍력 시장에 대비하고 있다. 해상에서 생산된 전력을 육상으로 전송하기 위해서 반드시 필요한 것이 해저케이블이다. 키움증권의 분석에 따르면 해상풍력 1GW에 해저케이블 설치비용은 약 3억 6,000만 달러가 필요하다. 따라서 향후 10년간 전 세계적으로 205GW의 해상풍력 건설 시 사용될 해저케이블은 약 720억 달러의 큰 시장이 될 것으로 전망된다. 또한, 부유식 해상풍력은 고정식에 비교해 전력 이동 거리가 더 늘어나므로 해저케이블 길이도 더 길어져 케이블 시장의 규모는 앞으로 더욱 커질 수 있다.

LS전선은 대만에서 수주한 5,000억 원 규모의 초고압 해저케이블을 2020년에 처음으로 출하했다. 대만을 시작으로 앞으로 커질 아시아 해상 풍력 시장에 야심 차게 도전장을 내민 것이다. LS전선은 LS전선아시아를 통해서 이미 베트남 시장에 진출해 업계 1위를 차지하고 있기에 베트남의 해상풍력 시장에서도 기회를 많이 얻어낼 것으로 기대된다. 한편, 국내에서도 12월 완도-제주 간 2,300억 원 규모의 해저케이블 수주를 한 바 있다. 그린 뉴딜정책으로 향후 국내 해저케이블 시장 역시 더욱 확대될 것으로 예상된다.

LS가 지분 92%를 보유하고 있는 비상장 기업 LS아이앤디는 미국의 통신선 사업자 슈페리어 에식스Superior Essex, SPSX(지분율 100%)를 보유 중인데, 미국의 5G 투자 확대, 전기차 보급 확대가 앞으로 호재로 작용할 가능성이 높다.

풍력 분야 밸류체인

분류	기업명(국가명)	종목코드	기업명(국가명)	종목코드
디벨로퍼 발전 사업자	유니슨 SK디앤디 코오롱글로벌	018000.KQ 210980.KS 003070.KS	오르스테드(덴) 넥스트에라 에너지(미)	ORSTED.CO NEE.US
터빈	두산중공업 유니슨 베스타스(덴)	034020.KS 018000.KQ VWS.DC	지멘스가메사(스페) 금풍과기(중)	SGRE.SM 002202.CN
타워 및 단조	씨에스윈드 동국S&C	112610.KS 100130.KQ	스페코	013810.KQ
하부구조물	삼강엠앤티 세진중공업	100090.KQ 075580.KS	세아제강	306200.KS
베어링	씨에스베어링	279090.KQ		
케이블	LS	006260.KS	프리즈미안(이탈)	PRY.IM
부품	케이피에프 삼영엠텍	024880.KQ 054540.KQ	우림기계 포메탈	101170.KQ 119500.KQ
블레이드	TPI 컴포지트(미)	TPIC.US		

04

태양으로
무한 에너지 만들기

태양은 모든 에너지의 근원

• • •

한여름 바닷가의 모습을 상상해보자. 시원한 바람과 철썩이는 파도 소리에 마음이 탁 트인다. 햇빛에 반짝이는 모래사장을 뛰어다니는 아이들의 웃음소리가 울려 퍼지고 어른들은 따사로운 햇살을 마음껏 즐기며 선탠을 하고 있다. 당장이라도 달려가 윈드서핑을 즐기고 싶어진다. 이 모든 것은 태양이 만들어 준 선물이다. 태양 에너지에 의한 대류 활동이 바람과 파도를 만들어주고, 우리는 햇살 아래를 산책하며 스트레스를 날려버린다. 어쩌면 인류는 탄생할 때부터 태양이 선사하는 혜택을 누리는 법을 알고 있었을지 모른다.

무한히 제공되는 태양을 조금이라도 더 간직하고, 가까이하려는 인류의 노력은 이미 오래전부터 시작됐다. 1839년 프랑스 물리학자 에드먼드 베크렐E.Becquerel은 태양광을 에너지로 이용하는 방법을 처음으로 고안해냈다. 특정 물질을 빛에 노출했을 때 원자의 전자와 정공이 분리되며 전압을 만들어내는 광전효과Photovoltaic Effect를 최초로 발견한 것이다. 이 연구가 태양광을 전기에너지로 전환하기 위한 출발점이 돼 1873년에는 영국의 윌로비 스미스Willoughby Smith가 원소 셀레늄Se의 광전효과를 확인했고, 1883년에는 미국의 찰스 프리츠Charles Fritts가 셀레늄을 이용해 태양전지를 만들었다. 당시 셀레늄 태양전지의 광전환 효율(태양 에너지가 전기로 전환되는 비율)은 1%로 매우 낮고 가격이 비싸 상업화까지는 오랜 시간이 걸렸다.

이후로도 광전효과를 높이기 위해 다양한 물질 개발이 계속됐다. 상업화에 근접한 세계 최초의 태양전지는 1954년에 개발됐다. 미국 벨 연구소에서 실리콘 소재를 기반으로 한 태양전지를 만든 것이다. 여기서 만든 태양전지의 광전환 효율은 4%에 달했다. 이후로도 효율을 계속 개선해 광전환 효율을 11%까지 끌어올림으로써 상업화의 길을 열었다. 다만 일반적으로 사용하기에는 가격이 비싸서 1958년 인공위성에 탑재하는 등 특수 목적 영역에서만 사용하기 시작했다.

태양전지가 지상으로 내려오게 된 것은 1970년대부터다. 태양전지 생산 단가가 와트당 100달러에서 20달러로 크게 떨어진 것이다. 이로써 전력이 닿을 수 없는 산간 지역이나 섬, 해상 등에서 태양전지가 사용되기 시작했다. 1980년대에는 전력이 들어오는 지역에서도 에너지 효율 향상과 환경보호 의식의 확산으로 태양전지 설치가 확대됐다. 1993년에는 최초로 태양광발전 시스템이 전력망에 연결돼 대규모 전력 공급원의 역할을 일부 담당하게 됐다. 지속적인 발전 효율 개선 및 생산원가의 하락으로 태양전지는 기존의 화력 에너지를 대체할 청정에너지로 주목받고 있다.

다만 태양광발전은 낮에만 발전이 가능하며, 낮이라 하더라도 기상 상태나 시간대에 따라 발전량이 불규칙적으로 변하는 문제가 있다. 중앙 전력의 공급원으로 활용하려면 24시간 안정적으로 전력을 발전해야 하나 태양광발전은 그렇지 못하다. 이러한 근본적 한계로 인해 태양광발전은 낮의 피크Peak 전력을 낮추기 위한 방안으로 우선 활용됐고, 전력 송전이 어려운 지역의 분산형 발전으로 사용이 제한돼 왔다. 최근에는 낮에 생산한 전기 에너지를 저녁에도 사용할 수 있도록 에너지 저장 시스템인 ESS를 활용하는 등 단점을 극복하고자 노력하고 있다.

모래부터 발전 설비까지, 태양광 산업의 단계별 생산 과정은?

• • •

태양광 산업은 모래에서부터 시작된다. 모래는 이산화규소SiO_2로 이뤄져 있는데 여기서 실리콘을 분리해 순도를 높이고 얇은 막 형태로 가공하면 태양광 셀의 기본 재료가 된다. 참고로, 이 실리콘의 순도를 아주 높인 것이 반도체의 원료로 쓰인다. 모래에서 순수한 실리콘을 추출하기 위해서는 실리콘 메탈Si-metal 공정과 가스화 공정을 거친다. 폴리실리콘Polysilicon•

• 폴리실리콘이란 태양전지에서 빛 에너지를 전기 에너지로 전환시키는 역할을 하는 작은 실리콘 결정체들로 이루어진 물질이다.

기업은 모래를 가져다 이러한 공정을 거쳐 순수한 실리콘 덩어리인 폴리실리콘을 제조하는 회사다. 폴리실리콘 제조 기업으로는 중국의 다초 뉴에너지Dapo New Energy와 신특에너지Xinte, 통위Tongwei 등 상위 5개 회사가 글로벌 시장점유율 61%를 차지하고 있다.

돌덩어리 형태의 폴리실리콘은 이를 기둥 형태로 주조한 잉곳과 기둥이나 막대기 모양을 얇게 써는 웨이퍼Wafer 제조 단계를 통해 원형의 얇은 실리콘 박막으로 만들어진다. 폴리실리콘을 도가니 안에서 1,500℃ 이상의 온도로 가열해 녹인 후 막대기 모양의 폴리실리콘 조각으로 천천히 돌려 올리면 원기둥 모양의 잉곳이 형성되며, 이후 톱(사실상 와이어로 절단)을 이용해 슬라이스처럼 얇게 자르면 웨이퍼가 만들어지는 것이다. 이렇게 만들어진 웨이퍼를 단결정 웨이퍼라고 한다. 반면, 폴리실리콘을 녹인 다음 네모난 틀 안에서 자연 냉각해 만든 잉곳과 웨이퍼는 다결정 웨이퍼라고 한다. 단결정 웨이퍼가 다결정 웨이퍼보다 광전환 효율이 높기 때문에 가격은 다소 비싸지만, 최근에는 태양광발전 시설에 대부분 단결정 웨이퍼를 사용한다. 태양광 잉곳과 웨이퍼 제조와 관련된 국내 기업은 중국의 낮은 생산원가와 경쟁하지 못해 현재 대부분 문을 닫았으며 중국이 전세계 시장의 92%를 점유하고 있다.

다음으로 태양전지 제조 공정이 이어진다. 먼저 웨이퍼를 절단할 때 발생한 표면의 거친 자국을 없애기 위해 특수 화학약품으로 부드럽게 하는 에칭Etching 공정을 진행한다. 이후 웨이퍼 표면에 태양광이 닿는 면적을 최대한 넓히기 위해 일정한 모양을 만드는 스크래칭 작업을 하는데 이를 텍스처링Texturing 공정이라고 한다. 이어서 전도성을 띠게 하기 위해 인산 등 불순물을 주입하고, 고온처리를 한다. 태양광 반사를 막기 위해서 표면

태양광은 탄소중립을 위해서 반드시 필요한 에너지원으로 앞으로 시장 확대가 불가피하다.

에 반사방지막을 형성하고, 발생한 전류를 내보내기 위해 은 혼합물로 얇은 선을 그려 전선을 만들면 한 장의 태양전지(셀)가 완성된다. 이렇게 만든 태양전지를 직사각형 틀에 여러 장 배치하고 위아래를 밀봉하면 태양광 모듈이 된다.

일반적으로 태양전지와 태양광 모듈은 수직 계열화를 통해 생산원가를 낮출 수 있다. 셀과 모듈의 중국 기업 시장점유율은 각각 85%와 80%에 이른다. 국내 기업으로는 한화솔루션과 LG전자가 있으며 한화솔루션의 태양광 셀, 모듈 생산능력은 전 세계 5위권이지만 광전환 효율과 제품 신뢰성 측면에서는 가장 우수한 기업으로 손꼽히고 있다.

폴리실리콘부터 태양광 모듈까지 제조와 관련된 부분은 중국의 시장점유율이 절대적으로 높다. 중국 기업의 기술 개발과 원가 절감도 지속해서 이뤄지고 있어 국내 기업이 경쟁력을 오랜 시간 동안 유지하기는 사실상 어려운 실정이다. 차세대 제품 개발이 이뤄지거나 태양광 모듈을 활용한 태양광발전소 설치와 발전, 전력 판매 등 다운스트림으로 사업을 확장해야 태양광 산업에서 경쟁력을 확보할 수 있다. 이러한 이유로 한화솔루션은 초기 개발 단계에 있는 태양광발전 사업을 매입하고 개발해 재판매함으로써 수익을 창출하는 다운스트림 분야로 사업을 확장했다. 또한 전력이 닿지 않는 분산된 지역에 태양광 모듈을 설치하고, 생산된 전력을 판매하는 사업도 준비하며 사업 영역을 에너지 발전 분야까지 점차 넓혀갈 계획이다. 이 같은 사업 확대로 중국의 추격을 늦출 수 있고, 안정적인 수익 창출이 가능해 한화그룹 차원에서 대규모의 글로벌 투자를 집중할 것으로 보인다.

중국이 앞당긴 그리드 패리티의 빛과 그림자

· · ·

전 세계 연간 태양광 설치 규모는 2010년 18GW에 불과했으나 2019년에는 118GW로 6배 이상 성장했다. 10년 동안 연평균 23%의 성장률을 보인 것이다. 2020년에는 코로나19로 태양광 모듈 제조와 설치가 원활하지 않아 성장세가 주춤했다. 하지만 저탄소 에너지 발전을 위해서는 태양광과 풍력 등 친환경 재생에너지의 증가가 꼭 필요하므로 앞으로 태양광 설치량은 급증할 수밖에 없다. 에너지 시장 조사업체 블룸버그 NEF Bloomberg New Energy Finance는 2021년 전 세계 태양광발전 설치량이 전년 대비 25GW 늘어난 150GW에 이를 것으로 전망했다.

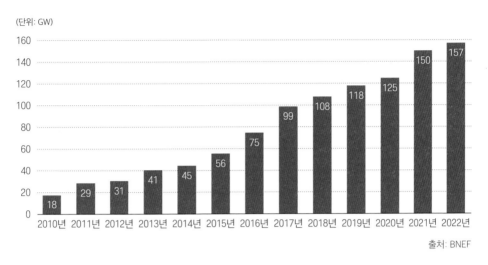

연도별 전 세계 태양광발전 설치 규모

(단위: GW)

출처: BNEF

　　코로나19 이후 세계 각국은 경제 재건과 일자리 창출의 과제를 앞두고 있다. 동시에 저탄소 사회로의 전환도 이행해야 하는데 이를 위해 태양광 산업만큼 좋은 분야가 없다. 2017년도 고용노동부 자료에 의하면 태양광 산업의 고용 창출력은 10억 원당 6.5명으로 석탄 화력(2.5명)이나 가스 화력(2.5명) 등 전통적인 에너지 산업에 비해서 2배 이상 높다. 재생에너지 분야는 상대적으로 소규모 발전 형태의 노동 집약적 산업이기 때문인 것으로 분석된다.

　　태양광발전 설치량이 늘어나게 된 데는 발전 비용이 지속해서 하락한 것도 한몫한다. 국제재생에너지기구IRENA에 의하면 2019년 태양광발전 비용은 0.068달러/kWh으로 2010년 대비 82% 하락한 것으로 조사됐다. 대규모 설치가 필요한 유틸리티급 태양광발전 비용은 하락 폭이 더욱 큰데 인도는 2010년 대비 85% 하락한 0.045달러/kWh를 기록해 가장 저렴했다. 다음은 중국으로 82% 하락한 0.054달러/kWh, 스페인은 81% 하락한 0.056달러/kWh의 발전 비용을 보였다. 태양광발전 효율 향상과 규모의 경제를 통한 태양광 모듈 생산원가 하락으로 태양광발전 비용은 지속해서 하락할 전망이다.

태양광 모듈 제조원가가 떨어진 것은 중국 덕에 가능했다. 2010년대 중국에서는 폴리실리콘 증설 붐이 일었다. 당시 폴리실리콘은 가격이 높았지만 태양광용 수요가 크게 증가할 것으로 전망돼 폴리실리콘 제조 공장이 우후죽순 들어섰고 이로 인해 심각한 공급과잉이 나타났다. 폴리실리콘 가격은 2011년에만 69% 하락해 결과적으로 규모의 경제를 갖추고 생산원가를 낮춘 상위 기업만이 살아남았다. 또한 폴리실리콘 제조 원가 중 약 40%가 전력 비용인데, 중국에서는 값싼 석탄발전을 통해 전력을 공급하게 되면서 폴리실리콘 제조원가를 상당 비율 낮췄다. 이런 이유로, 중국 이외의 기업들은 경쟁력 상실로 결국 문을 닫고 말았다. 2010년대 태양광 시장에 대한 기대와 우려로 급등락을 경험해 '남자의 주식'으로 불렸던 OCI 마저 폴리실리콘 생산에서 규모의 경제를 갖추고 순도 높은 고품질 제품을 생산했지만 중국의 낮은 생산원가에 밀려 2020년 2월 국내 공장의 가동을 멈출 수밖에 없었다. 값싼 전기료를 바탕으로 생산가를 대폭 낮춘 중국산 폴리실리콘은 국내 제품과 비교해 가격이 3분의 1 수준에 불과했기 때문이다.

태양광 잉곳과 웨이퍼, 셀 모듈 또한 중국의 과잉 증설로 생산원가가 빠르게 낮아졌고, 동시에 중국 제품의 시장점유율도 높아졌다. 태양광 웨이퍼 가격은 2010년 대비 2019년 86% 하락했고, 셀과 모듈 가격은 각각 89%, 88% 하락했다. 태양광 모듈 밸류체인 가격이 전반적으로 크게 하락하면서 화석연료 발전과 비교해 생산단가가 대등한 그리드 패리티Grid Parity*를 달성하게 된 것이다.

그러나 중국의 힘으로 태양광 밸류체인 단가가 급격히 하락한 한편으로, 또 다른 문제가 발생하게 됐다. 태양광 제품의 중국 생산 비중이 지나치게 높아져 버린 것이다. 탄소 저감을 위해 태양광을 늘리는 것인데, 중국산 폴리실리콘과 태양광 셀·모듈은 결국 대규모 석탄발전으로 만들어지는 아이러니한 상황이 발생하고 말았다. 폴리실리콘 제품의 중국 제품 점유율은 64%인데 그 비중은 계속 상승하고 있다. 잉곳과 웨이퍼의 중국 제품 비중은 92%이며, 태양광 셀과 모듈의 중국 제품 비중은 각각 85%와 80%에 달한다. 전 세계적으로 태양광 산업의 중국 의존도는 이렇게 심각할 정도로 높다.

차세대 태양광발전 기술 방향

• • •

태양전지는 빛을 흡수하는 물질에 따라 실리콘계, 화합물계, 유기계로 구분할 수 있다. 상용화 순서에 따라 태양전지 1세대는 현재 널리 사용되는 실리콘계, 2세대는 실리콘이나 CIGS 등 박막 형태, 3세대는 염료감응이나 유기물질 등으로 나눌 수 있다. 박막형 태양전지는 저가의 기판을 사용할 수 있고, 공정이 상대적으로 단순해 생산원가가 낮다는 장점이 있지만

• 전기를 생산하는 데 있어서 태양광이나 풍력과 같은 신재생에너지로 전기를 생산하는 비용과 화력발전을 통해 생산한 비용, 즉 발전 원가가 같아지는 균형점을 말한다.

낮은 광전환 효율과 실리콘계 태양전지의 원가 하락으로 상용화가 지연되고 있다. 차세대 태양전지는 광전환 효율이 높으면서도 박막 형태의 제조로 생산원가가 낮다. 또한 심미적으로도 우수해 도심 내에서도 자유롭게 적용하고, 의류에 부착해 웨어러블이 가능한 형태가 될 전망이다. 이러한 특성에 근접한 태양전지로서 염료감응이나 유기박막, 페로브스카이트Perovskite 등 많은 연구가 진행되고 있다.

염료감응 태양전지는 1991년 스위스의 미카엘 그라첼Michael Gratzel 교수가 처음으로 개발했다. 이산화타이타늄TiO_2 표면에 코팅된 염료가 빛을 흡수하는 구조로 제조과정이 단순하고, 재료 가격도 저렴하며, 염료의 색상에 따라 다양한 색상을 구현할 수 있어 발전뿐만 아니라 건축물 등 다양한 곳에서 사용할 수 있다. 그러나 광전환 효율이 10% 초반에 머물러 있으며, 내구성이 낮아 상용화 단계에 이르지 못하고 있다.

유기박막 태양전지는 화학적 유기물 재료를 사용하는 것으로 오래전부터 다양한 유기 소재가 개발돼 왔다. 염료감응과 마찬가지로 유기 소재 가격이 저렴하고 인쇄나 잉크젯 방식으로 코팅이 가능하며, 대면적이나 웨어러블 등 여러 분야에 적용할 수 있다는 장점이 있다. 다만 유기박막 전지도 염료감응 전지와 마찬가지로 광전환 효율이 낮아 상용화에 제약이 따르는 상황이다.

차세대 제품으로 국내 학계와 기업을 중심으로 가장 활발하게 개발되고 있는 제품은 페로브스카이트 태양전지다. 페로브스카이트는 1839년 러시아 우랄산맥에서 새롭게 발견된 광물에 붙여진 이름으로 러시아 광물학자 레프 페로브스키Lev Perovsky의 이름을 따서 만들어졌다. 페로브스카이트 화학식은 $CaTiO_3$Calcium Titanium Oxide라는 것이 밝혀졌으며, 이후로는 이와 동일한 구조인 AMX$_3$ 물질구성을 가지는 모든 물질을 지칭하는 용어로 사용되고 있다. 페로브스카이트 태양전지는 실리콘계 무기 태양전지와 유기·염료감응 태양전지의 중간 정도의 성질을 가지고 있다. 제작공정은 박막 전지와 같이 간단하고 저렴하게 제조할 수 있지만, 광전환 효율은 실리콘계보다 높아 차세대 제품으로 주목받고 있다. 상용화 기대감이 높은 상태인데 최종 상용화를 위해서는 구성요소 중 하나인 납을 대신할 수 있는 소재가 개발돼야 하고, 수분과 열 등에 장기간 버티는 장기 안정화 기술이 보완돼야 한다. 페로브스카이트 태양전지는 국내 기업을 중심으로 연구개발이 활발히 이뤄지고 있으며, 한화솔루션과 신성이엔지, 유니테스트가 대표적이다. 대유플러스는 양산형 페로브스카이트 태양광 모듈 국책과제를 수주해 안정적인 소재 개발을 위해 연구하고 있다.

한화솔루션 009830.KS

한화솔루션은 국내 최대 태양광 셀·모듈 제조 기업이다. 셀과 모듈 생산 능력은 모두 11.5GW로 전 세계 상위 5위 수준이다. 2012년 당시 태양광 모듈 생산 능력과 제품 효율성이 전 세계 1위였던 독일의 큐셀Q-Cell을 인수함으로써 세계 최고의 기술력을 보유하게 됐고, 현재까지 계속 효율을 높인 신제품을 내놓고 있다. 셀 뒷면에 반사막을 삽입해 효율을 높이는 퍼크Passivated Emitter and Rear Cell, PERC 기술을 적용하고, 양면발전 모듈, 갭리스 모듈, 피타입P-Type 모듈 등 기술 도입을 통해 중국의 추격을 따돌리고 있다. 차세대 제품으로 엔타입N-Type 모듈과 페로브스카이트 태양전지를 적용해 차별화된 기술력을 유지할 전망이다. 또한 태양광 셀, 모듈 등의 제조만으로는 시간이 지나면서 해외 경쟁사와의 기술 격차가 줄어들고 수익이 감소할 수밖에 없기 때문에, 외형 확대와 안정적인 수익 유지를 위해 다운스트림 사업으로 적극적으로 영역을 확대할 계획이다. 미국과 유럽에서 태양광발전 프로젝트를 인수해, 높은 수익성 사업으로 개발한 이후 에너지 기업에 재매각하는 방식도 그중 하나다. 2025년까지 35GW 이상 규모의 프로젝트를 인수하고, 약 16GW를 재매각할 계획이다.

또 다른 사업 방향은 분산형 발전Virtual Power Plant, VPP을 기반으로 한 에너지 사업 진출이다. 분산형 발전이란 중앙 전력과는 별개로 독립된 지역에서 전력을 발전하고 판매하는 사업이다. 공장 산업단지와 기업체, 가정의 빈 곳에 태양광 모듈을 설치하고 설비 대여 및 발전 사업을 하는 것으로 안정적인 수익 창출이 가능하다. 태양광 모듈 제조에서 이를 활용한 건설과 재판매, 그리고 발전 사업으로 영역을 확대해 토탈 에너지 솔루션 기업으로 전환하는 것을 목표로 하고 있다.

한화솔루션은 수소 산업에도 많은 투자를 하고 있다. 구체적으로는 수소 생산을 위한 고효율 전해조 기술을 개발 중이다. 아직 전 세계에 상용화된 전해조 기술이 없어 한화솔루션이 기술 개발에 성공한다면 전해조 판매와 기술 라이선스 판매를 통해 수소 산업의 주도권을 확보할 수 있게 된다. 수소와 관련된 또 다른 분야는 수소의 저장과 유통을 위한 수소 저장 탱크 사업이다. 2020년 태광 후지킨이라는 업체를 인수해 자동차 등 소형 저장 탱크 기술을 확보했다. 2020년 12월에는 머스크의 스페이스XSpace X 로켓용 고압 탱크를 납품하는 미국 스타트업 시마론의 지분 인수 계획을 발표했다. 2025년까지 시마론에 1억 달러를 투자해 사업 분야를 대형 고압용 탱크 영역까지 확대하기로 했다. 자동차용 소형 탱크부터 우주선용 대형 탱크까지 수소 저장 기술을 확보함으로써 저장과 유통 분야에서 글로벌 선두 기업이 되는 것이 목표다. 태양광과 수소 분야에 집중적으로 투자하기 위해 2020년 12월 1조 2,000억 원의 유상증자를 결정했으며, 태양광 사업에 1조 원, 수소 사업에 2,000억 원을 배정했다.

징코솔라 JKS.US

징코솔라JinkoSolar는 2010년 태양광용 웨이퍼 생산업체로 시작했지만 지금은 세계 최대의 태양광 모듈 생산 능력을 보유하고 있는 중국계 기업이다. 2020년 기준 태양광 모듈 생산 능력은 21GW이며, 매출액 5조 8,000억 원과 영업이익 3,370억 원(영업이익률 5.8%)을 기록한 것으로 추정된다. 태양광 웨이퍼부터 태양광 셀과 모듈까지 수직 계열화를 이루고 있고, 규모의 경제를 갖춰 경쟁사 대비 상대적으로 높은 이익률을 유지하고 있다. 제조업에서 서비스업으로 전환을 시도하는 중으로 자회사를 통해 태양광 시스템 설치 및 발전 사업으로 영역을 확장하려는 움직임이 있다. 2010년 뉴욕 증시에 상장했고 2021년 1월 기준 시가총액 26억 달러(2조 9,000억 원)에 거래되고 있다.

융기실리콘자재 601012.CN

융기실리콘자재Longi Green Energy Technology는 세계 최대 태양광 잉곳·웨이퍼 생산업체다. 태양광 셀과 모듈까지 생산할 수 있어 태양광 산업에서 수직 계열화를 이루고 있으며, 셀과 모듈의 생산 능력은 글로벌 2위다. 웨이퍼 부문에서 절대적인 시장 지배력을 보유해 2018년 기준 글로벌 시장 점유율 40%를 기록했다. 잉곳·웨이퍼 시장 경쟁이 격화돼 중소기업들이 시장에서 속속 퇴출한 것이 시장점유율 상승에 영향을 준 것으로 보인다.

2019년 3분기 잉곳·웨이퍼의 주요 소재인 폴리실리콘 공급 차질로 원재료 가격이 급등했으나 원가 상승분을 판매 가격에 대부분 전가해 수익성을 유지할 수 있었다. 2019년 기준 매출액은 약 5조 6,000억 원, 영업이익은 1조 1,000억 원이며 영업이익률 19.1% 수준의 높은 수익성을 기록했다. 2012년 중국 증시에 상장됐으며, 2021년 1월 기준 시가총액 48조 원으로 거래되고 있다. 글로벌 태양광 시장 확대에 대한 기대감과 강한 시장 지배력을 반영해 2020년 주가는 383% 상승했다.

통위 600438.CN

중국의 통위그룹은 케이블과 에너지 사업을 영위하고 있다. 2020년 기준 태양광 셀 생산 능력은 30GW 이상으로 세계 최대 규모를 자랑한다. 웨이퍼나 모듈 등 전후방 밸류체인으로 확대하기보다는 태양광 셀의 생산 능력을 집중적으로 확대해 규모의 경제를 강화하고 있다. 2020년 초 발표한 태양전지 사업 계획에 의하면 2023년까지 태양광 셀 생산 능력을 80~100GW으로 확대하는 것을 목표로 잡아 업계에 파장을 일으켰다. 2020년 태양광 전지 수요가 약 125GW였으니 셀 기준으로 통위의 생산 능력 목표치는 전 세계 사용량의 60% 이상 되는 막대한 규모다. 태양광 사업은 2009년 시작했으며, 2013년부터 태양광 셀을 대규모로 생산하기 시작해 지금까지 셀 생산 하나로 한 우물을 깊게 파고 있다.

다초 뉴에너지 DQ.US

다초 뉴에너지는 중국의 폴리실리콘 제조 기업이다. 8만 5,000톤의 생산 능력을 보유한 세계 4위의 업체다. 석탄이 풍부한 중국 신장지구에 공장

태양광 분야 밸류체인

분류	기업명(국가명)	종목코드	기업명(국가명)	종목코드
폴리실리콘	OCI 보리협흠(중)	010060.KS 3800.HK	다초 뉴에너지(중)	DQ.US
잉곳/웨이퍼	융기실리콘자재(중)	601012.CN	중환반도체(중)	002129.CN
태양광 셀	한화솔루션 통위(중)	009830.KS 600438.CN	융기실리콘자재(중)	601012.CN
태양광 모듈	한화솔루션 LG전자 징코솔라(중)	009830.KS 066570.KS JKS.US	천업통연중공업(중) 융기실리콘자재(중) 커네디언 솔라(캐)	002459.CN 601012.CN CSIQ.US
태양광 유리	신의광능(중)	968.HK	복래특유리그룹(중)	601865.CN
인버터	양광전력(중)	300274.CN	화웨이(중)	(비상장)
EVA	퍼스트 어플라이트 머터리얼(중)	603806.CN		

이 위치해 값싼 석탄을 원료로 사용할 수 있어 경쟁사 대비 생산원가가 낮은 것이 장점이다. 2018년 폴리실리콘 공급과잉이 극심할 때도 가장 먼저 흑자 전환에 성공해 우수한 생산 경쟁력을 보여줬다. 뉴욕 증시에 상장돼 있고, 2020년에는 경쟁사의 폴리실리콘 공장 화재로 인한 반사 수혜로 주가가 200% 상승했다.

05

바다에서도
친환경 선박 시대가 열리고 있다

우리나라는 세계적인 LNG선 강국

• • •

한국은 세계적인 LNG선 강국이다. 2018년에 전 세계 신규 LNG선 총 72척 발주 중 66척, 2019년에는 60척 중 48척을 수주하는 등 앞선 기술을 바탕으로 글로벌 LNG선 시장을 선도하고 있다.

LNG선(LNG운반선)은 메탄CH_4이 주성분인 천연가스를 저장 및 운송하기 위해 액화시킨 LNG Liquefied Natural Gas를 −162℃의 상태로 냉각해 운송하는 선박이다. 이렇게 저온으로 냉각하면 천연가스의 부피를 600분의 1로 줄일 수 있다. 1990년대까지는 일본이 LNG운반선 시장을 주도했으나

2021년 주요 LNG선 예상 발주 프로젝트 및 발주 척수

프로젝트 대상 국가	발주처	발주 척수(대)
카타르	카타르 퍼트폴리엄	40
미국	엑슨모빌	20
모잠비크	토탈	16
	엑슨모빌	20
캐나다	셸	8
파푸아뉴기니	엑슨모빌	8
합계		**112**

출처: Clarksons, 삼성중공업

1990년대 후반부터는 한국으로 주도권이 넘어오게 됐다. LNG운반선의 경우 극저온 기술을 요구하는 화물창(LNG 탱크)이 중요한데, 일본은 안정성이 높은 원형 구조의 모스형 화물창을 무기로 시장을 주도했지만, 프랑스 GTT사의 기술을 바탕으로, 모스형 화물창보다 적재용량이 40%가 크고 안정성까지 개선한 멤브레인 화물창을 국내 조선사들이 채택하게 되면서 시장은 변화하기 시작했다.

전 세계적으로 LNG에 대한 수요가 늘어남에 따라 LNG운반선 제작에 강점을 가진 국내 조선 업체 중심으로 수주가 증가했다. LNG 수요가 늘어난 이유는 각국의 친환경 에너지 소비 정책이 강화되고, 국제해사기

화물창은 모양에 따라 일반적으로 모스형Moss type과 멤브레인형Membrane type으로 나뉜다. 모스형 탱크 기술은 노르웨이의 크베너 모스사가, 멤브레인 탱크 기술은 프랑스의 GTT사가 보유하고 있다. 멤브레인형은 모스형에 비해 선박 대형화가 상대적으로 쉽다는 장점을 바탕으로, 2000년대에 들어서면서부터는 모스형을 완전히 따돌리고 주도권을 쥐게 됐다.

구International Maritime Organization, IMO 규제 강화로 선박에서도 LNG 연료의 수요가 증가했기 때문이다.

해상에서도 환경규제가 존재한다. 선박에서 나오는 질소산화물NOx, 황산화물SOₓ, 이산화탄소, 미세먼지 등 공해 물질에 대한 규제를 담당하는 곳이 국제해사기구다. 국제해사기구에 따르면 글로벌 전체 선박의 온실가스 배출량은 약 10억 3,600만 톤으로 전 세계 온실가스 배출량의 2.8% 수준(이산화탄소는 3.1% 수준)이다. 선종별로는 전체 선박 배출량에서 컨테이너선, 벌크선, 유조선이 전체 배출량의 60%를 차지한다.

국제해사기구에서 시행하는 'IMO 2020' 규제에서는 2050년까지 선박이 배출하는 황산화물질을 3.5% 이하에서 0.5% 이하로, 이산화탄소는 2008년 발생량 대비 50%로 감축하는 것을 목표로 하고 있다. 2050년 목표 달성을 위해서는 궁극적으로 탄소를 배출하지 않는 무탄소 선박 기술이 꼭 개발돼야 하겠지만, IMO 2020 수준에서의 규제는 저유황유 사용, 탈황 설비 장착, LNG추진선 개발 등의 내용이 주를 이루고 있다. 기존의 선박들은 가격이 싼 벙커C유 등 황이 많이 함유된 고유황유를 썼지만, IMO의 규제로 인해 저유황유로 바꾸거나, 기존의 벙커C유 같은 연료를 그대로 사용하면서 배출가스에서 황을 제거하는 스크러버Scrubber(탈황 설비)를 달아야 했다. 하지만 저유황유는 가격이 높고, 스크러버의 경우 설치 비용과 추가 전력 발생으로 인해 선박 운영비가 상승할 뿐만 아니라 스크러버 설치선의 입항을 금지하는 국가와 항구도 늘고 있기 때문에 LNG를 추진 연료로 사용하는 LNG추진선 등이 대안으로 떠오르고 있다. 최근 업계 동향은 추진 연료로 LNG와 벙커C유를 모두 사용하는 이중연료Duel Fuel 추진선 위주로 발주가 진행되고 있는 상황이다.

LNG는 벙커C유에 비해 질소산화물 85~90%, 이산화탄소 20%, 황산화물 100% 저감이 가능하고, 연비도 대등하면서 석유계 연료보다 가격은 저렴하다. 또한 에너지효율설계지수Energy Efficiency Design Index, EEDI와 같은 국제 환경기준을 충족하는 친환경 연료[*]다. 하지만 LNG도 탄소를 배출하는 에너지원이기 때문에 조선 분야도 궁극적으로는 무탄소 선박으로 산업 구조가 옮겨갈 것이다. 현재 국내 조선 업체들이 LNG운반선과 LNG추진선에서 경쟁력 우위를 가지고 있고 특히 LNG추진선의 핵심 요소인 연료 탱크, 엔진, 연료공급 시스템에서 기술적 우위를 점하고 있으나 향후 무탄소 선박 시대에도 리더십을 계속 이어가려면 핵심 기술을 선점하기 위해 부단히 노력해야 할 것이다.

무탄소 선박 시대의 연료로는 수소, 메탄올, 암모니아, 바이오 등이 주로 연구되고 있다. 바이오 연료는 농작물, 목재, 폐자재와 같은 물질에서 추출되며 이산화탄소 배출량이 매우 적으나, 특정 바이오 연료의 경우 6개월 이상 저장 시 산화 및 효율 저하의 문제가 있고 연료 공급 인프라가 부족하다는 단점이 있다. 메탄올은 벙커C유 대비 질소산화물, 황산화물, 미세먼지를 적게 배출하지만, 메탄올 자체가 온실가스가 많은 석탄으로부터 생산된다는 단점이 있다. 따라서 주로 수소나 암모니아를 중심으로 개발이 진행될 것으로 예상하는데 이를 위해서는 기술적인 문제 해결이 우선적으로 이뤄져야 한다. 먼저 수소의 경우 액체 상태로 저장하려면 −253℃라는 극저온을 유지해야 하고, 액체에서 기체로 전환할 때 발생하

● 벙커C유를 사용하는 컨테이너선 선박 1척이 디젤 승용차 5,000만 대 분량의 황산화물과 트럭 50만 대 분량의 초미세먼지를 배출하기에 LNG 등 친환경 연료의 필요성이 높아지게 됐다.

는 열손실을 방지해야 한다. 암모니아의 경우 비료의 원료로 오랫동안 연구돼온 분야이긴 하지만, 부식과 독성의 문제로 조선 분야에 적용하기 위해서는 관련 소재의 부품 기술이 선행돼야 한다. 따라서 국내 조선 산업은 현재의 LNG운반선과 추진선에서의 리더십을 유지하면서, 친환경 선박으로 나아가는 과도기적 중간 단계로 혼합연료를 사용하는 저탄소 선박 기술을 개발하는 것과 동시에 수소와 암모니아 등 무탄소 선박 기술 개발에 박차를 가해야 한다.

한편, 앞서 풍력 분야에서 보았듯이 재생에너지 발전과 연관 지어서 생각해보면, 해상풍력 터빈이 대형화될수록 이에 따른 대형 설치선 수요도 증가할 것이다. 영국의 조선·해운 시황 분석업체 클락슨Clarkson에 따르면 2020~2026년 해상풍력 설치선Wind Turbine Installation Vessel, WTIV 연평균 발주량은 8척으로 예상된다. 아시아 해상풍력 시장은 2025년부터 본격적으로 성장할 것으로 기대되며, 그때부터 설치선 발주 규모도 함께 커질 것으로 전망된다.

친환경 선박 시대를 대비하라

• • •

국제해사기구의 온실가스 규제 강화와 유럽연합의 배출권거래제가 시행되면서 글로벌 조선·해운 시장이 기존의 유류 선박을 친환경 선박으로 교체하는 새로운 패러다임을 맞이하게 됐다. 이에 발맞춰 2020년 12월 23일, 우리나라의 산업통상자원부와 해양수산부가 제1차 친환경 선박 기본계획을 확정해 발표했다. 제1차 친환경 선박 기본계획의 주요 골자는

친환경 선박 분야 밸류체인

분류	기업명	종목코드	기업명	종목코드
LNG선 및 친환경 선박 개발	한국조선해양 대우조선해양	009540.KS 042660.KS	삼성중공업	010140.KS
보냉재	한국카본	017960.KS	동성화인텍	033500.KQ

1) 미래 친환경 선박 선도기술 개발, 2) 한국형 실증 프로젝트 '2030 그린십-K' 추진, 3) 친환경 선박 보급 촉진, 4) 연료공급 인프라 및 운영체계 구축 등이다.

친환경 무탄소 선박 개발은 수소연료전지나 암모니아 연료 추진선박 등의 핵심 기술과 연료저장 탱크, 연료공급 추진 시스템 등 미래형 선박 기술 개발을 전제로 한다. 2020년 12월 24일에 발표된 산업통상자원부의 보도자료에 따르면 2030년까지 친환경 선박으로 교체됐을 때 이로 인한 기대효과는 온실가스 배출량 기준으로 유류선박 대비 70% 저감이다.

우리 정부는 실증 프로젝트로 '2030 그린십-K'를 추진하고 있다. 노후 관공선을 시작으로 민간 선박들까지 친환경 선박으로 교체하는 작업을 점진적으로 시행할 예정이다. 또한 LNG, 전기 등 친환경 연료 공급 인프라를 확충할 계획이다.

06

국내 대기업은
'ESG'라는 한배를 탔다

대기업 신년사에 등장한 공통 키워드, ESG

• • •

2021년, 국내 내로라하는 대기업의 수장들이 신년사에서 공통으로 내세운 키워드가 있다. 바로 ESG, 그리고 그린 뉴딜을 위한 친환경 비즈니스 강화다.

이제 유럽, 미국, 아시아 등 각 국가의 중앙정부와 글로벌 연기금뿐만 아니라 영리 추구가 목적인 국내 대기업까지 'ESG'라는 키워드로 대동단결해 함께 움직이기 시작했다. 각 기업이 새해를 시작하는 신년사에서 가장 중요한 키워드로 친환경을 언급했다는 것은 단순히 환경의 중요성을 강조한 것을 넘어 앞으로 기업들의 투자금이 향할 곳이 무엇보다 '그린'임을 정확하게 밝힌 것이다.

SK그룹은 최태원 회장이 직접 나서 ESG를 앞세운 혁신적 사업모델을 통해 지속가능성을 확보하고 기업가치를 높이고자 독려했다. SK는 그룹의 4대 미래 성장동력을 소재, 그린, 바이오, 디지털로 정해 집중적으로 육성할 계획이며, 그중에서도 특히 그린 관련 행보가 눈에 띈다. SK는 2025년까지 총 28만 톤의 수소 생산 능력을 키울 계획이다. 또한 그룹 계열사 6개(SK, SKT, SK하이닉스, SKC, SK머티리얼즈, SK실트론)가 글로벌 RE100이니셔티브에 함께 참여하기로 했다.

전통적인 화석연료 사업인 정유업을 기반으로 하는 SK이노베이션은 친환경 전기차의 부품인 2차전지 사업을 대폭 강화해 2024년까지 배터리 생산 능력을 100GWh까지 확대하고, 미래 사업 역량 강화를 위해 수소 사업 추진단도 신설한다는 계획이다. SKC는 기존 화학 사업 외에 2차전지에 들어가는 핵심소재인 동박 부문을 키우기 위해 자회사 SK넥실리스를 통해 말레이시아에 공장을 신설할 예정이다. 말레이시아 공장은 RE100을 위한 재생에너지 구매 계약을 체결했다. SK건설은 미국 연료전지 업체인 블룸에너지와 합작해 연료전지 사업을 본격적으로 시작했으며, SK디앤디는 풍력, 연료전지, 태양광 사업 등 신재생에너지 디벨로퍼로서 집중적으로 성장한다는 목표를 가지고 있다.

현대차는 이미 미래형 친환경 수소·전기차 사업 준비에 박차를 가하며 세계의 주목을 받고 있다. 기존의 핵심사업이었던 내연기관차에서 점차 탈피해 전기차, 수소차 및 미래형 모빌리티 사업으로 구조적인 변화를 꾀하고 있다. 현대차는 넥쏘를 통해 수소차 판매 세계 1위를 달성했으며, 2021년 2월 전기차 전용 플랫폼인 E-GMP를 기반으로 전용 전기차 아이오닉5를 출시했다. 또 도심 항공 모빌리티를 미래 사업으로 준비하고 있으며, 수소연료전지 시스템 브랜드 HTWO를 론칭했다.

현대차는 정의선 회장 취임 후 첫 대규모 M&A 프로젝트로 미국의 로봇 개발 업체로 유명한 보스턴 다이내믹스Boston Dynamics에 현대자동차그룹과 정의선 회장 명의의 개인 투자를 동시에 실행했다. 로봇은 친환경과 직접적으로 연결되지는 않지만, 미래형 모빌리티 사업에 로봇 관련 기술이 큰 도움 요소로 작용할 것으로 판단된다. 로봇 개발에서 많이 쓰이는 인공지능과 센싱(감지) 기술 등은 자율주행과 도심 항공 모빌리티 등 미래차에서 주도권을 잡고자 하는 현대자동차그룹에도 필수적인 요소이기 때문이다. 한편 현대모비스는 수소연료전지차의 연료전지 모듈, 현대위아는 수소연료탱크와 전기차 열관리 모듈, 현대로템은 저탄소, 친환경 열차, 수소 충전 인프라 사업 추진, 현대제철은 수소차의 금속 분리판과 수소 생산 능력 증대에 힘쓰고 있다.

포스코그룹은 탄소를 많이 배출해 환경을 오염시킨다는 철강업체 이미지에서 벗어나기 위해 수소 생산을 확대하고 있으며, 자회사 포스코케미칼을 통해 2차전지 핵심소재인 양극재, 음극재 사업을 강화하고 있다. 포스코는 2050년까지 500만 톤의 수소 생산체제를 구축해 매출 30조 원을 추가로 달성한다는 목표를 제시했다. 2025년까지는 부생수소 7만 톤 생산을 목표로 하고, 2040년에는 그린수소 200만 톤을 생산한다는 계획이다. 포스코케미칼은 아르헨티나 소금호수 옴브레 무에르토Hombre Muerto 개발을 통해 2차전지 핵심 소재인 리튬을 확보할 예정이다. 포스코에 따르면 옴브레 무에르토 소금호수의 리튬 매장량은 2018년 인수 당시 추산

치였던 220만 톤보다 6배 많은 1,350만 톤으로 확인됐다. 호수에 매장된 리튬을 생산하고 2021년 3월 기준의 현 시세를 적용해 판매하면 누적 매출액은 35조 원에 달할 것으로 전망된다. 이는 당시 3,119억 원에 인수했던 것과 비교해 100배 수준이다. 또한 포스코케미칼은 2020년 유상증자 1조 원을 진행했고, 이를 통해 양극재 공장을 증설하며 흑연과 리튬 원재료를 확보할 계획이다.

한화의 김승연 회장은 2021 신년사에서 ESG 경영을 강화해 글로벌 재생에너지 분야 리더로서 기후변화에 적극적으로 대응해 탄소제로 시대를 선도하자는 목표를 제시했다. 이에 따라 태양광 업체인 한화솔루션에서 2021년 1월 수소기술 연구센터를 설립했고, 신재생 발전 프로젝트를 담당하는 글로벌 GES 사업부를 확대 개편했다. 이를 통해 2025년까지 연간 5조 원 이상의 매출을 재생에너지 발전소 개발 사업에서 달성하겠다는 계획이다. 수소고압탱크, 그린수소 생산에도 관심을 보이며 수전해 기술을 중심으로 그린수소 대량 생산 기술을 조기에 확보하기 위해 애쓰고 있다.

기존 사업인 태양광에서는 차세대 제품인 페로브스카이트 탠덤 셀을 개발하고 있다. 페로브스카이트는 차세대 태양광으로 기존 폴리실리콘 대비 원가는 3분의 1 수준이고, 폴리실리콘 셀 대비 쉬운 전자이동으로 두께를 20배 이상 얇게 만드는 것이 가능하다. 이에 따라 휴대폰, 자동차, 주택, 건물 등 넓은 면적에 적용 가능해 응용 분야가 다양해질 수 있다. 탠덤 셀은 기존 실리콘 태양광 셀 위에 페로브스카이트를 쌓아서 제작하는 것으로 기존 태양광 셀보다 높은 효율을 얻을 수 있다. 페로브스카이트 탠덤의 상용화 시점은 2023년을 목표로 개발 중이다.

한화는 이와 같은 수소와 태양광 관련 투자를 위해 2020년 12월에

1조 2,000억 원 유상증자를 결정했다. 자금 조달 이후 가장 먼저 미국항공우주국 사내벤처로 출발한 미국의 수소고압탱크 업체 시마론을 인수하는 등 미래를 위한 포트폴리오를 부지런히 만들어가고 있다. 또한 한화의 6개 금융사가 탈석탄 금융을 선언하며 향후 국내외 석탄발전소 건설을 위한 프로젝트 파이낸싱에 참여하지 않기로 발표했다.

두산그룹은 석탄, 원전 개발 등 기존 비즈니스에서 탈피해 부지런히 미래 사업을 준비하고 있다. 두산중공업은 연료전지, 풍력발전 기술, 중소형 원자로, 가스 터빈 제작으로 이어지는 친환경 재생에너지 발전 라인업을 구축할 계획이며 풍력 터빈 제조업체로서 2025년까지 매출액 1조 원 달성을 목표로 하고 있다. 두산퓨얼셀은 수소연료전지 사업자로서 2020년 말 유상증자 3,360억 원을 통해 투자를 대폭 확대했다. 앞으로 친환경 선박용 연료전지 및 고체산화물 연료전지를 개발할 계획이다.

LG그룹은 LG화학에서 분할한 LG에너지솔루션이라는 핵심 자회사를 통해 2차전지 사업을 활발히 진행하고 있다. 2020년 전기차용 2차전지 출하량 기준 세계 1위를 달성했고, 생산 능력은 2020년 120GWh 수준에서 2023년 260GWh까지 끌어올리는 것이 목표다. LG전자는 세계 3위의 자동차 부품 업체인 마그나 인터내셔널과 합작해 전기차 전장부품을 생산할 계획이다. 대규모 적자가 지속해서 발생해온 스마트폰 사업은 정리 수순을 밟고 있고, 가전 사업은 프리미엄화해 차별성을 꾀하며, 전장 사업부를 강화하는 등 포트폴리오 재편에 적극적으로 나서고 있다.

효성그룹은 수소 사업과 친환경 소재 개발을 통해 미래 사업을 준비하고 있다. 효성중공업은 린데그룹과 함께 3,000억 원을 투자해 액화수소 공장을 설립하기로 했고, 수소 충전소 사업도 강화할 계획이다. 또한 자회사 효성첨단소재를 통해 수소연료탱크의 핵심소재인 탄소섬유 생산량을 증설할 예정이다.

이처럼 국내 대기업들은 세계적인 흐름인 ESG, 그중에서도 환경을 향한 빠른 행보를 보이고 있다. 특히 기술과 투자 측면에서의 시너지를 위해 기술력을 가진 외국 기업과 합작해 친환경 자동차 개발에 속도를 내고 있다. 2020년 연말 LG전자와 마그나 인터내셔널의 합작, 2021년 1월 SK의 미국 수소연료전지업체 플러그파워 지분 인수, 현대차의 애플카 프로젝트 논의 등을 예로 들 수 있다.

다행히도 한국은 거의 모든 산업에 경쟁력 있는 밸류체인을 가진 몇 안 되는 국가 중 하나다. 미·중 무역 분쟁과 코로나19 팬데믹 이후 오히려 한국은 제조국가로서의 위상이 더욱 높아지고 있는데, 외국 투자자의 입장에서는 전략적 파트너로 삼고 싶은 기업을 많이 보유하고 있는 장점이 더욱 부각될 수 있다. 이것이 바로 2021년 1월 25일 코스피 지수가 3,200p를 넘어서는 역사적 신고가를 기록한 배경이다. 앞으로도 외국과 우리나라 기업 간에 오가는 그린 관련 이슈들은 더욱더 많아질 것으로 기대된다. 이처럼 눈여겨볼 만한 이슈를 놓치지 않으며, 기업과 투자자는 탄소중립 사회로 전환되는 산업 패러다임의 급격한 변곡점에서 투자 기회를 잘 살려야 할 것이다.

ESG 및 그린 비즈니스 관련 국내 그룹사의 최근 행보

SK그룹

SK	• 최태원 회장 각 계열사에 ESG를 앞세운 혁신적 사업모델로 지속가능성 확보, 기업가치 높일 것을 강조 • 2021년 장동현 사장 신년사. 소재, 그린, 바이오, 디지털 4대 성장동력 집중육성 • 그룹 인프라 활용해 생산, 유통, 공급을 아우르는 수소 밸류체인 구축, ESG 경영 가속 • 2025년까지 총 28만 톤 규모의 수소 생산 능력. 2025년까지 그룹 차원 30조 원의 순자산가치NAV 추가 창출 • 그룹 6개사(SK, SKT, SK하이닉스, SKC, SK머티리얼즈, SK실트론)가 글로벌 RE100이니셔티브에 참여 • SK와 SK E&S가 각각 8,000억 원 출자해, 미국 수소연료전지 업체 플러그파워 지분 9.9% 취득
SK이노베이션	• 미국 조지아, 헝가리에 배터리 공장 건설 중. 2025년 생산 능력 100GWh까지 확대 목표 • 조지아주 배터리 2공장 건설 투자금으로 1조 9,000억 원 규모 그린본드로 조달 • 자회사 SK아이테크놀로지는 중국, 폴란드에 분리막 공장 추가 건설 중 • SK이노베이션, SK E&S 등 전문인력 20여 명 전담조직인 수소 사업 추진단 신설 • 수도권 인접한 SK인천석유화학에서 발생하는 부생수소를 SK E&S에 공급
SK하이닉스	• ESG 채권 발행
SKC	• 계열사 SK넥실리스는 동박 공장을 말레이시아에 증설
SK머티리얼즈	• 실리콘을 활용하는 음극재 소재 개발 미국 업체 그룹14테크놀로지Group14 Technologies에 1,300만 달러 투자
SK E&S	• SK와 SK E&S가 각각 8,000억 원 출자해, 미국 수소연료전지업체 플러그파워 지분 9.9% 취득 • 기존 전력, LNG, 도시가스 등 기존 그린포트폴리오로 수소 분야 세계 1위 목표 • 2020년 외국기업 최초로 중국 민간 LNG 터미널 지분 확보 등 글로벌 LNG 밸류체인 토대 구축 • 2023년부터 연간 3만 톤 규모의 액화수소 생산설비 건설, 수도권에 공급 • 연간 300만 톤 이상의 LNG 직수입으로 확보한 천연가스를 통해 2025년부터

25톤 블루수소(이산화탄소 포집) 생산

- 2020년 9월 새만금 간척지 태양광발전단지 조성 사업자로 선정, 200MW급

SK건설	• 미국 블룸에너지와 합작해 연료전지 사업 시작. 수소연료전지 발전소를 경기 화성, 파주에 준공 • 하수, 폐수 및 폐기물처리기업 EMC홀딩스를 인수하면서 친환경 사업 본격화
SK실트론	• 카본 트러스트 인증. 제품 생산과정에서 발생하는 탄소 배출량을 종합측정한 탄소발자국 인증
SK디앤디	• 풍력, 연료전지, 태양광 사업 등 신재생에너지 디벨로퍼로 성장 목표

현대자동차그룹	
현대차	• 현대자동차그룹은 2022년 중국 광둥성에 수소연료전지 시스템 공장 신설 추진 • 넥쏘 2019년 국내 포함 전 세계 시장에 4,987대 판매로 수소차 판매 1위 • 영국 화학기업 이네오스그룹Ineos Group과 수소 사업 MOU • 이네오스 오토모티브Ineos Automotive가 개발 중인 SUV에 현대차 차량용 연료전지 시스템 탑재해 새로운 수소전기차 선보일 예정 • 2021년 2월 E-GMP 기반으로 전용 전기차 아이오닉5 출시 • 2022년 레벨3 자율주행 양산차, 2028년 완전 전동화 UAM 모델 출시 • 2030년 수소연료전지 70만 기 판매, 2040년 핵심시장 전 라인업 전동화 • 수소연료전지 시스템 브랜드 HTWO 론칭 • 미국 로봇 개발 업체 보스턴 다이내믹 인수
기아	• 사명, 로고, 브랜드 슬로건 모두 바꾼 미래전략 Plan S 본격 가동 • 내연기관에서 전기차로 이동
현대모비스	• 현대차·기아의 구동모터, 배터리 모듈, 인터버, 컨버터, 수소연료전지 담당
현대위아	• 현대차·기아의 전기차 열관리 모듈, 모터 감속기, 수소연료탱크 담당
현대오토에버	• 현대엠엔소프트(내비게이션)와 현대오토론(전장소프트웨어)을 흡수합병, 차량 데이터 클라우드 일원화
현대제철	• 수소 생산 능력을 기존 3,500톤에서 연간 최대 3만 7,200만 톤으로 늘릴 계획

현대제철	• 수소생산, 유통시설 확대 구축, 주요 사업장 FCEV 도입 및 수송 차량 확대 적용, 연료전지발전 시스템
현대글로비스	• 노르웨이 해운그룹 윌.윌헬름센Wilh.Wilhelmsen과 친환경 해운사업 제휴. 향후 가스 해상운송업 진출, 수소 선박 운영 기대 • 국내에서 수소 공급망 플랫폼 구축, 안정화 후 해외로 진출
현대로템	• 저탄소, 친환경 열차, 수소 충전 인프라 사업 추진. 수소추출기 생산 라인 가동

현대중공업그룹

한국조선해양	• 노르웨이·독일 선급협회 DNV로부터 연료전지발전 시스템 설계 기본인증 획득
현대미포조선	• 업계 최초로 영국 로이드선급으로부터 암모니아 추진선에 대한 기본 인증서 획득
현대오일뱅크	• 2021년 첫 회사채를 ESG채권의 한 종류인 그린본드 발행 계획
현대일렉트릭	• 울산항만공사와 세계최초 수소기반 이동식 선박육상 전원공급장치 개발 협력 MOU

포스코그룹

포스코	• 2050년까지 500만 톤 수소 생산체제 구축, 매출 30조 원 추가 달성 계획 • 2025년까지 부생수소 7만 톤, 2030년 블루수소 50만 톤, 2040년 그린수소 200만 톤 생산 계획 • 2050년까지 그린수소 기반 수소 환원제철소 구현, 탈이산화탄소 시대 구상 • 그룹으로는 2차전지 소재에 대한 원료-중간재-양극재, 음극재, 2차전지로 이어지는 밸류체인 구축 • 아르헨티나 소금호수 옴브레 무에르토 인수로 전기차 핵심소재 리튬 소재 확보
포스코케미칼	• 유상증자 1조 원 규모를 통해 6,900억 원으로 양극재 공장 증설, 1,600억 원 상당의 흑연, 리튬 원재료 확보 • 1,500억 원 규모의 유럽 양극재 생산공장 구축. 포스코케미칼은 2차전지 핵심 원료인 음극재, 양극재 모두 생산

한화그룹	
한화	• 김승연 회장 신년사로 ESG 경영을 강화해 글로벌 신재생에너지 분야 리더로서 기후변화에 적극 대응해 탄소제로 시대 선도
한화솔루션	• 2021년 1월 4일 태양광 사업부를 재편하고 수소기술 연구센터 신설 등 조직재편 • 신재생 발전 프로젝트를 담당하는 글로벌 GES 사업부 확대 개편 • 2025년 신재생에너지 발전소 개발 사업에서만 연간 5조 원 매출 계획 • GES는 태양광발전뿐만 아니라 풍력발전에도 진출 • P2G 핵심인 수전해 기술을 중심으로 그린수소 대량생산 기술력 조기 확보 • 2021년 태양광과 그린수소 분야에서만 국내외 250여 명 채용 계획 • 차세대 제품인 페로브스카이트 탠덤 셀, 수소고압탱크, 수전해 분야 R&D인력 확충 • 2020년 12월 1조 2,000억 원 규모의 유상증자. 2021년부터 5년간 2조 8,000억 원 차세대 태양광, 그린수소에 투자 • 2025년 매출 21조, 영업이익 2조 3,000억 원 달성해 세계적인 토털 에너지솔루션 기업 목표 • 1조 2,000억 원 유상증자 대금 중 1조 원을 태양광(페로브스카이트 등), 2,000억 원을 그린수소에 투자 • 미국항공우주국 사내벤처로 출발한 미국 고압탱크 업체 시마론 인수
한화솔루션	• 시마론 인수로 수소 자동차용 탱크, 수소 운송 튜브 트레일러용 탱크, 충전소용 초고압탱크 기술확보 • 태양광 사업 영역을 분산형 발전에너지 사업으로 확대 추진 • 2020년 5월 호주 에너지관리 시스템 업체 스위치딘SwitchDin 지분 20.26% 취득 • 2020년 8월 에너지관리 시스템 개발 및 판매업체 젤리 지분 100% 인수
한화금융 6개사	• 한화생명, 한화자산운용, 한화저축은행, 캐롯손해보험 등 6개사는 탈석탄 금융 선언 • 향후 국내외 석탄발전소 건설을 위한 프로젝트 파이낸싱에 참여하지 않기로 함 • 국내외 석탄발전소 건설을 위한 특수목적회사에서 발행하는 채권도 인수하지 않음

두산그룹	
두산	• 가정, 건물, 발전용 연료전지, 수소드론 등 친환경 수소제품과 서비스 사업 • 드론용 수소연료전지팩, 수소드론 출시
두산중공업	• 연료전지, 풍력, 중소형 원자로, 가스 터빈으로 이어지는 친환경 발전 기술 라인업 구축 • 석탄화력발전 비중을 2023년까지 현재 절반 수준으로, 해상풍력 2025년 매출 1조 원, 가스 터빈 2026년 3조 원 목표
두산퓨얼셀	• 수소연료전지 사업 유상증자 1조 2,000억 원으로 투자확대 • 글로벌 선사 나빅8Navig8과 친환경 선박용 연료전지 개발 • 한국형 고효율 발전용 고체산화물 연료전지 개발. 셀, 스택 국산화해 2024년 양산 계획

LG그룹	
LG화학	• 새 먹거리로 소재, 친환경 플라스틱, 친환경 소재, 신약 강조 • 폐플라스틱 기반의 재생 고부가합성수지PCR ABS, 바이오 원료 기반 생분해성 소재, 탄소포집저장
LG에너지 솔루션	• 2020년 전기차 배터리 1위 달성 • 120GWh 수준 생산량에서 2023년까지 260GWh까지 끌어올릴 계획
LG전자	• 세계 3위 자동차 부품 업체인 마그나 인터내셔널과 합작해 전기차 부품 생산
LG이노텍	• 고부가 차량용 조명 모듈, 첨단운전자 보조 시스템용 카메라, 차량용 파워 모듈

효성그룹	
효성중공업	• 2020년 4월 린데그룹과 3,000억 원 투자해 액화수소공장 설립 계획. 연간 1만 3,000톤 규모, 수소차 10만 대용
효성티앤씨	• 삼다수 페트병을 활용해 친환경 섬유 리젠제주regen®jeju 출시
효성첨단소재	• 탄소섬유 2028년까지 총 1조 원 투자해 생산량 2만 4,000톤으로 증설. 탄소섬유는 수소차의 수소 연료탱크 소재

효성화학	• 친환경 엔지니어링 플라스틱 소재 폴리케톤Polyketone 건축자재, 생활용품, 레저 용품 등으로 확대

LS그룹	
LS	• 자회사 LS전선의 해저케이블 사업 확대 • 태양광 케이블, 태양광 패널용 와이어 등 확대
LS일렉트릭	• 식물성 절연유를 적용한 모듈형 변압기 개발로 친환경 기자재 라인업 구축 • 현대차 수소연료전지 시스템 개발에 발전 시스템 제작, 통합 솔루션 구축
E1	• 친환경 LPG 사업자인 E1은 강원 정선에 8MW 태양광 발전 단지 준공, 영월도 풍력발전 착공

출처: 각 회사 관련 뉴스 및 공시

5장

ETF로
시작하는
그린 투자

ESG 머니전략

01

여러 친환경 기업에
한 번에 투자하고 싶다면, ETF가 답

성장 가도를 달리고 있는 ETF의 매력은?
● ● ●

2부 4장에서는 그린 분야의 주요 산업별 밸류체인과 투자 유망한 개별 기업에 대해서 살펴보았다. 그 내용을 바탕으로 투자하고 싶은 종목을 정한 사람도 있고, 자신만의 투자 방향을 정립해가는 이도 있을 것이다. 반면, 아직은 개별 주식에 대한 분석력이 부족한 초보 투자자나, 투자 경험이 많더라도 선호하는 섹터의 여러 종목을 한꺼번에 사고 싶은 이들도 분명 존재할 텐데, 그런 투자자에게 권하고 싶은 것이 바로 ETF 투자다.

앞서 설명했듯이, ETF는 여러 종목을 인덱스로 구성한 펀드를 거래소에 상장해 투자자들이 주식처럼 편리하게 거래할 수 있도록 만든 상품이다. ETF는 펀드처럼 여러 종목이 묶여 구성돼 있고, 수수료가 저렴한 장점이 있다. 또 공모펀드보다 거래 비용이 낮을 뿐만 아니라 소액으로 분산투자를 할 수 있다는 점에서 매력적인 투자 상품이다.

하지만 무엇보다도 ETF의 가장 큰 장점은 단연 안정성이다. 막 성장기에 접어든 산업 초기에는 치열한 경쟁 속에서 어떤 기업이 최종적으로 살아남을지 모르기 때문에 ETF를 통해 개별종목 변동성 리스크에서 벗어나 상대적으로 안정적인 포트폴리오를 갖출 수 있다.

ETF 시장은 미국을 중심으로 전 세계적으로 확대되고 있는데, 1부에서도 살펴보았듯이 실제로 미국 주식시장에서 그 영향력이 막강하다. 현재 상대적으로 침체기를 겪고 있는 공모펀드에 비해, 다양한 상품이 지속해서 나오고 있는 ETF는 일반 투자자들의 접근성이 확대돼 앞으로도 꾸준한 성장이 예상된다. 특히 여러 국가 중에서도 미국 ETF는 다양한 보유 종목을 기초 자산으로 하고 있어 상대적으로 선택의 폭이 넓은데 여기에 투자하면 글로벌 트렌드를 이끄는 대부분의 주요 기업에 고르게 투자할 수 있다는 장점이 있다. 물론 글로벌 트렌드에 따라 국내 ETF 시장도 급격히 성장하고 있다.

지금부터 ETF의 국내외 현황을 짚어보고, 특히 성장 가도를 달리고 있는 친환경 ETF를 자세히 살펴보기로 하자.

미국의 거대한 ETF 시장과 태동 단계의 국내 ETF 시장

• • •

미국 ETF의 성장은 기존 액티브펀드의 부진에서부터 비롯됐다. 2010~2014년 동안 미국 대형주 액티브펀드는 90% 가까이 벤치마크를 하회하며 부진한 수익률을 보였다. 여기서 실망한 투자자들이 액티브 공모펀드에서 인덱스 ETF로 대거 이동하면서 미국에서 ETF 시장이 주목받기 시작한 것이다. 2020년 9월 기준으로 약 6조 8,000억 달러의 글로벌 ETF 중 69%에 해당하는 약 4조 7,000억 달러, 1,400개 이상의 ETF가 미국 시장에 상장돼 있다. 전 세계 증시에서 미국의 시가총액이 차지하는 비중이 39%인 점을 감안할 때 ETF 시장이 미국을 중심으로 성장하고 있음을 알 수 있는 대목이다.

미국 ETF는 단순히 다우지수, S&P500지수만 추종하는 것이 아니라, IT, 에너지, 헬스케어, 금융, 부동산, 산업재, 소재, 소비재, 반도체 등 다양한 업종에 투자 가능한 섹터 ETF도 있다. 그뿐만 아니라 주가 변동성이 2~3배 높은 레버리지Leverage ETF(선물 등 파생상품에 투자해 지수보다 높은 수익을 추가하는 ETF)도 있으며, 보통의 투자상품과 달리 주가가 빠지는 하락장에서 수익이 나는 인버스와 인버스 2~3배의 레버리지 투자도 가능한 ETF가 존재한다. 또한 유럽, 미국, 중동, 남미, 아시아, 아프리카 등 세계 각 지역에 대한 투자가 가능한 미국 ETF가 있다. 금, 은, 팔라듐, 곡물, 마리화나, 원유, 천연가스, 국채, 회사채, 하이일드펀드High Yield Fund, 각국의 통화 등 거의 모든 종류의 글로벌 자산에 투자할 수 있는 중요한 수단이 미국 ETF다. 국내에서도 코로나19 이후 미국 주식에 직접 투자를 하는 소위 '서학개미'가 급격히 늘어나면서 애플, 테슬라 등 미국 개별 주식에 투자하고 있는데 이 흐름에 맞물려 ETF 투자도 동반 상승할 것으로 예상된다. 산업별로도 글로벌 1위 업체는 대부분 미국에 상장돼 있기 때문에 해당 업체가 속한 성장 산업에 투자하고 싶다면, 미국 ETF를 통해 개별 주식 대비 안정적인 투자를 할 수 있을 것으로 판단된다. 현재 미국 ETF는 국내 대부분의 증권사를 통해서 개인 투자자들도 손쉽게 직접 거래할 수 있다.

현재 국내 ETF 시장은 미국의 거대한 ETF 시장에 비해 아직 태동기임에도 불구하고 고성장하는 추세다. 코로나19로 인해 촉발된 초저금리, 높은 유동성, 시장 변동성 확대로 개인 투자자들이 주식투자에 적극적으로 뛰어들면서 코스피 내 개인 투자자 비중은 2019년 47.6%에서 2020년 65.9%로 크게 증가했다. 이러한 흐름 속에서 개별 투자자들의 ETF 시장 참여 역시 늘어나고 있는데, 이는 주식시장의 활황과 더불어 높은 시장 변동성 리스크에 대한 인식이 반영된 것으로 보인다. 2020년 ETF 시장의 일평균 거래대금은 2019년 대비 188% 성장한 3조 8,000억 원에 달했다.

국내 ETF 순자산액은 2020년 12월 기준 52조 원으로 2019년 12월에 대비해 1년 동안 3,000억 원이 증가했으며, ETF 판매 종목 수는 전년 대비 18개 늘어난 468개가 됐다. 최근에는 지수하락의 2배에 베팅하는 인버스 레버리지 ETF를 말하는 '곱버스'라는 신조어가 유행처럼 번지기도 했는데 이는 국내에서도 시장 변동성 확대 추세와 함께 ETF에 대한 관심도가 증가했음을 보여준다. 2020년 11월 말을 기준으로 전체 증시 시가총액에서 ETF 순자산 총액이 차지하는 비율은 미국이 12.6%, 영국 13.2%, 독일 13.3%, 캐나다 7.7%, 일본 7.7%, 한국 2.4%다. 이를 고려하면 국내 ETF 시장은 아직도 성장 여력이 많이 남았다고 볼 수 있고 고성장 흐름이

한동안 이어지리라 예상할 수 있다. ETF 중에서도 특히 글로벌 자금이 지속해서 유입되고 있는 분야는 ESG ETF다. 따라서 미국과 국내 시장에서 특히 주목해볼 만한 친환경 ETF를 살펴보고자 한다.

주목할 만한 글로벌 친환경 ETF

• • •

클린에너지, 2차전지, 태양광, 풍력, 저탄소 섹터를 중심으로 보면 2020년 연초 이후 각 분류에서 가장 높은 수익률을 보인 ETF는 PBW(클린에너지), LIT(2차전지), TAN(태양광), FAN(풍력), SMOG(저탄소) 섹터다. 이렇게 친환경 ETF의 수익률이 높았던 이유는 코로나 팬데믹 이후 세계 경제를 회복시킬 대안으로 ESG, 특히 E에 대한 관심이 고조됐기 때문이다. 또한 ESG를 향한 글로벌 국부펀드의 움직임과 기후변화에 대한 우려에서 비롯된 각국 정부의 탄소중립 부양 정책에 대한 기대감도 큰 영향을 미쳤다. 그뿐만 아니라 이러한 시대적 흐름을 감지하고 대형 자산운용사인 블랙록을 중심으로 글로벌 자금이 ESG ETF(특히 친환경 ETF)로 급격히 유입된 것이 주요 원인으로 보인다. ETF 보유 종목 측면에서 보자면, 전기차 시장의 급성장으로 인한 테슬라의 엄청난 주가 상승과 2020년 말 바이든 후보의 미국 대통령 당선에 대한 기대감으로 친환경 부양책의 일환인 태양광, 풍력 관련 주식들이 상승했기 때문이다.

뒷장의 표에서 YTD Year to Day 수익률(연초 이후 현재까지 수익률)은 2020년 연초 이후 수익률이고, 코로나19 팬데믹으로 인한 글로벌 증시 폭락으로 저점을 기록했던 2020년 3월을 기점으로 본다면 엄청난 수익률이었다. 표에 나온 섹터별 주요 ETF 티커Ticker* 만 잘 기억하고 있다면, 해당 섹터를 매수하고자 할 때 이후 소개하는 ETF 개요를 참조하면 된다.

대표 ETF를 기억하거나 관심 종목에 등록해 놓고, 필요할 경우 각 ETF 개요를 참조해 해당 종목이 무엇인지 찾아보고 투자여부를 결정하면 될 것이다. 예를 들어 2차전지는 티커 LIT, 태양광은 TAN, 풍력은 FAN 등을 기억하고, 해당 산업에 투자하고자 할 경우 각 ETF의 보유 종목과 개요를 참조하면 투자에 도움이 될 것이다. 참고로 앞으로 다룰 미국 ETF의 상위 10 보유 종목은 시점에 따라 변경될 수 있기 때문에, 뒤에서 설명할 ETFDB닷컴etfdb.com을 활용하여 투자 시점에 재점검하기를 권한다.

● 　티커란 주식에 부여되는 특정 코드로 주식의 이름을 쉽게 표기한 약어다. 미국 주식의 경우 라틴 문자, 한국 주식의 경우 숫자, 홍콩 주식의 경우 숫자와 라틴 문자 혼합 형태로 존재한다.

미국의 주요 친환경 ETF

2020년 12월 25일 기준

분류	티커	ETF 이름	보수율 (%)	ESG Score	AUM (백만 달러)	수익률(%)		
						YTD	1년	3년
클린 에너지	ICLN	iShares Global Clean Energy	0.46	5.83/10	4,231	137.1	137.3	217.5
	QCLN	First Trust Nasdaq Clean Edge Energy	0.60	5.76/10	1,981	184.6	186.2	253.1
	PBW	Invesco Wilder Clean Energy ETF	0.70	5.21/10	2,263	217.1	221.5	339.9
	PZD	Invesco Cleantech ETF	0.68	7.08/10	459	50.2	50.2	79.5
	PBD	Invesco Global Clean Energy ETF	0.75	6.19/10	286	143.1	147.7	179.3
	ACES	ALPS Clean Energy ETF	0.65	6.09/10	775	140.3	139.1	–
2차전지	LIT	Global X Lithium & Battery Tech	0.75	4.75/10	1,798	117.8	118.5	61.2
태양광	TAN	Invesco Solar ETF	0.71	5.22/10	3,703	234.1	234.3	318.3
풍력	FAN	First Trust Global Wind Energy ETF	0.62	8.37/10	380	56.2	57.9	84.4
저탄소	CRBN	iShares MSCI ACWI Low Carbon Target	0.20	6.17/10	594	15.6	15.8	34.3
	SMOG	VanECk Vectors Low Carbon Energy ETF	0.63	6.64/10	264	113.3	113.4	166.7

ICLN iShares Global Clean Energy

ICLN은 미국 3대 자산운용사 중 하나인 블랙록이 2008년에 출시한 친환경 ETF다. 2020년 12월 기준 보유 종목은 32종목, 평균 밸류에이션 PER Price to Earning Ratio(주가수익비율)은 45.0배, PBR Price to Book Ratio(주가자본비율)은 3.28배다. MSCI ESG rating(AAA~CCC)은 A등급, 보수율은 0.46%, 지역적 분포도는 미국 34.65%, 뉴질랜드 9.58%, 덴마크 9.42% 등이다. 기준 섹터는 신재생 44.17%, 전기 유틸리티 31.84%, 민자발전 15.3% 등이고 주로 태양광, 풍력, 연료전지, 신재생에너지 기업을 포함한 ETF다. 참고로 국내 주식으로 두산퓨얼셀이 1.93% 비중으로 포함돼 있다. ICLN 가격은 2020년 3월 8.08달러에서 동년 12월 28.36달러로 3.5배 상승했다. 주로 수소, 태양광, 풍력을 선호하는 투자자에게 적합한 ETF 상품이다.

ICLN ETF의 주가 추이

출처: webull.com

주가 차트에서 MA는 일정 기간의 주가를 산술 평균한 값을 차례대로 연결해서 만든 이동평균선을 뜻한다. MA 뒤의 숫자는 기간을 의미하며 보통 단기(5, 20일), 중기(60일), 장기(120일) 이동평균선이 있다. 주가 차트 하단의 막대그래프는 주식 거래량을 나타낸다.

ICLN ETF의 상위 10 보유 종목

ETF 티커	보유 종목 티커	상위 10 보유 종목 기업명	보유 비중	국가	섹터
ICLN	PLUG	Plug Power Inc.	6.72%	미국	수소, 연료전지
	ENPH	Enphase Energy, Inc.	5.71%	미국	태양광
	MEL	Meridian Energy Limited	4.68%	뉴질랜드	신재생에너지
	968	Xinyi Solar Holdings Ltd.	4.68%	중국	태양광
	FSLR	First Solar, Inc.	4.64%	미국	태양광
	VER	VERBUND AG Class A	4.62%	오스트리아	전력
	VWS	Vestas Wind Systems A/S	4.57%	덴마크	풍력
	SGRE	Siemens Gamesa Renewable Energy, S.A.	4.46%	스페인	풍력
	ORSTED	Orsted	4.23%	덴마크	풍력
	CEN	Contact Energy Limited	4.21%	뉴질랜드	신재생에너지

출처: etfdb.com, 각 회사 홈페이지

ICLN ETF 국가 분포

ICLN ETF 보유 섹터

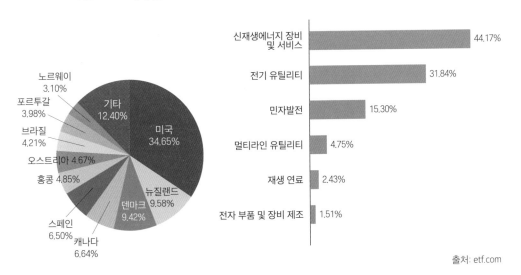

출처: etf.com

QCLN First Trust Nasdaq Clean Edge Energy

QCLN은 글로벌 자산 규모 6위의 퍼스트 트러스트에서 운용하는 친환경 ETF로 2007년 출시됐다. 2020년 12월 기준 보유 종목은 45종목, 밸류에이션은 PER은 318.8배, PBR은 4.73배다. MSCI ESG rating(AAA~CCC)은 A등급, 보수율은 0.60%, 포트폴리오의 지역적 분포도는 미국 77.71%, 중국 14.60%, 캐나다 6.83%, 칠레 0.86% 등이다. 보유 섹터는 신재생 34.02%, 자동차 18.63%, 반도체 15.03%, 전기 유틸리티 8.13%, 전자 부품 7.34%이며 주로 전기차, 태양광, 연료전지, 전기차의 원재료 리튬 기업 등으로 구성된 ETF다. 코로나19 팬데믹 이후 2020년 3월 저점 16.14달러에서 12월 72달러로 4.5배 상승했다. 테슬라를 비롯한 전기차에 관심 있거나 태양광, 연료전지를 선호하는 투자자에게 적합한 ETF 상품이다.

QCLN ETF의 주가 추이

출처: webull.com

QCLN ETF의 상위 10 보유 종목

ETF 티커	보유 종목 티커	상위 10 보유 종목 기업명	보유 비중	국가	섹터
QCLN	TSLA	Tesla Inc	8.28%	미국	전기차, 태양광
	ENPH	Enphase Energy, Inc.	7.98%	미국	태양광
	NIO	NIO Inc. Sponsored ADR Class A	6.44%	중국	전기차
	SEDG	SolarEdge Technologies, Inc.	5.78%	미국	태양광
	ALB	Albemarle Corporation	5.55%	미국	리튬
	PLUG	Plug Power Inc.	4.79%	미국	수소연료전지
	CREE	Cree, Inc.	4.05%	미국	LED
	ON	ON Semiconductor Corporation	3.95%	미국	반도체
	FSLR	First Solar, Inc.	3.89%	미국	태양광
	RUN	Sunrun Inc.	3.80%	미국	태양광

출처: etfdb.com, 각 회사 홈페이지

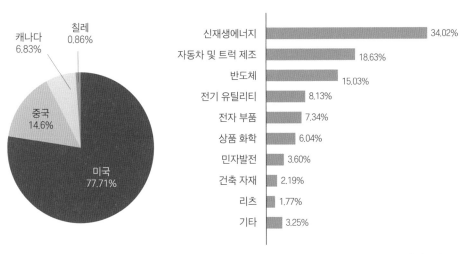

QCLN ETF 국가 분포

- 칠레 0.86%
- 캐나다 6.83%
- 중국 14.6%
- 미국 77.71%

QCLN ETF 보유 섹터

- 신재생에너지 34.02%
- 자동차 및 트럭 제조 18.63%
- 반도체 15.03%
- 전기 유틸리티 8.13%
- 전자 부품 7.34%
- 상품 화학 6.04%
- 민자발전 3.60%
- 건축 자재 2.19%
- 리츠 1.77%
- 기타 3.25%

출처: etf.com

PBW Invesco Wilder Clean Energy ETF

PBW는 나스닥을 추종하는 ETF QQQ*로 유명한 인베스코에서 2005년 출시한 친환경 ETF다. 2020년 12월 기준 보유 종목은 48종목, 밸류에이션은 PER은 -102.27배, PBR은 3.60배다. MSCI ESG rating(AAA~CCC)은 BBB등급, 보수율은 0.70%다. 포트폴리오의 지역적 분포도는 미국 82.10%, 중국 10.48%, 캐나다 4.79% 순이다. 보유 섹터는 신재생 37.40%, 자동차 10.77%, 반도체 8.26% 등이고, 주로 전기차와 전기 충전소 사업, 수소연료전지, 태양광 기업 등으로 구성된 ETF다. 코로나19 팬데믹 이후 2020년 3월 저점 22.20달러에서 2020년 12월 110.30달러로 5배 상승했다. 전기 충전 인프라 확대와 테슬라 전기차, 연료전지, 태양광을 선호하는 투자자에게 적합한 ETF 상품이다.

PBW ETF의 주가 추이

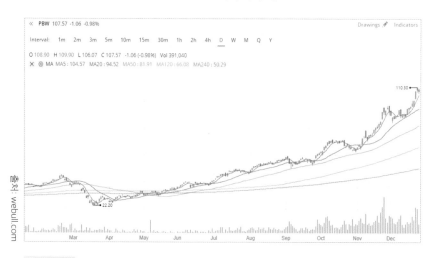

출처: webull.com

* QQQ는 나스닥 100 인덱스를 추종하는 ETF로 나스닥 시가총액 기준 100대 비금융 기업에 투자한다.

PBW ETF의 상위 10보유 종목

ETF 티커	보유 종목 티커	상위 10 보유 종목 기업명	보유 비중	국가	섹터
PBW	BLNK	Blink Charging Co	6.91%	미국	전기차 충전소
	FCEL	FuelCell Energy, Inc.	6.20%	미국	수소연료전지
	PLUG	Plug Power Inc.	3.64%	미국	수소연료전지
	SPWR	SunPower Corporation	3.39%	미국	태양광
	NIO	NIO Inc. Sponsored ADR Class A	3.20%	중국	전기차
	LTHM	Livent Corporation	3.05%	미국	리튬
	MAXN	Maxeon Solar Technologies, Ltd.	3.02%	미국	태양광
	ENPH	Enphase Energy, Inc.	3.00%	미국	태양광
	DQ	Daqo New Energy Corp Sponsored ADR	2.59%	중국	태양광
	JKS	JinkoSolar Holding Co., Ltd. Sponsored ADR	2.53%	중국	태양광

출처: etfdb.com, 각 회사 홈페이지

PBW ETF 국가 분포

PBW ETF 보유 섹터

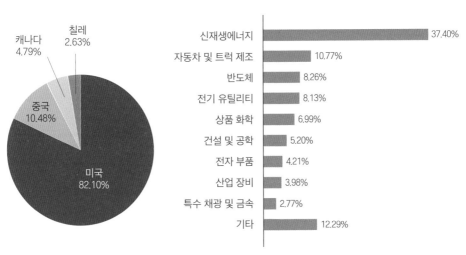

칠레 2.63%
캐나다 4.79%
중국 10.48%
미국 82.10%

신재생에너지 37.40%
자동차 및 트럭 제조 10.77%
반도체 8.26%
전기 유틸리티 8.13%
상품 화학 6.99%
건설 및 공학 5.20%
전자 부품 4.21%
산업 장비 3.98%
특수 채광 및 금속 2.77%
기타 12.29%

출처: etf.com

LIT는 한국의 미래에셋이 2018년 5억 달러에 인수한 미국 ETF 운용사인 글로벌 X가 2010년 출시한 친환경 ETF다. 2020년 12월 기준 보유 종목은 42종목, 밸류에이션은 PER은 60.15배, PBR은 3.59배다. MSCI ESG rating(AAA~CCC)은 BBB등급, 보수율은 0.75%다. 포트폴리오의 지역적 분포도는 중국 37.22%, 미국 19.13%, 홍콩 12.33%, 한국 10.86%, 일본 6.63%, 칠레 4.53%, 등이며 섹터는 전자 부품 31.99%, 화학 24.66%, 자동차 10.16%, 산업기계 5.82%, 가전 5.10% 등이다. 이 상품은 한마디로 전기차와 2차전지에 집중 투자된 ETF다. 리튬, 전기차 완성차인 테슬라, 전기차 핵심부품인 2차전지 업체(BYD, CATL, 파나소닉, 삼성SDI, LG화학), 2차전지 부품, 장비 등 2차전지 밸류체인 전반을 다 아우르는 풍부한 포트폴리오를 가지고 있다. 전기차와 2차전지 성장성을 선호하는 투자자에게 가장 적합한 ETF 상품이다.

LIT ETF의 주가 추이

출처: webull.com

LIT ETF의 상위 10 보유 종목

ETF 티커	보유 종목 티커	상위 10 보유 종목 기업명	보유 비중	국가	섹터
LIT	ALB	Albemarle Corporation	12.32%	미국	리튬
	002460	Ganfeng Lithium Co., Ltd. Class A	6.05%	중국	리튬
	1211	BYD Company Limited Class H	5.35%	중국	전기차 배터리
	TSLA	Tesla Inc	5.14%	미국	전기차, 태양광
	30075	Contemporary Amperex Technology (CATL)	4.96%	중국	전기차 배터리
	300014	EVE Energy Co. Ltd. Class A	4.84%	중국	전기차 배터리
	006400	Samsung SDI Co., Ltd	4.78%	한국	전기차 배터리
	6752	Panasonic Corporation	4.73%	중국	전기차 배터리
	SQM	Sociedad Quimica Y Minera (SQM)	4.59%	칠레	리튬
	051910	LG Chem Ltd.	4.56%	한국	전기차 배터리

출처: etfdb.com, 각 회사 홈페이지

LIT ETF 국가 분포

LIT ETF 보유 섹터

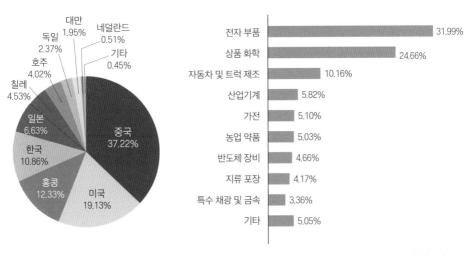

출처: etf.com

TAN은 인베스코에서 2008년 출시한 친환경 ETF다. 2020년 12월 기준 보유 종목은 31종목, 밸류에이션은 PER은 143배, PBR은 3.19배다. MSCI ESG rating(AAA~CCC)은 BBB등급, 보수율은 0.69%다. 포트폴리오의 지역적 분포도는 미국 54.49%, 홍콩 15.28%, 중국 10.81%, 독일 5.43% 등으로 이뤄졌다. 보유 섹터는 신재생 68.67%, 민자발전 18.61%, 전기 유틸리티 5.76%, 리츠REITs 3.34%, 반도체 장비 1.87% 등이다. 주로 태양광 위주 기업으로 집중 구성된 ETF로 코로나19 팬데믹 이후 2020년 3월 저점 21.14달러에서 12월 107.33달러로 5배 상승 중이다. 태양광 업체를 선호하는 투자자에게 적합한 ETF 상품이다.

TAN ETF의 주가 추이

출처: webull.com

TAN ETF의 상위 10 보유 종목

ETF 티커	보유 종목 티커	상위 10 보유 종목 기업명	보유 비중	국가	섹터
TAN	ENPH	Enphase Energy, Inc.	11.18%	미국	태양광
	SEDG	SolarEdge Technologies, Inc.	8.77%	미국	태양광
	968	Xinyi Solar Holdings Ltd.	7.41%	중국	태양광
	RUN	Sunrun Inc.	7.06%	미국	태양광
	FSLR	First Solar, Inc.	6.28%	미국	태양광
	SSO	Scatec ASA	4.24%	노르웨이	태양광
	HASI	Hannon Armstrong Sustainable Infrastructure	4.11%	미국	태양광, 신재생에너지
	3800	GCL-Poly Energy Holdings Limited	3.99%	중국	태양광
	DQ	Daqo New Energy Corp Sponsored ADR	3.94%	중국	태양광
	JKS	JinkoSolar Holding Co., Ltd. Sponsored ADR	3.91%	중국	태양광

출처: etfdb.com, 각 회사 홈페이지

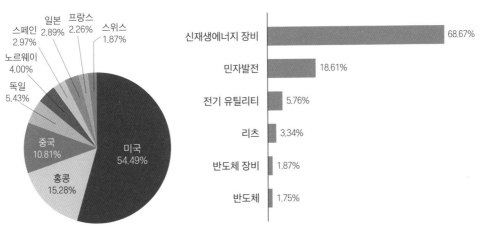

TAN ETF 국가 분포

- 스페인 2.97%
- 일본 2.89%
- 프랑스 2.26%
- 스위스 1.87%
- 노르웨이 4.00%
- 독일 5.43%
- 중국 10.81%
- 홍콩 15.28%
- 미국 54.49%

TAN ETF 보유 섹터

- 신재생에너지 장비 68.67%
- 민자발전 18.61%
- 전기 유틸리티 5.76%
- 리츠 3.34%
- 반도체 장비 1.87%
- 반도체 1.75%

출처: etf.com

FAN은 퍼스트 트러스트에서 운용하는 친환경 ETF로 2008년 출시됐다. 2020년 12월 기준 보유 종목은 50종목, 밸류에이션은 PER은 29.71배, PBR은 2.32배다. MSCI ESG rating(AAA~CCC)은 AAA등급, 보수율은 0.62%다. 포트폴리오의 지역적 분포도는 캐나다 18.67%, 덴마크 16.86%, 미국 12.24%, 스페인 11.93%, 홍콩 8.12%, 독일 5.93% 등이다. 섹터는 전기 유틸리티 39.44%, 신재생 25.30%, 민자발전 11.60%, 복합기업 6.82%, 멀티라인 유틸리티 6.19%로 구성돼 있어 주로 전 세계 풍력 관련 밸류체인으로 구성된 ETF다. 풍력의 가장 핵심기술인 터빈 업체 베스타스, 지멘스가메사와 해상풍력 전문 업체로 변모한 오르스테드 등 풍력 관련 핵심기업을 포함하고 있다. 코로나19 팬데믹 이후 2020년 3월 저점 10.17달러에서 12월 22.61달러로 2.2배 상승했다. 글로벌 풍력 시장의 성장을 기대하는 투자자에게 적합한 ETF 상품이다.

FAN ETF의 주가 추이

출처: webull.com

FAN ETF의 상위 10 보유 종목

ETF 티커	보유 종목 티커	상위 10 보유 종목 기업명	보유 비중	국가	섹터
FAN	VWS	Vestas Wind Systems A/S	9.21%	덴마크	풍력
	SGRE	Siemens Gamesa Renewable Energy, S.A.	8.85%	스페인	풍력
	ORSTED	Orsted	8.46%	덴마크	풍력
	NPI	Northland Power Inc.	7.68%	캐나다	풍력
	BLX	Boralex Inc. Class A	5.42%	캐나다	신재생에너지
	916	China Longyuan Power Group Corp. Ltd.	4.45%	중국	풍력
	INE	Innergex Renewable Energy Inc.	3.73%	캐나다	풍력 신재생에너지
	TPIC	TPI Composites, Inc.	3.29%	미국	풍력
	2208	Xinjiang Goldwind Science & Technology Co.	2.62%	중국	풍력
	GE	General Electric Company	2.58%	미국	전력, 신재생에너지

출처: etfdb.com, 각 회사 홈페이지

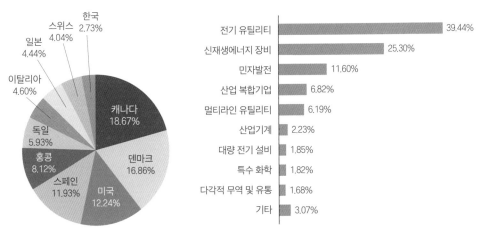

FAN ETF 국가 분포

- 한국 2.73%
- 스위스 4.04%
- 일본 4.44%
- 이탈리아 4.60%
- 독일 5.93%
- 홍콩 8.12%
- 스페인 11.93%
- 미국 12.24%
- 캐나다 18.67%
- 덴마크 16.86%

FAN ETF 보유 섹터

- 전기 유틸리티 39.44%
- 신재생에너지 장비 25.30%
- 민자발전 11.60%
- 산업 복합기업 6.82%
- 멀티라인 유틸리티 6.19%
- 산업기계 2.23%
- 대량 전기 설비 1.85%
- 특수 화학 1.82%
- 다각적 무역 및 유통 1.68%
- 기타 3.07%

출처: etf.com

국내 친환경 ETF는 2차전지와 BBIG가 주도한다

• • •

국내 그린 ETF 가운데 주목할 만한 ETF는 주로 2차전지 및 BBIG 관련 ETF다. 2020년 10월 우리나라 정부의 뉴딜펀드 정책 발표 이후 미래에셋 자산운용에서 'K-뉴딜 ETF' 상품을 출시했다. 이후 TIGER KRX 바이오 K-뉴딜, TIGER KRX 인터넷 K-뉴딜, TIGER KRX 게임 K-뉴딜 ETF 등 이른바 상징적인 미래형 산업인 배터리(B), 바이오(B), 인터넷(I), 게임(G) 에 해당하는 ETF를 하나씩 출시했다. 우리가 주목할 만한 친환경 ETF는 BBIG와 2차전지에 주로 투자하는 'TIGER KRX BBIG K-뉴딜', 'TIGER KRX 2차전지 K-뉴딜', 'TIGER 2차전지테마', 'KODEX 2차전지산업' 등 이다.

TIGER KRX BBIG K-뉴딜 ETF는 BBIG라는 명칭대로 배터리(삼성 SDI, SK이노베이션, LG화학), 바이오(셀트리온, SK바이오팜, 삼성바이오로직스), 인 터넷(카카오, 네이버, 더존비즈온), 게임(펄어비스, 엔씨소프트, 넷마블) 관련주로 구성이 된 ETF다. 배터리에 국한되지 않고 성장 산업인 BBIG 모두에 포 지션을 가지고 싶다면 적절한 ETF가 될 것이다.

TIGER KRX 2차전지 K-뉴딜은 2차전지 배터리 제조 3사인 삼성 SDI, SK이노베이션, LG화학과 음극재 및 양극재 업체인 포스코케미칼, 에코프로비엠, 동박 업체인 SKC와 솔루스첨단소재(두산솔루스에서 사명 변 경), 전해질 및 첨가제 업체인 천보 등으로 구성돼 있는 ETF다. TIGER KRX 2차전지 K-뉴딜은 TIGER 2차전지테마나 KODEX 2차전지산업 대 비 종목 수도 적고, 대형주 중심으로 압축된 ETF라 할 수 있겠다.

TIGER 2차전지테마는 TIGER KRX 2차전지 K-뉴딜이 보유한 대형주 이외에도 엘앤에프(양극재), 후성(전해액 첨가제), 대주전자재료(실리콘음극재 첨가제), 씨아이에스 및 피엔티(2차전지 장비 업체) 등 2차전지 관련 다양한 소재 및 장비 업체를 보유하고 있는 ETF다. 2차전지 핵심 종목들 위주로 다양한 포트폴리오를 가진 장점이 있다.

KODEX 2차전지산업 ETF의 구성 종목은 다음표에서 확인할 수 있듯이 TIGER 2차전지테마와 유사하다. 다만 상위 종목들이 조금 차이가 있어서, 투자 시에는 본인이 조금 더 선호하는 종목이 상위에 분포한 ETF를 선택하면 될 것이다. 아래 4개 2차전지 관련 ETF 중에는 KODEX 2차전지산업이 가장 거래량이 많다.

ETF 시장이 가장 큰 미국에서도 2차전지 관련 ETF는 미래에셋의 LIT 등으로 많지 않은 반면, ETF 시장 초기 단계인 국내에서 2차전지 ETF가 다양한 것은 배터리 산업이 발달했기 때문인 것으로 보인다. 전기차 산업에서 완성차는 미국 테슬라가 선두를 달리고 있지만, 전기차 핵심부품은 결국 2차전지이고, 2차전지는 국내 배터리 3사(LG화학, 삼성SDI, SK이노베이션)가 글로벌 최상위 업체이기 때문이다. 또한, 이 2차전지에 들어가는 부품인 양극재, 음극재, 동박, 첨가제와 관련 장비 업체 등 국내에는 배터리 밸류체인이 촘촘하게 형성돼 있어서 투자하기 좋은 기업이 많이 존재하는 것도 한몫한다.

지금 전기차용 2차전지 배터리 시장은 한국과 중국이 주도하고 있는데, 향후에도 이 지배력은 유지될 것으로 예상된다. 따라서 국내 2차전지 이외에도 중국 2차전지 관련 기업이나 ETF에 관심을 가져볼 필요가 있다. 참고로 미래에셋에서 2020년 12월 8일 TIGER 차이나전기차 SOLACITVE ETF를 출시했다. 독일의 글로벌 지수업체 솔랙티브SOLACTIVE

국내 ETF 중 그린 관련인 BBIG와 2차전지 ETF

기준일 2020.12.24

ETF 이름	TIGER KRX BBIG K-뉴딜		TIGER KRX 2차전지 K-뉴딜		TIGER 2차전지테마		KODEX 2차전지산업	
종목 코드	364970		364980		305540		305720	
총보수	0.40%		0.40%		0.50%		0.45%	
운용사	미래에셋자산운용		미래에셋자산운용		미래에셋자산운용		삼성자산운용	
보유 종목 비중 (%)	펄어비스	11.4	삼성SDI	26.65	포스코케미칼	10.93	LG화학	19.42
	삼성SDI	9.47	SK이노베이션	25.33	삼성SDI	10.65	삼성SDI	14.6
	SK이노베이션	9.01	LG화학	23.73	SK이노베이션	10.45	포스코케미칼	14.33
	셀트리온	8.92	포스코케미칼	6.93	LG화학	10.01	SK이노베이션	13.77
	LG화학	8.51	SKC	5.23	SKC	8.9	에코프로	12.89
	엔씨소프트	8.24	에코프로비엠	4.15	에코프로비엠	7.26	에코프로비엠	4.21
	더존비즈온	8.17	일진머티리얼즈	2.94	솔브레인	5.48	엘앤에프	3.61
	SK바이오팜	8.03	천보	1.89	엘앤에프	5.43	일진머티리얼즈	3.21
	삼성바이오로직스	7.85	후성	1.59	일진머티리얼즈	5.23	씨아이에스	2.93
	카카오	7.2	두산솔루스	1.55	에코프로	4.42	피엔티	2.12
	네이버	6.65	원화현금	0.02	천보	3.23	후성	1.37
	넷마블	6.41			후성	2.65	디에이테크놀로지	1.13
	원화현금	0.14			두산솔루스	2.59	상아프론테크	1.01
					대주전자재료	2.23	코스모신소재	0.91
					씨아이에스	2.07	대주전자재료	0.88
					피엔티	1.95	코스모화학	0.5
					코스모신소재	1.89	솔브레인홀딩스	0.45
					피앤이솔루션	0.99	피앤이솔루션	0.44
					파워로직스	0.95	필옵틱스	0.43
					율촌화학	0.85	엠플러스	0.43
					신흥에스이씨	0.56	켐트로스	0.31
					엠플러스	0.51	상신이디피	0.31
					이노메트리	0.38	신흥에스이씨	0.28
					대보마그네틱	0.34	엔에스	0.22
					원화현금	0.05	원화현금	0.24

출처: 미래에셋자산운용, 삼성자산운용, 네이버 금융

해당 ETF의 구성 종목 및 비중은 계속 변동되므로, 투자 시점에 맞춰 변동 사항을 꼭 확인하고 투자하길 권한다. (뒤에서 다룰 '국내 ETF 쉽게 투자하는 방법 ❶' 참고)

에서 발표하는 '솔랙티브 차이나 전기차 지수Solactive China Vehicle Index'를 기초지수로 한다. 중국이나 홍콩에 본사를 두고 있는 중국 전기차 산업 관련 기업들로 구성돼 있는 지수이고, 보유 종목은 완성차 및 관련 부품, 배터리 및 화학기업까지 포함하고 있다. 구성 종목은 EVE 에너지EVE Energy(리튬), 비야디(전기차), 강서강봉이업Ganfeng Lithium(리튬), 선도지능장비Wuxi Lead(2차전지 장비), 회천기술Shenzen Inovance(산업 자동화 컨트롤러), CATL(배터리), 흔왕달전자Sunwoda Electronic(배터리 모듈) 등이다.

이외에 국내 친환경 관련 ETF는 수 자체가 많지 않고, 주로 2차전지 ETF 위주로 상장돼 있다. 다만 2020년 10월 29일에 상장된 'KBSTAR Fn 수소경제테마 ETF'는 주목해볼 만하다. 구성 종목은 현대모비스, 현대차, 한온시스템 등 전기차 및 수소차 제품을 모두 가지고 있는 자동차 및 부품 업체와 두산퓨얼셀(발전용 수소연료전지), 한국가스공사(수소 생산, 해외 그린 수소 도입, 충전소 구축 등), 효성첨단소재(수소차 핵심소재인 탄소섬유), 상아프론테크(연료전지 스택의 핵심인 막전극접합체), 일진다이아(수소탱크), 미코(고체 산화물 연료전지의 핵심기술인 세라믹 부품 제조 기술 보유), 제이엔케이히터(추출 수소 기술) 등 수소 관련 다양한 종목을 보유하고 있다. 2021년 2월 기준 국내에서는 유일한 수소 관련 ETF다.

이외에도 'KODEX MSCI KOREA ESG유니버설' 등 ESG 관련 ETF는 몇 개 존재하지만 환경에 특화된 ETF는 아니다. 'KODEX 탄소효율그린뉴딜' 또한 환경에 특화된 테마 ETF로 보기 어렵다. 따라서 현재까지는 친환경 관련 ETF로는 2차전지 관련 ETF와 수소 관련 ETF 중심으로 관심을 가져보면 좋을 것이다.

국내의 수소, ESG 및 탄소효율 관련 ETF 구성 종목

기준일 2021.02.05

ETF 이름	KBSTAR Fn수소경제테마		KODEX MSCI KOREA ESG유니버설		KODEX 탄소효율그린뉴딜	
종목 코드	367770		289040		375770	
총보수	0.45%		0.30%		0.30%	
운용사	KB자산운용		삼성자산운용		삼성자산운용	
보유 종목 비중 (%)	현대모비스	17.08	삼성전자	22.03	삼성전자	29.74
	현대차	15.38	SK하이닉스	8.58	SK하이닉스	4.48
	한온시스템	13.75	네이버	4.4	네이버	3.49
	두산퓨얼셀	11.41	삼성SDI	4.16	LG화학	3.43
	한국가스공사	8.62	LG화학	3.52	현대차	2.96
	효성첨단소재	4.93	삼성전자우	3.38	기아차	2.55
	삼화콘덴서	3.57	LG전자	3.31	삼성SDI	2.43
	상아프론테크	3.33	카카오	3.22	셀트리온	2.14
	미코	2.58	신한지주	2.74	현대모비스	2.01
	일진다이아	2.11	SK	2.18	카카오	1.47
	SK디앤디	2.02	포스코	1.92	SK이노베이션	1.31
	시노펙스	1.69	현대차	1.84	LG생활건강	1.28
	이엠코리아	1.39	KB금융	1.72	삼성물산	1.24
	인지컨트롤스	1.31	SK이노베이션	1.66	신한지주	1.11
	제이엔케이히터	1.18	삼성바이오로직스	1.64	KB금융	1.09
	세종공업	1.15	셀트리온	1.62	KT&G	0.99
	우리산업	1.11	엔씨소프트	1.59	엔씨소프트	0.96
	에스퓨얼셀	0.91	LG생활건강	1.52	LG전자	0.95
	진성티이씨	0.86	삼성물산	1.39	셀트리온헬스케어	0.86
	동아화성	0.78	기아차	1.31	삼성바이오로직스	0.8
	대우부품	0.6	KT&G	1.15	삼성전기	0.79
	풍국주정	0.56	삼성전기	1.15	하나금융지주	0.77
	에스에너지	0.52	현대모비스	1.15	한화솔루션	0.71
	지엠비코리아	0.47	하나금융지주	1.07	SK텔레콤	0.66
	디케이락	0.47	SK텔레콤	1.01	삼성에스디에스	0.63
	지엔원에너지	0.43	LG	0.97	아모레퍼시픽	0.58
	지엔씨에너지	0.42	아모레퍼시픽	0.72	고려아연	0.57
	EG	0.4	삼성에스디에스	0.67	삼성화재	0.54

출처: KB자산운용, 삼성자산운용, 네이버 금융

종합해본다면 앞서 살펴본 2차전지, 풍력, 태양광, 친환경 선박 등 친환경 밸류체인의 개별 종목으로 국내 주식에 투자할 수 있지만, 산업별 글로벌 1위 업체의 경우 해외에 있는 경우가 많다. 따라서 이러한 글로벌 기업을 포함한 미국 ETF를 개별 종목 투자와 병행한다면 투자 포트폴리오를 한층 풍성하게 구성할 수 있을 것이다. 현재는 대부분 국내 증권사를 통해서 미국 개별 주식뿐 아니라 미국 ETF를 쉽게 거래할 수 있기 때문에 국내 친환경 개별 주식과 미국 ETF 조합 혹은 ETF만으로 여러 섹터(예를 들어 글로벌 2차전지, 풍력, 태양광의 조합 등)를 사는 나만의 EMP_ETF Managed Portfolio(ETF 포트폴리오)를 구성할 수도 있을 것이다. 한편 미국 ETF를 사는 행위 자체는 달러 자산을 보유하는 방법의 하나다. 글로벌 시대에 원화로만 구성된 자산을 소유하는 것보다는 기축통화인 달러를 일정 부분 보유하는 것도 장기적으로는 금융자산 포트폴리오 차원에서 긍정적으로 작용할 것이다.

02

활용도 높은 ETF 상위 보유 종목
검색 팁과 ETF 투자 가이드

인터넷으로 간편하게 알아보는 미국 주식 정보

• • •

미국 ETF는 다양한 기초자산에 분산해 투자하는 상품이므로 선택의 폭이 넓다. 따라서 미국 주식시장에 대한 정보를 인터넷에서 검색할 수 있는 방법과 특히 미국 ETF에 투자할 때 알아두어야 하는 각종 정보를 알려주는 사이트를 소개해 보고자 한다.

　　미국 주식시장을 전반적으로 살펴보기 좋은 사이트로 핀비즈닷컴 finviz.com이 있다. 홈페이지 화면 중 위쪽 바의 Home을 클릭하면 미국의 3대 지수 다우, 나스닥, S&P500의 장중 흐름을 시각적으로 확인할 수 있다.

바로 옆의 News 메뉴에서는 최근의 주식 관련 뉴스 클립을 한눈에 확인할 수 있고, Screener 메뉴에서는 Market cap(시가총액), Dividend Yield(배당률), Sector(산업분류) 등을 설정하면 기업명과 티커를 볼 수 있다.

가장 많이 활용하는 것이 Maps 메뉴로 여기서는 섹터별로 주요 기업들의 주가 등락률을 한눈에 볼 수 있다. 맵의 사각형 크기는 전체 시가총액 중 해당 기업의 시가총액이 차지하는 비중이고, 왼쪽 Map filter에서 Perfomance 단위를 조정하면 기간별 수익률도 확인할 수 있다. 또한 Map

핀비즈닷컴을 통해서 주요 3대 지수의 장중 주가 흐름을 쉽게 파악할 수 있다.

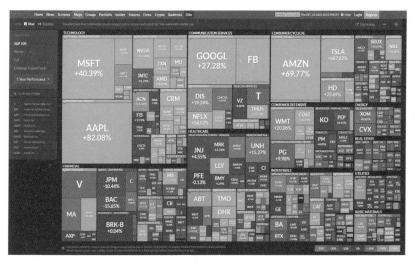

사각형의 크기는 전체 시가총액에서 차지하는 비중을 나타내며, 녹색은 주가 상승, 적색은 하락을 뜻한다.

filter란에서 Exchange Traded Funds(ETF)를 클릭하면 ETF 수익률을 기간별, 섹터별로 도식화해서 보여준다. 핀비즈닷컴에서 수익률이 높은 ETF를 찾아 추후 소개할 EFTDB닷컴을 통해 해당 수익률의 원인을 공부해보는 것도 투자 실력과 안목을 키울 수 있는 좋은 접근법일 수 있다. 참고로 미국은 국내와 달리 녹색이 주가 상승을 의미한다.

다른 유용한 사이트로 시킹알파Seeking Alpha가 있다. 이 사이트는 스마트폰 앱으로도 다운받을 수 있는데 관심 종목을 등록하면 해당 종목에 대한 분석 보고서나 뉴스를 알람으로 보내주기 때문에, 관심 종목에 대한 정보를 실시간으로 확인할 수 있다. 분석 보고서에는 늘 요약본이 있어 다 읽어보지 않아도 빠르게 핵심 내용과 결론을 살펴볼 수 있다.

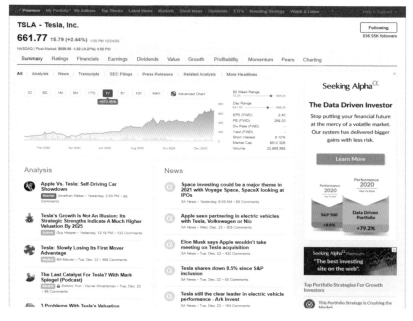

시킹알파를 통해서 관심 종목의 분석과 뉴스를 한눈에 확인할 수 있다.

또 다른 사이트로는 위불Webull이 있다. 국내 증권사들이 미국 주식이나 ETF의 실시간 주가 정보를 무료로 제공하는 경우도 있지만 대체로

위불을 통해서 관심 종목의 실시간 주가흐름, 뉴스, 정보를 확인할 수 있다.

친환경 주도 종목이었던 테슬라와 테슬라 보유 비중이 높은 QCLN ETF 주가 추이.

유료 정보가 많다. 무료로 제공되는 위불의 앱과 웹사이트에 관심 종목과 ETF를 등록하게 되면 실시간 주가 정보, 뉴스, 재무제표, 애널리스트 의견 등을 화면에서 한눈에 쉽게 확인할 수 있다. 국내 증권사를 통해서 미국 주식, ETF에 투자하더라도 실시간 주가 확인을 위해 유료 서비스를 이용할 필요 없이, 위불 앱이나 웹사이트에서 주가 흐름을 살펴보면 투자 과정에 큰 도움이 될 것이다.

ETFDB닷컴은 미국 ETF 시장의 흐름을 알려주는 자료를 많이 제공한다. 예를 들어 퍼스트 트러스트가 출시한 친환경 ETF인 QCLN의 상위 TOP15 구성 종목을 알고 싶다면, 바로 이 ETFDB닷컴 사이트를 이용하면 된다. 이 사이트에서 QCLN을 검색하고 왼쪽 카테고리의 Holdings에서 상위 TOP15 보유 종목을 확인할 수 있다. Symbol은 티커를 의미하는데 QCLN의 상위 보유 종목을 보면 테슬라(TSLA), 인페이즈 에너지(ENPH), 니오(NIO), 솔라에지 테크놀로지스(SEDG), 앨버말(ALB), 플러그 파워(PLUG) 등이 있다. 물론 각 주식 종목의 보유 비중도 파악할 수 있다.

ETFDB닷컴에서 관심 ETF의 보유 종목 검색 방법(예: QCLN ETF).

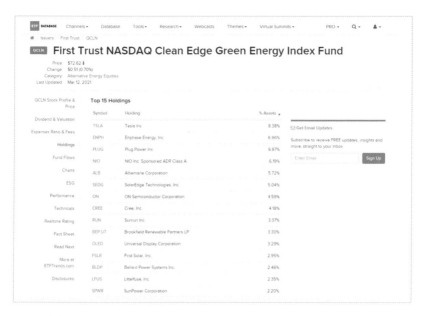

ETFDB닷컴에서 관심 ETF의 보유 종목 검색 방법(예: QCLN ETF).

개별 주식이 어떤 ETF에 포함됐는지도 알 수 있는데 Symbol에서 보유 종목 비중 상위 1위인 TSLA(Tesla)를 클릭하게 되면, 테슬라를 TOP15 안으로 보유하고 있는 ETF가 133개 나오고, 테슬라 보유 비중이 높은 순으로 ETF를 새로 검색할 수 있다. 이러한 방식을 통해 수많은 ETF 중에서도 IYK, XLY, FNGS, VCR이 테슬라 주식을 11~16% 정도로 많이 보유하고 있음을 알 수 있다. 즉, 테슬라의 보유 비중이 높으면서 선호하는 다른 종목을 많이 가진 ETF를 찾고 싶을 때 이렇게 비교 분석을 통해서 선택하면 유용하다.

또한 이 사이트를 통해서 해당 ETF의 발행기관, 수수료(보수), 펀드 플로우Fund Flow(자금 유입), 수익률 등의 정보를 얻을 수 있다. 미국 개별 주식에 대한 분석이 어렵거나, 한꺼번에 여러 주식을 사면서 개별 주식 거래

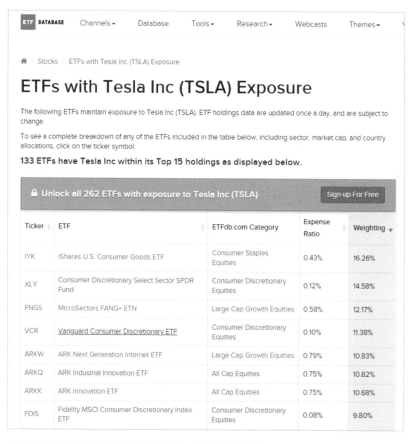

ETFDB닷컴에서 관심 종목의 보유 비중이 높은 ETF 검색 방법(예: 테슬라).

비용을 줄이고자 한다면 ETF는 아주 좋은 투자 방안이 될 것이다.

만약 조금 더 공격적 투자 성향의 액티브 투자자라면 그린 관련 ETF 중에 보유 비중이 높거나 많이 겹치는 종목이 무엇인지 찾아보고 해당 종목에 집중적으로 투자할 수도 있을 것이다. 실제로 코로나로 인해 증시가 폭락한 2020년 3월 저점에서 12월까지 테슬라의 개별 주식과 ETF 수익률을 비교해본다면, 테슬라 보유 비중이 8%인 QCLN ETF는 16.14달러에서

72달러까지 약 4.5배 상승했고 테슬라 개별 주가는 70달러에서 695달러까지 약 10배 상승했다. 수익률 측면에서 개별 종목 선택을 탁월하게 잘한다면 압도적인 수익률을 얻을 수 있겠으나 반대의 경우 오히려 리스크가 매우 클 수도 있기 때문에 주식 투자가 처음이거나 안정성을 추구하는 투자자인 경우 개별 투자보다는 ETF가 좀 더 적합할 수 있다.

국내 ETF 쉽게 투자하는 방법 ❶

• • •

국내 ETF의 구성 종목을 쉽게 찾아보는 방법은 '네이버 금융'을 이용하는 것이다. ETF 이름을 검색하고, 'ETF 분석' 탭을 이용하면 구성 종목이 상세히 나온다. 예를 들어 ESG 관련 ETF에 관심이 있다면 네이버 금융에서 ESG를 검색한다.

기준일 2021.03.22

종목명	현재가	전일대비	등락률	매도호가	매수호가	거래량	거래대금(백만)
ARIRANG ESG우수기업 코스피	9,225	▲ 120	+1.32%	9,235	9,225	1,711	15
FOCUS ESG리더스 코스피	11,045	▲ 210	+1.94%	11,045	11,025	350	3
KODEX MSCI KOREA ESG유니버설 코스피	12,460	▲ 70	+0.56%	12,540	12,475	7,372	91
TIGER MSCI KOREA ESG유니버설 코스피	12,610	▲ 145	+1.16%	12,625	12,570	2,063	25
TIGER MSCI KOREA ESG리더스 코스피	11,785	▲ 155	+1.33%	11,800	11,795	734	8
KBSTAR ESG사회책임투자 코스피	13,715	▲ 70	+0.51%	13,755	13,715	105,701	1,447
KODEX 200ESG 코스피	14,795	▲ 140	+0.96%	14,795	14,775	14,843	218
KB KRX ESG Eco ETN 코스피	12,330	▲ 145	+1.19%	12,355	12,325	25	0

국내 ETF 구성 종목 및 관련 정보는 네이버 금융에서 확인할 수 있다.

이 중에서 현재 가장 거래량이 많은 ETF는 KBSTAR ESG사회책임투자다. 참고로 KBSTAR ESG사회책임투자 ETF는 한국거래소가 산출하는 주가지수인 KRX ESG 사회책임경영지수(S)를 추적대상 지수로 하며, 기업지배구조원의 ESG 평가 기업 중 사회책임 평가 항목 점수 상위 종목으로 구성되는 지수다. KBSTAR ESG사회책임투자 ETF와 KOSPI 200(국내 주식

기준일 2021.03.27

ETF이름	KBSTAR ESG사회책임투자			KODEX 200		
종목코드	290130			69500		
총보수	0.30%			0.15%		
운용사	KB자산운용			삼성자산운용		
보유종목 비중(%)	삼성전자	26.24	삼성화재	1.08	삼성전자	31.1	신한지주	1.21
	SK하이닉스	14.2	금호석유	0.8	SK하이닉스	6.13	LG생활건강	1.16
	네이버	9.07	현대글로비스	0.69	네이버	3.92	SK텔레콤	1.12
	현대차	5.7	코웨이	0.68	LG화학	2.98	삼성물산	0.98
	기아차	3.81	에이치엘비	0.67	삼성SDI	2.71	하나금융지주	0.89
	현대모비스	3.46	에쓰오일	0.64	셀트리온	2.69	SK이노베이션	0.88
	엔씨소프트	3.13	미래에셋대우	0.63	카카오	2.52	삼성바이오로직스	0.86
	LG생활건강	2.66	한국타이어	0.62	현대차	2.46	삼성전기	0.83
	SK이노베이션	2.03	유한양행	0.61	포스코	1.77	SK	0.77
	삼성전기	1.92	CJ제일제당	0.61	기아차	1.64	HMM	0.71
	SK	1.8	LG이노텍	0.54	KB금융	1.52	KT&G	0.68
	HMM	1.66	두산중공업	0.44	현대모비스	1.49	LG	0.65
	아모레퍼시픽	1.5	삼성증권	0.44	엔씨소프트	1.37	넷마블	0.65
	한국전력	1.37	휠라홀딩스	0.41	LG전자	1.25	아모레퍼시픽	0.65

출처: KB자산운용, 삼성자산운용, 네이버 금융

시장을 대표하는 200개 종목으로 구성)의 수익률을 그대로 추적하는 KODEX 200 ETF의 구성 종목을 비교하면 다음과 같다.

표에서 알 수 있듯이 두 ETF 간 종목별 비중이 조금 다르긴 하지만, 큰 차이점을 느끼기는 어렵다. 아직까지 국내 ETF가 미국처럼 다양성이 확보되지 못한 측면도 있고, ESG ETF라고 해도 국내 시가총액 상위 종목인 대형주에서 크게 벗어나지 않기 때문이다. 따라서 ESG 측면의 특성이 더욱 반영된 포트폴리오를 살펴보고 싶다면 조금 더 구체적인 검색이 필요하다. 예컨대 ESG 중에서 E, 특히 국내 업체들이 잘하고 있는 2차전지

네이버 금융에서 ESG 연관 산업 중 세부 관심사를 검색해 관련 ETF를 확인할 수 있다.

산업의 장기 성장성을 좋게 보고 여기에 투자하고 싶은데 개별 종목을 고르를 자신이 없다면 2차전지 관련 ETF를 활용하는 것이 좋다.

　　네이버 금융을 통해 2차전지를 검색해보면 KODEX 2차전지산업이 가장 거래량이 많은 것을 알 수 있다. KODEX 2차전지산업의 구성 종목을 알고 싶다면, KODEX 2차전지산업을 클릭하고 ETF 분석 탭을 클릭해 원하는 정보를 간편히 확인할 수 있다. 구성 종목의 종류와 비중을 보고 투자 여부를 판단하면 될 것이다.

　　아직 국내에는 친환경 관련 ETF가 많지 않은 실정이며 주로 우리나라 업체들이 선전하고 있는 2차전지 분야 위주로 구성돼 있다. 하지만 정부의 그린 뉴딜정책과 그린펀드 출시 등의 추세를 고려할 때 각 운용사에서 그린 관련 ETF가 점진적으로 출시될 것으로 예상된다.

국내 ETF 구성 종목 및 관련 정보는 네이버 금융에서 쉽게 확인할 수 있다.

국내 ETF 쉽게 투자하는 방법 ❷

• • •

국내 ETF 쉽게 투자하는 방법 1에서는 ESG ETF 및 친환경 ETF를 검색해서 찾아보는 방법에 대해 살펴보았다. 국내 시장에는 ESG 분야 이외에도 수많은 ETF가 존재하는데, 이제 막 ETF에 대해 관심을 가진 독자들을 위해서 ETF 전반에 걸쳐 적용할 수 있는 간단하지만, 효율성 높은 투자법을 공유한다.

섹터, 즉 특정 업종 ETF에 투자하라

우리나라는 반도체를 중심으로 한 제조 강국이면서, 동시에 디스플레이, 2차전지, 전자 부품, 자동차, 석유화학, 정유, 화장품, 철강, 비철금속, 조선, 기계, 건설, 운송, 항공, 백화점, 면세점, 홈쇼핑, 할인점, 의류, 상사, 음식료, 유틸리티(한국전력 등), 통신, 인터넷, 미디어, 게임, 엔터테인먼트, 카지노, 여행, 바이오, 제지, 시멘트, 교육 등 다양한 산업에 경쟁력을 가지고 있다. 그만큼 투자할 수 있는 다양한 주식 종목이 존재하는데, 개별 종목 투자에 자신이 없거나 해당 업종의 종목을 한꺼번에 사면서 변동성 리스크를 줄이고 싶다면 ETF가 좋은 대안이 될 수 있다. 특히 ETF 투자 중에서도 KODEX 200 ETF와 같이 단순히 지수를 추종하는 것보다는 조금 더 적극적인 방법으로 투자를 원한다면, 섹터 ETF에 투자하는 것을 추천한다.

투자자들은 매일 새로운 뉴스를 접하게 된다. 예를 들어 반도체나 자동차 수출이 늘었다, 미국 국채 10년물 금리가 올라서 우려가 된다, 우리나라 K-배터리를 테슬라에 납품한다, 중국의 탄소감축 노력에 따라 철강 생산량을 줄인다, 넷플릭스와 디즈니가 한국 콘텐츠에 투자한다 등 매 순간 새롭게 쏟아지는 정보의 홍수 속에서 전문 투자자가 아니라면 해당 업종에서 어떤 종목을 사야 하는지, 과연 이러한 뉴스가 주가에 이미 반영된 것인지 아닌지, 추가 상승 여력이 많이 남아 있는지를 판별하기가 쉽지 않다. 이럴 때 변동성이 큰 개별 기업의 전망까지는 가늠할 수 없더라도, 해당 업종의 전망이 앞으로도 상당 기간 좋으리라 판단된다면 섹터 ETF 에 투자하는 것이 간편하고 효율적인 방법이라 할 수 있다.

대표적인 국내 ETF인 KODEX와 TIGER에는 다양한 섹터 ETF가 있다. 섹터별로 겹치는 부분이 많지만, 일부 섹터는 KODEX와 TIGER 중 한쪽에만 있거나, 한쪽에서 특정 분야의 섹터 ETF를 다수 운용하는 경우가 있으므로, KODEX와 TIGER의 섹터 ETF를 정리한 다음 표를 통해서 원하는 섹터 ETF가 어디에 속해 있는지 확인하면 될 것이다.

KODEX와 TIGER의 섹터 ETF

KODEX 섹터 ETF	TIGER 섹터 ETF
KODEX IT	TIGER 200 IT
KODEX 한국대만 IT 프리미어	TIGER 200IT레버리지
KODEX 반도체	TIGER 반도체
KODEX 2차전지산업	TIGER KRX 2차전지K-뉴딜 TIGER 2차전지테마
KODEX Fn K-뉴딜디지털플러스	TIGER KRX BBIG K-뉴딜 TIGER KRX게임K-뉴딜 TIGER KRX바이오K-뉴딜 TIGER KRX인터넷K-뉴딜 TIGER Fn신재생에너지 TIGER 탄소효율그린뉴딜

KODEX 게임산업	TIGER K게임
KODEX 건설	TIGER 200 건설
KODEX 경기소비재	TIGER 200 경기소비재
KODEX 에너지화학	TIGER 200 에너지화학 TIGER 200에너지화학레버리지
KODEX 헬스케어	TIGER 헬스케어 TIGER 200 헬스케어
KODEX 바이오	TIGER 의료기기
KODEX 미디어&엔터테인먼트	TIGER 200커뮤니케이션서비스 TIGER 미디어컨텐츠 TIGER 소프트웨어 TIGER 방송통신
KODEX 은행	TIGER 은행
KODEX 증권	TIGER 증권
KODEX 보험	TIGER 200 금융
KODEX 철강	TIGER 200 철강소재
KODEX 삼성그룹 KODEX 삼성그룹밸류	TIGER 삼성그룹펀더멘털
KODEX 기계장비	TIGER 200 산업재 TIGER 200 중공업
KODEX 필수소비재	TIGER 200 생활소비재 TIGER 화장품 TIGER 중국소비테마
KODEX 차이나항셍테크	TIGER 차이나바이오테크SOLACTIVE
KODEX 운송	TIGER 차이나전기차SOLACTIVE
KODEX 자동차	TIGER 여행레저
	TIGER LG그룹+펀더멘털 TIGER 현대차그룹+펀더멘털 TIGER 지주회사

출처: 네이버 금융

한국에서 가장 중요한 섹터를 꼽자면 당연히 IT일 것이다. 삼성전자를 비롯해 많은 IT 기업들이 시가총액에서 차지하는 비중은 가장 높다. IT 산업에서 주가를 좌우하는 여러 가지 변수가 있겠지만, 그중 하나만 고르자면 주요 제품 가격의 상승이나 가격 상승에 대한 예상일 것이다. 반도체로 치면 디램DRAM이나 낸드플래시 등 메모리의 가격 상승, 디스플레이라면 LCD의 가격 상승, 전자 부품에서는 전자제품 회로에 전류가 일정하게 흐를 수 있도록 제어하는 적층세라믹콘덴서MLCC의 가격 상승 등이 주가 변동의 주요 원인이 된다. 반도체는 삼성전자와 SK하이닉스, LCD는 LG디스플레이, MLCC는 삼성전기의 주요 제품이다.

또한 주요 제품의 수주 증가나 출하량 증가도 주가의 주요 변수다. 글로벌 자동차 업체로부터의 2차전지 수주량 증가나 애플의 신규 아이폰 예상 판매량 증가, 삼성전자나 SK하이닉스 혹은 중국의 반도체 투자 증가로 인한 관련 장비나 소재의 수주 증가 등이 이에 해당할 것이다. 2차전지 관련 대형주는 LG화학, 삼성SDI, SK이노베이션이며 애플 관련주는 LG이노텍이 대표적이다. 반도체 장비 관련주는 원익IPS, 에스에프에이 등이 있고, 소재 관련주는 SK머티리얼즈, 한솔케미칼이 있다. 스마트폰 관련주는 삼성전자, 삼성전기, 엠씨넥스 등이 있으며, 비메모리 관련주로는 삼성전자, 네패스, 테스나, 엘비세미콘 등이 있다. 이런 기본적인 내용만 숙지하고 있다면, 가격 상승이나 수주 증가 등 해당 산업에 대한 좋은 소식을 접했을 때 관련 ETF를 쉽게 찾아낼 수 있다.

한편 다음의 IT 섹터 ETF 표에서 알 수 있듯이 KODEX와 TIGER ETF의 반도체는 거의 차이가 없다. 따라서 반도체 섹터가 좋아지리라 판단한다면 둘 중에 어디에 투자해도 무방할 것으로 보인다. 삼성전자는 반도체 사업부만 있는 것이 아니라 무선(스마트폰), 디스플레이, 가전 등 여러 사업부가 존재한다. KODEX 반도체나 TIGER 반도체에는 삼성전자가 없기 때문에, 삼성전자를 포함한 IT 업종에 투자를 하고 싶다면 KODEX IT에 투자하면 된다. 중소형 IT보다는 대형주 위주의 압축 포트폴리오를 원한다면 TIGER 200 IT가 적합할 것이다. 조금 더 공격적인 투자 성향을 가졌다면 TIGER 200 IT 레버리지도 있다. 또한 국내 IT 주가와 많이 연동되는 대만 IT 기업들을 보유하고 있고, 특히 반도체 설계 디자인을 위탁받아 제조만 전담하는 파운드리Foundry 시장에서 삼성전자와 경쟁 관계에 있는 TSMC를 둘 다 포함하는 KODEX 한국대만 IT 프리미어 ETF도 있으니 참조하길 바란다.

이렇게 코스피에서 가장 중요한 IT 분야에서 여러 종목을 살 자금적 여유가 없거나, 특정 종목을 고르기 힘들다면 IT ETF를 통해서 쉽게 투자가 가능하다. 여러 종목을 한꺼번에 포함하는 ETF를 샀기 때문에 분산 효과로 수익률은 안정적이며 투자 리스크는 줄어들게 된다.

최근 몇 년간 미국에서 가장 주목받았던 기업은 FANG일 것이다. 알다시피 FANG은 미국 IT 업계를 선도하는 페이스북Facebook, 아마존Amazon, 넷플릭스Netflix, 구글Google을 가리킨다. 중국에서는 최대 전자상거래 업체인 알리바바가 주목받았다. 이처럼 글로벌 시장에서 온라인 기반 플랫폼 업체가 부각되는 것처럼 국내에서도 고성장을 하고 있는 플랫폼 업체가 있다. 바로 네이버와 카카오다. 실제 우리나라 국민이라면 이 두 업체를 생활 속에서 밀접하게 사용하고, 해당 플랫폼에서 어느 정도 돈을 쓰고 있을 것이다.

KODEX와 TIGER의 IT 섹터 ETF

기준일 2021.03.27

ETF 이름	KODEX IT		KODEX반도체		TIGER 반도체		TIGER 200 IT	
	SK하이닉스	22.19	SK하이닉스	22.77	SK하이닉스	22.81	SK하이닉스	22.18
	삼성SDI	21.33	DB하이텍	7.01	DB하이텍	7.02	삼성SDI	19.76
	삼성전자	20.29	원익IPS	6.25	원익IPS	6.26	삼성전자	18.98
	삼성전기	6.59	리노공업	5.42	리노공업	5.44	LG전자	11.48
	삼성에스디에스	3.97	고영	4.8	고영	4.81	삼성전기	7.66
	LG디스플레이	3.17	티씨케이	4.41	티씨케이	4.41	LG	5.95
	LG이노텍	1.87	이오테크닉스	3.52	이오테크닉스	3.52	삼성에스디에스	4.62
	DB하이텍	1.24	실리콘웍스	2.98	실리콘웍스	2.99	LG디스플레이	3.68
	더존비즈온	1.19	서울반도체	2.53	서울반도체	2.53	LG이노텍	2.16
	원익IPS	1.11	네패스	2.24	네패스	2.24	DB하이텍	1.44
	케이엠더블유	1.06	유진테크	2.21	유진테크	2.21	일진머티리얼즈	1.01
	리노공업	0.96	SFA반도체	2.1	SFA반도체	2.1	원화현금	1.08
보유 종목 비중 (%)	일진머티리얼즈	0.87	RFHIC	2.08	RFHIC	2.08		
	고영	0.85	에스앤에스텍	1.96	에스앤에스텍	1.96		
	티씨케이	0.78	한미반도체	1.75	한미반도체	1.75		
	엘앤에프	0.74	테스나	1.74	테스나	1.74		
	이오테크닉스	0.63	테스	1.6	테스	1.6		
	실리콘웍스	0.53	주성엔지니어링	1.44	주성엔지니어링	1.44		
	엠씨넥스	0.46	하나머티리얼즈	1.44	하나머티리얼즈	1.44		
	서울반도체	0.45	코미코	1.41	코미코	1.41		
	NHN한국사이버결제	0.44	엘비세미콘	1.4	엘비세미콘	1.4		
	에이스테크	0.4	피에스케이	1.36	원익QnC	1.36		
	네패스	0.4	심텍	1.35	피에스케이	1.36		
	유진테크	0.39	원익QnC	1.35	심텍	1.35		
	SFA반도체	0.37	에프에스티	1.31	에프에스티	1.32		
	RFHIC	0.37	미코	1.29	미코	1.3		
	서진시스템	0.36	유니테스트	1.27	유니테스트	1.27		
	에스앤에스텍	0.35	이녹스첨단소재	1.23	이녹스첨단소재	1.23		
	솔루스첨단소재	0.32	아이티엠반도체	1.21	아이티엠반도체	1.21		
	한미반도체	0.31	AP시스템	1.17	AP시스템	1.18		
	테스나	0.31	해성디에스	1.11	해성디에스	1.11		
	삼화콘덴서	0.3	테크윙	1.08	테크윙	1.09		

출처: 네이버 금융

BTS라는 글로벌 스타를 배출한 하이브(전 빅히트)와 K-POP을 세계에 알리고 있는 JYP, YG, SM 등 국내 엔터테인먼트사들도 여전히 성장 중이다. 또한 엔씨소프트를 포함한 넷마블, 펄어비스, 컴투스, 웹젠 등 게임 업체들도 신규 게임을 지속적으로 출시하고 있다. 한편 작년 코로나 팬데믹 이후 집에서 보내는 시간이 늘어나면서 넷플릭스는 특히 아시아 지역을 비롯해 전 세계에서 가입자 수가 폭발적으로 증가했다. 이제는 흥행 보증수표가 된 K-드라마로 인해 넷플릭스를 비롯한 디즈니, 애플, 아이치이(iQIYI)(바이두를 모기업으로 하는 중국의 OTT 서비스) 등 글로벌 OTT 업체들이 K-콘텐츠에 적극적인 투자를 시작했고, 향후 지속적으로 그 투자 규모는 증가할 전망이다.

다음 표에 있는 4가지 ETF를 통해서는 한국의 인터넷 플랫폼 업체나 K-콘텐츠에 한꺼번에 투자할 수 있다. 해당 ETF의 구성 종목 비중을 보면서, 본인이 선호하는 분야나 업종의 비중이 높은 쪽으로 선택해 투자하면 될 것이다. 국내에는 네이버와 카카오 중에서 어느 쪽을 고를지 고민하는 투자자들이 많다. 하지만 두 종목은 단기적으로는 주가가 차이가 날 수 있지만, 중장기적으로 본다면 두 기업의 주가가 동행하는 경향이 짙다. 따라서 네이버와 카카오에 한꺼번에 투자할 수 있는 간편한 방법으로 해당 ETF를 활용할 수 있다.

이외에도 게임 업종에 집중 투자하고 싶다면 KODEX 게임산업, TIGER K게임도 있다. KODEX 게임산업은 엔씨소프트(23.66%), 넷마블(18.2%), 펄어비스(12.46%), 컴투스(10.04%), 웹젠(6.72%), NHN(5%), 더블유게임즈(4.35%) 등으로 구성돼 있다. TIGER K게임은 펄어비스(9.95%), 카카오게임즈(9.68%), 웹젠(9.41%), 데브시스터즈(9.15%), 컴투스(8.81%), 넷마블(8.65%), 엔씨소프트(8.26%) 등을 보유하고 있다.

국내 상장 주식 중 시가총액 상위주들은 주로 대기업 그룹 관련 주식들이 많이 포진돼 있다. 삼성, 현대차, SK, LG, 롯데, 포스코, 현대중공업, 한화, GS, 신세계, KT, 한진, CJ 등 그룹의 지주회사 및 핵심 계열사들이 코스피의 상당 부분을 차지한다. 또한 계열사끼리 서로 다른 업종

KODEX와 TIGER의 소프트웨어, 미디어, 엔터테인먼트 섹터 ETF

기준일 2021.03.27

ETF 이름	KODEX 미디어&엔터테인먼트		TIGER200 커뮤니케이션서비스		TIGER 미디어컨텐츠		TIGER 소프트웨어	
보유 종목 비중 (%)	카카오	23.31	카카오	22.55	빅히트	13.05	카카오	28.04
	네이버	20.22	네이버	21.65	CJ CGV	9.1	네이버	27.98
	엔씨소프트	15.52	엔씨소프트	17.17	에스엠	8.84	엔씨소프트	20.35
	넷마블	13.28	SK텔레콤	14.21	JYP Ent.	8.78	삼성에스디에스	7.84
	빅히트	3.66	넷마블	8.27	와이지엔터테인먼트	8.69	넷마블	3.68
	펄어비스	3.09	KT	6.23	제이콘텐트리	8.3	더존비즈온	2.3
	제일기획	2.41	LG유플러스	3.53	스튜디오드래곤	8.17	펄어비스	2.18
	컴투스	2.41	빅히트	2.29	CJ ENM	7.62	컴투스	1.75
	카카오게임즈	2.03	제일기획	1.48	초록뱀	4.62	웹젠	1.17
	스튜디오드래곤	1.79	이노션	0.86	지니뮤직	4.26	NHN한국사이버결제	0.91
	JYP Ent.	1.55	CJ CGV	0.57	위지윅스튜디오	3.78	NHN	0.88
	웹젠	1.54	원화현금	1.18	키이스트	3.36	아프리카TV	0.81
	이노션	1.37			나스미디어	2.49	더블유게임즈	0.75
	NHN	1.17			덱스터	2.27	카페24	0.55
	아프리카TV	1.08			쇼박스	2.22	안랩	0.47
	와이지엔터테인먼트	1.04			IHQ	2.08	원화현금	0.35
	에스엠	0.91			SM C&C	1.21		
	제이콘텐트리	0.86			SBS콘텐츠허브	0.63		
	위메이드	0.81			원화현금	0.55		
	에코마케팅	0.57						
	네오위즈	0.51						
	현대퓨처넷	0.29						
	원화현금	0.58						

출처: 네이버 금융

을 가지고 있음에도 불구하고, 그룹 관련 뉴스나 지배구조 개편 등의 이슈가 발생하면 해당 그룹 관련주들이 동반해서 움직이는 경향이 있다. 대표적인 것이 삼성과 현대자동차 그룹주다. 지배구조 개편 이슈가 있을 때마다, 계열사의 모든 주식들이 한꺼번에 주가 변동이 생기는 것이다. 이런 이슈가 생겼을 경우, 가장 수혜를 볼 것 같은 특정 종목만 선정해서 투자하기는 쉽지 않은 일이다. 또한 어떤 경우에는 같은 이슈라도 그룹사 내에서 A종목에는 호재이고, B종목에는 악재일 수도 있어서, 종목을 잘못 선정한 경우 낭패를 볼 수도 있다. 따라서 적절히 위험을 분산하면서 그룹의 호재에 맞추어 투자할 수 있는 방법이 그룹 관련 ETF 매매다. KODEX와 TIGER에는 삼성그룹, LG그룹, 현대자동차그룹 ETF가 존재한다. KODEX 에는 삼성 관련 ETF가 2개 있고, 각 ETF는 종목 간 비중에서 차이가 있다. KODEX 삼성그룹은 삼성전자와 삼성SDI 2개 종목의 비중이 거의 50% 수준으로 높기 때문에, 반도체와 2차전지에 더 무게를 두고 싶을 때에는 KODEX 삼성그룹밸류 대신 KODEX 삼성그룹을 선택하면 될 것이다.

　2021년 들어 현대자동차그룹은 애플카 생산 가능성이 거론되면서 그룹 관련 모든 주식들이 큰 변동성을 보였다. 하지만 일반 투자자들은 그중에서 과연 어떤 종목이 가장 수혜주인지 맞추기가 쉽지가 않다. 현재는 애플과 현대자동차그룹과의 논의가 잠정 중단된 것으로 결론 났지만, 만약 애플카 생산이 진행됐을 경우 현대차가 아닌 기아가 생산을 담당하게 됐다고 가정을 하더라도, 현대자동차그룹의 부품사들은 이러한 납품 수혜를 얻을 수 있을 것이다. 그렇기에 이런 경우에는 특정 한 종목을 정확히 예측해서 선택해야 하는 투자보다는 TIGER 현대차그룹+펀더멘털 ETF를 통해 투자하는 것이 좀 더 효율적이라 판단된다.

LG전자 또한 마그나 인터내셔널과 합작사를 설립하는 등 전기차 관련 전장 사업을 강화하고 있다. 한때 LG그룹도 애플카 협업 가능성이 거론되며 그룹 주가가 들썩이기도 했다. 애플과 같은 글로벌 기업과의 협업이 아니더라도 그룹 관련 호재성 뉴스나 전망은 언제든 나올 수 있기 때문에, 이러한 때에는 그룹 ETF 통해서 해당 그룹에 투자하는 방법이 있다는 것을 알아 두면 유용할 것이다.

이외에도 지주회사만을 모아 놓은 TIGER 지주회사도 있다. 구성 종목은 SK(9.62%), 삼성바이오(9.52%), 한진칼(9.12%), LG(8.79%), 현대중공업(7.75%), 휠라홀딩스(6.54%), GS(5.78%), 아모레G(4.98%), CJ(3.81%) 등으로 구성돼 있으니 참고하면 좋을 것이다.

KODEX와 TIGER의 삼성, LG, 현대자동차그룹 관련 ETF

기준일 2021.03.27

ETF 이름	KODEX 삼성그룹		KODEX 삼성그룹밸류		TIGER 삼성그룹펀더멘털	
보유 종목 비중 (%)	삼성전자	26.78	삼성전자	21.58	삼성전자	25.82
	삼성SDI	23.59	삼성물산	9.03	삼성SDI	23.93
	삼성바이오로직스	8.61	삼성SDI	8.78	삼성물산	8.69
	삼성물산	8.57	삼성화재	8.27	삼성바이오로직스	8.64
	삼성전기	7.29	삼성생명	8.25	삼성전기	7.43
	삼성생명	4.65	삼성중공업	7.32	삼성생명	4.73
	삼성에스디에스	4.45	삼성에스디에스	7.03	삼성에스디에스	4.52
	삼성화재	4.17	삼성엔지니어링	4.99	삼성화재	4.2
	삼성중공업	2.16	삼성증권	4.78	삼성중공업	2.19
	호텔신라	1.89	삼성전기	4.76	호텔신라	1.93
	삼성증권	1.71	삼성카드	4.27	삼성증권	1.74
	삼성엔지니어링	1.48	삼성바이오로직스	2.65	삼성엔지니어링	1.5
	에스원	1.42	에스원	2.38	에스원	1.43
	제일기획	1.06	호텔신라	2.14	제일기획	1.07
	삼성카드	0.56	제일기획	1.76	삼성카드	0.57
	원화현금	1.62	멀티캠퍼스	0.16	멀티캠퍼스	0.05
			원화현금	1.84	원화현금	1.54

ETF 이름	TIGER LG그룹+펀더멘털				TIGER 현대차그룹+펀더멘털			
보유 종목 비중 (%)	LG전자	18.29	GS리테일	2.18	기아차	23.08	현대미포조선	1.22
	LG화학	17.04	LG상사	1.81	현대차	22.91	현대로템	1.0
	LG디스플레이	15.35	LG하우시스	1.39	현대모비스	15.92	현대건설기계	0.82
	LG유플러스	11.77	GS홈쇼핑	1.29	현대제철	12.6	현대일렉트릭	0.53
	LG	7.3	LS	1.25	한국조선해양	5.42	이노션	0.51
	GS건설	5.93	LS ELECTRIC	1.24	현대건설	4.86	현대차증권	0.21
	LG생활건강	4.13	E1	1.19	현대글로비스	3.88	현대오토에버	0.19
	GS	3.57	실리콘웍스	0.86	현대위아	3.15	현대에너지솔루션	0.1
	LG이노텍	2.97			현대중공업지주	2.14		

출처: 네이버 금융

석유화학, 정유화학, 철강 산업은 국내 대표적인 소재 산업이다. 전통 산업이라 성장주를 선호하는 투자자들에게 가끔 외면받기도 하지만, 사이클을 타는 산업이기 때문에 초기에만 투자를 잘한다면 높은 수익률을 얻을 수 있는 산업이기도 하다. 석유 산업의 경우 2020년 코로나 팬데믹 이후 각국의 국경 폐쇄 및 항공 운항 중단 등 석유 수요 급감으로 가격이 폭락하면서 마이너스 40달러라는 유례없는 유가를 보이기도 하였다. 하지만 이렇게 절망적이었던 유가도 2021년 3월 WTI(서부 텍사스유) 기준 60달러 수준으로 올라와 있다. 즉, 투자자에겐 모두가 절망하는 순간이 절호의 기회가 되기도 한다는 것을 항상 뒤늦게 깨닫게 된다.

화학 산업은 크게 석유화학과 정유화학으로 나뉘는데, 둘 다 유가에 큰 영향을 받는다. 롯데케미칼 등 석유화학 업체는 제품가격에서 원재료 나프타(정유 회사의 정제 과정에서 생성) 가격을 뺀 마진이 높아지면 실적이 증가한다. 정유 회사는 원유를 정제해서 나오는 휘발유, 등유, 경유, 나프타 등의 제품가격에서 원유 가격을 뺀 정제 마진이 높아지면 실적 및 주가가 상승한다. 따라서 보고서나 뉴스 등을 통해 제품가격 및 마진이 상승하거나 상승할 것으로 예상된다면 아래의 에너지화학 ETF에 투자해볼 만하다. LG화학은 석유화학과 2차전지 사업을 동시에 하고 있고(2021년 3월 현재 2차전지 사업은 LG에너지솔루션으로 분할, 향후 따로 상장 예정), SK이노베이션도 정유 사업과 석유화학 사업을 동시에 하고 있다. 금호석유는 합성고무 및 NB라텍스, SKC는 화학 사업 및 2차전지 소재 동박 사업, 한솔케미칼은 반도체 분야 관련 과산화수소 사업을 진행한다. 통상 유가가 급등이 아닌, 점진적인 우상향을 하면서 화학 제품가격이 강세를 보이는 경우 화학 산업군에 속한 기업들의 실적이 좋아진다. 따라서 이러한 경우 특정 종목을 고르기 어렵다면 KODEX 에너지화학이나 TIGER 200 에너지화학을 통해서 여러 화학 종목에 한 번에 투자할 수 있다. 이 두 ETF는 국내 3대 2차전지 업체 중 2개인 LG화학, SK이노베이션에 동시에 투자할 수 있다는 장점도 가지고 있다.

통상 철강 업종은 중국의 영향을 많이 받는다. 왜냐하면 철강의 공급 과잉이 가장 심한 국가가 바로 중국이기 때문이다. 환경 규제 등으로 조강 생산이 줄어들거나, 중국의 경기 부양책으로 철강 소비가 증가하여 포스코의 주요 철강 제품인 열연 가격이 강세를 보인다면 철강 업체의 주가는 상승하게 된다. 또한 주요 원재료인 철광석, 석탄 가격이 안정을 보이고 제품 가격이 강세를 보인다면 마진이 좋아지면서 실적도 개선된다. 한편 고려아연은 아연, 연(납) 및 금, 은 등 귀금속이 주요 제품이고, 풍산은 구리가 주요 제품인데 경기호조로 이런 비철 금속 가격이 강세를 보이면 해당 업체의 주가는 상승한다. 이렇듯 중국의 영향 등으로 인해 시장에서 철강 가격, 비철 금속 가격 상승이 예상될 때에는 KODEX 철강, TIGER 200 철강소재 ETF에 투자하는 것을 고려해볼 수 있을 것이다.

KODEX와 TIGER의 화학, 철강 관련 ETF

기준일 2021.03.27

ETF 이름	KODEX 에너지화학		TIGER 200 에너지화학		KODEX 철강		TIGER 200 철강소재	
보유 종목 비중 (%)	LG화학	17.81	LG화학	17.80	현대제철	24.46	현대제철	23.07
	SK이노베이션	15.65	SK이노베이션	15.31	포스코	20.96	포스코	21.34
	한화솔루션	8.31	SK	13.43	고려아연	13.19	고려아연	14.91
	롯데케미칼	7.09	한화솔루션	8.19	동국제강	11.13	동국제강	12.32
	금호석유	6.10	롯데케미칼	6.92	풍산	7.98	풍산	8.83
	에쓰오일	4.90	금호석유	5.98	KG동부제철	4.92	KG동부제철	5.45
	SKC	3.47	에쓰오일	4.79	남선알미늄	4.85	남선알미늄	5.37
	한솔케미칼	3.10	SK	3.36	영풍	2.88	동원시스템즈	3.60
	OCI	2.99	한솔케미칼	3.04	세아베스틸	2.87	영풍	3.10
	SK케미칼	2.94	OCI	2.92	포스코엠텍	2.47	원화현금	2.01
	GS	2.51	SK케미칼	2.89	고려제강	1.72		
	SK머티리얼즈	1.88	GS	2.45	원화현금	2.55		
	솔브레인	1.72	한화	1.83				
	KCC	1.63	코오롱인더	1.58				
	코오롱인더	1.61	KCC	1.58				
	효성첨단소재	1.57	대한유화	1.44				
	동진쎄미켐	1.52	롯데정밀화학	1.42				
	대한유화	1.48	효성	1.09				
	에코프로	1.46	SK디스커버리	0.98				
	롯데정밀화학	1.46	휴켐스	0.75				
	SK디스커버리	1.01	후성	0.72				
	천보	0.98	태광산업	0.24				
	효성화학	0.93	원화현금	1.28				

출처: 네이버 금융

국내 바이오 및 제약 산업은 꾸준히 성장해왔으나 주로 코스닥에 상장돼 있었고, 기관 투자자들은 코스피의 대형주를 위주로 포트폴리오를 구성하기 때문에, 바이오 종목에 공격적으로 투지하기에는 일부분 제약이 있었다. 하지만 바이오 의약품의 복제약인 바이오시밀러Biosimilar와 바이오 의약품을 위탁 생산하는 의약품 전문 생산사업 CMOContract Manufacturing Organization를 주요 사업으로 하는 셀트리온과 삼성바이오로직스로 인해 그 판도가 달라졌다. 셀트리온의 모회사인 셀트리온 헬스케어와 삼성바이오로직스의 2020년 수출 합계는 코로나 사태에도 불구하고 2019년 대비 56%나 증가하였다. 시가총액 측면에서도 2021년 3월 기준 삼성바이오로직스 6위, 셀트리온 9위로, 국내 시가총액 TOP10 안에 바이오 기업이 2개나 진입했다. 바이오 및 제약 산업의 위상이 달라진 것이다. 또한 전통 제약사인 한미약품, 유한양행, 종근당, 녹십자, 대웅제약도 신약 개발을 활발히 진행 중이며, 시가총액이 증가하고 있는 전문 바이오 기업들도 점점 많아지는 추세다.

하지만 신약 개발은 멀고도 험난한 인고의 과정이다. 개발한 신약의 허가가 이뤄진다면 성공적이겠지만, 국내 기업이 임상 3상을 진행하고, 허가까지 받는 데는 많은 시간과 비용이 소요된다. 하지만 이런 신약 개발 업체들은 대부분 별도의 캐시카우가 있지 않기 때문에, 외부에서 꾸준히 자금 조달을 하거나, 중간 과정에서 글로벌 제약사에게 기술 이전을 하는 경우가 대부분이다. 바이오 기업에 투자하는 경우에는 어떤 기업이 언제, 얼마의 로열티와 마일스톤으로 다른 기업과 계약할지 알기가 쉽지 않다. 그렇지만 사회적 흐름으로 볼 때 고령화 현상이 앞으로도 계속 지속될 예정이고, 바이오 기업들의 기술 발달로 임상시험의 제약을 극복하게 된다면 점차 기업 가치는 더 높아질 가능성이 크다. 따라서 특정 종목을 선택하긴 어렵지만, 헬스케어 업종의 큰 트렌드와 성장 가능성에 투자하고 싶다면 다음의 헬스케어, 바이오 ETF를 고려해볼 수 있다.

KODEX와 TIGER의 헬스케어, 바이오, 의료기기 관련 ETF

기준일 2021.03.27

ETF 이름	KODEX 헬스케어		KODEX 바이오		TIGER 헬스케어		TIGER 200 헬스케어		TIGER 의료기기	
보유 종목 비중 (%)	셀트리온	19.14	바이넥스	2.50	셀트리온	19.24	셀트리온	24.16	씨젠	14.54
	셀트리온헬스케어	12.3	아미코젠	2.48	셀트리온헬스케어	12.38	삼성바이오로직스	20.68	레고켐바이오	7.73
	삼성바이오로직스	9.95	압타바이오	2.34	삼성바이오로직스	9.97	유한양행	8.78	오스템임플란트	5.90
	유한양행	3.06	엔지켐생명과학	2.31	유한양행	3.06	신풍제약	8.58	오스코텍	5.66
	신풍제약	2.98	펩트론	2.15	신풍제약	2.98	한미약품	6.11	차바이오텍	4.64
	알테오젠	2.66	레고켐바이오	2.15	알테오젠	2.66	녹십자	5.13	이오플로우	4.02
	셀트리온제약	2.35	에스티팜	2.14	셀트리온제약	2.32	SK바이오팜	4.85	녹십자랩셀	3.34
	씨젠	2.17	올릭스	2.13	씨젠	2.17	한미사이언스	3.42	엘앤씨바이오	2.92
	한미약품	2.14	오스코텍	2.12	한미약품	2.13	부광약품	3.16	엘앤케이바이오	2.58
	녹십자	1.81	셀트리온헬스케어	2.08	녹십자	1.81	종근당	2.61	덴티움	2.58
	제넥신	1.79	녹십자	2.07	제넥신	1.79	한올바이오파마	2.16	디오	2.24
	SK바이오팜	1.69	녹십자랩셀	2.05	SK바이오팜	1.69	녹십자홀딩스	2.11	피씨엘	1.88
	셀리버리	1.49	메드팩토	2.03	셀리버리	1.48	대웅	1.69	바디텍메드	1.81
	레고켐바이오	1.20	셀트리온	2.01	레고켐바이오	1.20	대웅제약	1.57	나이벡	1.76
	메드팩토	1.20	에이치엘비제약	2.00	메드팩토	1.20	영진약품	1.47	한국비엔씨	1.64
	한미사이언스	1.19	신일제약	1.99	한미사이언스	1.19	보령제약	1.21	싸이토젠	1.64
	부광약품	1.10	앱클론	1.99	부광약품	1.10	일양약품	1.21	아이센스	1.59
	메지온	1.07	티움바이오	1.97	메지온	1.07	JW중외제약	0.98	뷰웍스	1.57
	에이치엘비생명과학	0.97	일양약품	1.97	에이치엘비생명과학	0.97	원화현금	0.13	레이	1.49
	휴젤	0.96	녹십자홀딩스	1.97	휴젤	0.96			제테마	1.47
	종근당	0.91	유한양행	1.96	종근당	0.90			바텍	1.34
	오스템임플란트	0.88	대웅제약	1.96	오스템임플란트	0.88			휴마시스	1.28
	메디톡스	0.83	CMG제약	1.95	오스코텍	0.81			인바디	1.27

출처: 네이버 금융

소비재 업종은 생활 속에서 흔히 볼 수 있는 기업이기 때문에 타 산업 대비 일반 투자자의 접근이 용이한 편이다. 먼저 화장품 업종은 중국의 소비와 연관이 많다. 중국 시장에서 프리미엄 제품으로 통하는 LG생활건강과 아모레퍼시픽은 중국의 화장품 수요 회복, 특히 한국과 중국을 오가며 물건을 대신 구입해주는 보따리상을 일컫는 따이공代购의 면세점 매출 증가가 주가의 주요 변수로 작용한다. 코스맥스, 한국콜마는 화장품 OEM 업체로 국내와 중국을 비롯한 해외 고객을 모두 가지고 있으므로, 국내외 화장품 브랜드 업체의 매출 증가에 따라 동반 성장이 가능하다.

음식료는 안정적인 내수 시장을 바탕으로 수출의 증가가 주가 변동의 주요 포인트가 될 것이다. 오리온은 중국에서 직접 사업을 하고 있고, 월별로 실적을 공시하고 있어 누구나 쉽게 기업 현황을 파악할 수 있다. CJ제일제당은 비비고 등 주요 제품의 수출 증가로 글로벌 매출 비중이 절반을 상회하며, 하이트진로 등의 주류 업체는 국내 주류 판매 동향을 예상한다면 관련 실적을 예측할 수 있다.

이마트를 비롯한 유통 업종은 쿠팡, 네이버 등 온라인 쇼핑 플랫폼과 경쟁을 벌이고 있다. 이마트는 신선식품을 위주로, 쿠팡은 공산품을 위주로 한 빠른 배송을 강점으로 성장하고 있다. 네이버는 강력한 플랫폼 파워를 바탕으로 네이버쇼핑이 급성장하고 있으나, 쿠팡에 대응하기 위해 이마트 등이 속한 신세계그룹과 지분 교환을 하며 협업을 강화하고 있다. 2021년 3월 쿠팡이 미국 나스닥 시장에 상장되면서 첫날 시가총액이 100조 원을 돌파했는데, 이를 통해 오히려 국내의 네이버와 이마트가 저평가돼 있다는 의견도 나오고 있다.

이렇게 생활 속의 업종인 화장품, 음식료, 유통 등에서 한 가지 종목

을 고르기가 어렵다면 아래의 필수소비재, 생활소비재, 화장품, 중국소비

테마 ETF 중에서 구성 종목 및 비중을 살펴보고 관심 가는 ETF에 투자를

해봐도 좋을 것이다.

KODEX와 TIGER의 필수소비재, 화장품, 중국소비테마 관련 ETF

기준일 2021.03.27

ETF 이름	KODEX 필수소비재		TIGER 200 생활소비재		TIGER 화장품		TIGER 중국소비테마	
보유 종목 비중 (%)	LG생활건강	19.01	LG생활건강	17.33	코스맥스	11.68	코스메카코리아	2.92
	KT&G	15.15	KT&G	13.55	아모레퍼시픽	11.00	콜마비앤에이치	2.75
	아모레퍼시픽	14.43	아모레퍼시픽	12.93	콜마비앤에이치	10.15	아모레퍼시픽	2.71
	이마트	6.36	한국전력	11.81	한국콜마	9.98	인바디	2.68
	CJ제일제당	5.91	이마트	5.69	아모레G	9.67	제이콘텐트리	2.68
	오리온	5.04	CJ제일제당	5.28	LG생활건강	9.10	코스맥스	2.66
	아모레G	3.09	오리온	4.49	한국콜마홀딩스	7.25	쿠쿠홈시스	2.65
	현대바이오	2.63	아모레G	2.76	현대바이오랜드	5.79	현대그린푸드	2.57
	BGF리테일	2.30	CJ	2.10	네오팜	3.77	CJ제일제당	2.53
	하이트진로	2.13	BGF리테일	2.07	연우	2.98	신세계인터내셔날	2.51
	GS리테일	1.88	하이트진로	1.90	잇츠한불	2.79	휠라홀딩스	2.50
	동서	1.84	한국가스공사	1.81	코리아나	2.76	호텔신라	2.50
	한국콜마	1.70	GS리테일	1.68	코스메카코리아	2.55	아이센스	2.49
	코스맥스	1.63	동서	1.64	씨티케이코스메틱스	2.33	영원무역	2.49
	농심	1.54	한국콜마	1.52	클리오	2.22	농심	2.49
	오뚜기	1.35	코스맥스	1.47	에이블씨엔씨	1.66	일양약품	2.48
	콜마비앤에이치	1.23	농심	1.42	코스맥스비티아이	1.46	빙그레	2.48
	현대그린푸드	0.95	롯데지주	1.32	에스디생명공학	1.16	아모레G	2.46
	대상	0.87	오뚜기	1.20	토니모리	1.13	LG생활건강	2.46
	네이처셀	0.84	현대그린푸드	0.85	원화현금	0.57	CJ CGV	2.45
	롯데칠성	0.78	대상	0.78			네오팜	2.44
	삼양식품	0.63	롯데칠성	0.70			SPC삼립	2.43
	삼양홀딩스	0.63	삼양식품	0.56			오스템임플란트	2.43

출처: 네이버 금융

이 외에도 섹터 ETF의 종류는 매우 많다. 건설 업종은 국내 주택 사업과 해외 사업 수주가 주가의 주요 핵심 변수다. 하지만 유가 하락 이후에는 해외 수주 규모가 줄어, 주로 주택 사업 수주가 중요해졌고 정부의 부동산 정책 영향을 많이 받게 됐다. 따라서 부동산 규제 완화 및 부동산 경기가 좋아질 것으로 예상한다면 KODEX 건설, TIGER 200 건설 등 건설 ETF에 투자해볼 만하다.

KODEX 건설은 포스코케미칼(18.55%), 현대건설(15.16%), GS건설(12.15%), 삼성엔지니어링(9.43%), 대우건설(6.50%), HDC현대산업개발(5.75%), DL(5%), 아이에스동서(3.79%)를 보유하고 있다. TIGER 200 건설은 포스코케미칼(19.15%), 현대건설(15.81%), GS건설(12%), 삼성엔지니어링(9.83%), DL이앤씨(9.02%), 대우건설(6.31%) 등으로 구성돼 있다.

2021년 1월부터 3월 현재까지 국내를 포함한 글로벌 증시의 흐름은 2020년과 사뭇 다르다. 2020년까지는 성장주 중심으로 급격한 상승을 보였다면, 2021년에는 가치주와 금융주 등이 강세를 보이고 있다. 이는 미국 국채 10년물 금리가 상승하고 있기 때문이다. 보통 금융 업종은 다른 변수도 많지만 주로 금리 상승기에 주가 상승을 보이는 경향이 있다. 금융 관련 ETF로는 KODEX 은행, KODEX 증권, KODEX 보험, TIGER 은행, TIGER 증권, TIGER 200 금융 등이 있다.

미국의 상승 종목과 ETF를 보면 국내 ETF도 보인다

국내 주식 투자자들이 매일 아침 출근 전 확인하는 것이 있다. 바로 미국 주식시장의 동향이다. 다우지수, S&P500지수, 나스닥지수가 얼마나 상승 또는 하락했는지를 살피는 것인데, 이는 글로벌 주식시장은 서로 영향을 주고받으면서 연동돼 있기 때문이다. 즉 미국 주식시장이 오르면, 국내 주식시장도 오를 가능성이 높다. 여기서 하나의 투자 아이디어가 나올 수 있다. 단순히 미국의 주가지수만 볼 것이 아니라, 한발 더 나아가 미국 주식시장에서 어떤 종목과 업종 그리고 ETF가 올랐는지를 세심히 살펴본다면 국내 ETF 투자에도 분명 큰 도움이 될 것이다.

일례로 미국의 반도체 제조 업체 마이크론Micron의 주가나 필라델피아 반도체 지수PHLX Semiconductor Sector*, 혹은 반도체 장비업체 어플라이드 머티리얼즈(AMAT), 램리서치(LRCX)가 올랐다면, 국내 SK하이닉스 등 반도체 업종이 오를 가능성도 커진다. 따라서 반도체 분야의 특정 종목을 고르기 어렵다면, 앞서 살펴본 반도체 ETF에 투자하는 것이 효율적인 대안이 될 것이다. 관련 미국 주식이 올랐다고, 반드시 국내 주식이 오르는 것은 아니지만 개연성은 높기 때문에 관심을 가지고 두 시장의 연관성을 공부해 본 후 투자에 임한다면 도움이 될 수 있다.

반도체 이외에도 테슬라가 상승하면 국내 2차전지 밸류체인이 움직일 가능성이 높아 2차전지 ETF를, 넷플릭스나 디즈니가 상승한다면 국내 미디어 콘텐츠 ETF를, 국제 금융 섹터가 오르면 국내에서도 은행, 보험 등 금융 ETF를, 나스닥의 바이오 업종이 오르면 국내 바이오 ETF를 연관 지어 살펴보면 좋을 것이다.

앞서 살펴본 핀비즈닷컴에서 미국 주식시장의 주요 종목 이외에도 주요 ETF 정보를 시각적으로 한눈에 파악할 수 있기 때문에 이를 잘 활용

● 필라델피아 반도체 지수는 미국 동부 소재 필라델피아 증권거래소가 만든 반도체 업종 지수다. 인텔, 마이크론 등 반도체 설계, 공급, 제조, 판매와 관련된 기업들의 주가를 지수화했다.

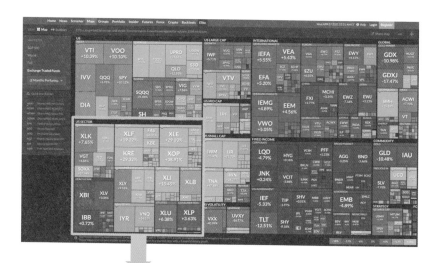

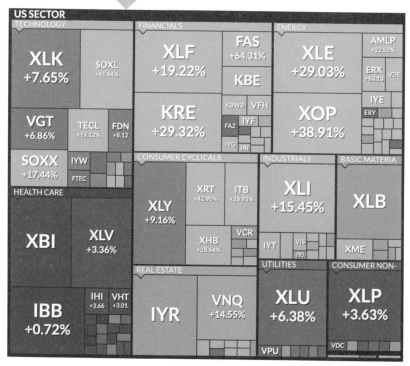

핀비즈닷컴 사이트의 미국 ETF 주가 동향을 통해 국내 ETF 투자에 도움이 되는 아이디어를 얻을 수 있다. 섹터 ETF는 화면 왼쪽 하단에서 확인이 가능하며, 해당 ETF 위에 마우스를 가져가면 세부 ETF를 자세히 볼 수 있다.

하면 유용할 것이다. 핀비즈닷컴이 제공하는 다양한 정보 중 우리의 관심사인 섹터 ETF는 왼쪽 하단에 있다. IT, 금융, 에너지, 산업재, 소비재, 소재, 유틸리티, 부동산, 헬스케어 등으로 나눠져 있고, 마우스를 해당 ETF 위에 가져다 놓으면 세부 ETF를 다양하게 보여주니, 이들의 주가 흐름을 통해서 성공적인 국내 ETF 투자를 위한 아이디어를 많이 얻길 바란다.

지금까지 1부와 2부를 통해 ESG, 그 중에서도 E에 해당하는 친환경 관련 핵심 산업과 해당 밸류체인, 그리고 미국과 국내의 ESG ETF까지 살펴보았다. 투자에는 분명한 정답이 있을 수 없기에 각자 많은 관심과 공부를 통해 미래에 유망한 핵심 산업과 주요 종목을 선택하는 것이 바람직한 방법일 것이다. 하지만 개별 종목의 높은 변동성에 노출되지 않고 미래 성장이 예상되는 산업에 투자하고 싶다면, 미국 및 국내 ETF에 적립식으로 투자하는 것이 저금리 시대와 4차 혁명 시대를 준비하는 현명한 방안이 되리라 생각한다.

탄소중립 시대,
ESG의 E를 알면 투자가 보인다

《ESG 머니전략》을 쓰자고 저자들이 처음 얘기를 나눴을 때, 세상은 그린의 시대로 급격하게 이동하는 중이었다. 그 이후 미국 대선에서 바이든 후보가 당선되고, 코로나19라는 전무후무한 감염병의 대확산이 지속되는 동안, 전 세계는 더욱더 기후변화와 탄소중립에 주목하게 됐다. 이제 기업들은 관련 규제에 대응하는 수준에 그쳤던 지금까지와는 다르게 A부터 Z까지 인식 변환을 시도해야 하는 현실에 직면했다. 저자들은 개인 투자자들이 이러한 대전환 속에서 적극적으로 변화를 꾀하는 기업과 또 연관 산업에서 수혜를 보게 될 기업에 주목해 투자할 수 있도록 방향타 역할을 하고자 이 책을 쓰게 됐다.

1992년 체결된 기후변화협약에서 볼 수 있듯 "원인이 확실한 과학적 결론이 도출되기 전이라도 기후변화가 가져올 위험에 대처해야 한다"며 지구온난화 문제의 인지 단계에 머물러 있던 기후변화에 대한 인식은 1997년 교토의정서와 2015년 파리기후변화협약을 거쳐, 2018년 IPCC 지구온난화 1.5℃ 특별보고서가 채택됨에 따라 '탄소중립의 시대로 전환해야 한다'는 전 세계적 합의의 단계로 발전했다. 유럽은 일부 국가만의 온실가스 감축 노력은 무의미한 결과를 가져올 수 있음을 인지하고 탄소국경세와 같이 전 세계가 탄소중립을 향해 협력할 수 있는 제도를 준비 중이며, 미국의 바이든 행정부는 기후 관련 인사로 내각을 구성하고 각종 환경 정책을 제정하는 등 이러한 움직임에 적극적으로 동참하고 있다. 우리나라도 문재인 대통령이 2050년 탄소중립을 선언함으로써 그 움직임에 동참하기 시작했다. 전 세계가 탄소중립을 향해 가고 있는 가운데, 우리가 투자하고 싶은 기업들은 과연 그 변화에 잘 대응하고 있을까. 이 같은 궁금증을 해결할 수 있도록 탄소중립 선진 기업의 사례를 될 수 있는 한 상세하게 정리해 투자자들이 일목요연하게 각 기업의 ESG 경영 방침과 관련 성과를 비교해볼 수 있도록 제시했다.

바이든 미국 대통령은 2021년 2월 27일 탄소의 사회적 비용을 51달러로 정했다. 탄소의 사회적 비용은 온실가스 배출이 미래에 얼마나 많은 대가를 치르게 될 것인지, 즉 '외부비용'을 평가하는 방법이라고 할 수 있다. 트럼프 행정부에서는 이 비용을 2~5달러로 정했다가 1달러로 더 낮췄기 때문에 기후변화에 대응하는 정책을 원활하게 적용할 수 없었다. 반면, 바이든 행정부에서 탄소의 사회적 비용을 높게 책정한 것은 미국이 앞으로 기후변화에 적극적으로 대응하겠다는 의미의 표현일 것이다. 한편 2021년 3월 3일 기준 유럽의 탄소배출권 가격은 37.41유로였는데, 3월 15일에는 41.88유로로 10일 만에 약 11.9%나 상승했다. 탄소배출권의 가격이 오른다는 것은 기존에 경제적 가치가 미미했던 온실가스 감축, 기후변화 적응 기술들이 어느 순간 경제성을 갖게 되고 이러한 기술을 가진 기업의 가치가 상승한다는 말이다. 따라서 우리가 투자할 기업을 찾을 때 그 기업이 가지고 있는 기술과 탄소 가격과의 상관관계까지 고려한다면 보다 합리적이고 유망한 투자 전략을 구상할 수 있을 것으로 생각된다. 아직 탄소 가격 변화에 따른 기업가치 평가와 관련한 연구가 많이 진행되지 않은 관계로 해당 내용을 더욱 자세히 다루지 못해 아쉬움이 남는다.

탄소중립 선언, 재생에너지 사업 증가, 전기차 수요 증가, 수소경제 활성화 등으로 인해 해당 제품을 생산하는 기업에 대한 투자자들의 관심은 매우 높아졌다. 이 책에서는 탄소중립 시대에 유망한 산업에 대한 설명 및 해당 산업의 밸류체인에 속한 기업들의 정보를 다양하게 담고자 노력했는데, 이를 통해 투자시장에 새롭게 걸음을 내딛는 이들이 보다 폭넓은 선택지를 손에 쥘 수 있다면 더 바랄 것이 없겠다. 한편 이미 기업의 가치가 많이 상승하여 개별 종목에 투자하기 주저하는 투자자들은 책 후반부에서 다루는 ETF 관련 내용에서 도움이 되는 정보를 발견할 수 있기를 바란다.

끝으로 이 책이 일반 투자자에게는 탄소중립 시대에 보다 안정적인 투자 지침서로써 성공적인 투자를 이끌고, 기업 경영자에게는 탄소중립 시대에 맞춰 기업 체질을 개선하는 가이드로 활용돼 ESG 경영을 위한 노력을 견인할 수 있기를 기대한다.

ESG 머니전략

친환경 테마주부터 ETF까지
한 권으로 끝내는 그린 투자 가이드

초판 1쇄 발행 2021년 4월 13일

지은이 황유식 · 유권일 · 김성우
펴낸이 성의현
펴낸곳 (주)미래의창

출판 신고 2019년 10월 28일 제2019-000291호
주소 서울시 마포구 잔다리로 62-1 미래의창빌딩(서교동 376-15, 5층)
전화 070-8693-1719 **팩스** 0507-1301-1585
이메일 mbookjoa@naver.com
ISBN 979-11-91464-05-4 03320